e-Test

엑셀 ver.2016

2016 기본서 + e-Test 엑셀 수험서

임창인
조은경
성대근
강현권

공저

한솔아카데미

교재 특징

엑셀 2016의 기본도서로 활용 가능함.

도서 특징

엑셀 2016 기본서 + e-Test 엑셀 수험서

모의고사

엑셀 2016 완벽 분석
학습 자료 제공

e-Test 엑셀 수험서뿐만 아니라 엑셀 2016의 기본서로 활용할 수 있도록 구성하였습니다.

각 장의 〈중점 사항〉에는 각 장에서 제시하는 e-Test문제를 해결하기 위한 엑셀 기능에 대하여 기능별로 구분하여 설명하였습니다. 각 기능에 대하여 예제를 제시하고, 제시한 예제를 풀어보면서 엑셀 2016의 기본 기능을 설명하였습니다.
만약 각 장의〈중점사항〉에서 제시한 엑셀 기능에 대하여 이미 알고 있고 e-Test의 풀이를 원한다면, 엑셀 기능 설명을 건너뛰고 각 장의 마지막 부분인 따라하기를 진행합니다.

따라하기는 각 장에서 제시하는 e-Test문제를 해결하는 방법을 순서대로 기술하였습니다.

각 장의 연습문제는 e-Test 시험 유형별로 문제를 제시하였습니다.

본문 예제 완성 파일 다운로드 방법

한솔아카데미 홈페이지(www.inup.co.kr) 자료실에서 제공되는 예제/완성 파일을 활용하세요.

❶ 한솔아카데미 홈페이지에 접속하여 상단의 [인터넷서점 베스트북]을 클릭합니다.

❷ [베스트북] 홈페이지 접속 후 상단의 [자료실]에 마우스 포인터를 올립니다.

❸ 아래에 표시되는 메뉴 중 [도서자료]를 클릭합니다.

❹ 검색란에 'e-Test 엑셀'를 입력하고 **[검색]** 버튼을 클릭합니다.

❺ 해당되는 글을 클릭합니다.

❻ 하단의 **[예제파일.zip]**을 클릭해 다운로드하여 'e-Test 엑셀 ver, 2016'에 활용하세요.

e-Test 소개

e-Test 란?

IT e-Business 관련 지식에서 정보분석, 활용까지 정보화 사회에서 요구되는 정보활용능력을 종합적으로 측정하는 인터넷 기반의 정보활용 실무능력 평가시험입니다

✪ 컴퓨터 및 정보활용능력 종합평가
정보화 사회에 필요한 정보소양, 정보기술능력과 워드프로세서, 엑셀, 파워포인트 툴 및 인터넷 정보검색 등 정보활용을 종합적으로 측정할 수 있는 컴퓨터 정보활용능력 평가시험입니다.

✪ 실생활과 밀접한 과제 해결형 문제
단순 암기식 학습으로 해결할 수 있는 단편 지식을 평가하는 것이 아니라 실생활 및 업무와 밀접한 문항을 제시하여 인터넷 검색을 통해서 정보를 수집하고, 수집한 정보를 워드프로세서, 엑셀 및 파워포인트를 이용, 가공하는 형태로 검정이 진행됩니다.

✪ 신청에서 결과 확인까지 100% 인터넷으로 처리
신청서를 작성하신 후 신청서를 접수하기 위해 방문하실 필요가 없습니다. e-Test는 신청, 응시, 결과확인까지 모든 검정절차가 100% 인터넷으로 진행됩니다.

✪ 격주, 원하시는 장소에서 응시가능
e-Test는 월 2회 격주 토요일 상설시험을 실시하여 응시기회의 신청, 응시 제한을 최소화하였습니다.

✪ 자격 유효기간
2017년 이후 유효기간 평생
보수교육 폐지

✪ 서류제출 FAX번호 및 문의처
Fax : 02-2635-1040
Tel 1899-4612

출제 기준 안내

❂ 자격별 평가과목

↳ e-Test Professionals

자격종류	평가내용	시험시간	응시료
e-Test Professionals 워드	실기 : 워드	각50분	과목별 24,000원
e-Test Professionals 엑셀	**실기 : 엑셀**		
e-Test Professionals 파워포인트	실기 : 파워포인트		

- 'e-Test Professionals'는 각 과목별 실기시험(워드, 엑셀, 파워포인트)으로 구성되어 있어, 실무적인 정보활용능력을 평가할 수 있습니다.
- 각 과목을 한번에 응시하고자 하는 분들은 'Professionals 통합' 시험을 신청하시면 됩니다.
- 'e-Test Professionals' – 활용 OA : MS-office 2016/2010, 한글 NEO/2010

❂ 취득점수에 따라 자격증 부여

↳ e-Test Professionals

자격	1급	2급	3급	4급
e-Test Professionals 워드	400 ~ 360점	359 ~ 320점	319 ~ 280점	279 ~ 240점
e-Test Professionals 엑셀	**300 ~ 270점**	**269 ~ 240점**	**239 ~ 210점**	**209 ~ 180점**
e-Test Professionals 파워포인트	300 ~ 270점	269 ~ 240점	239 ~ 210점	209 ~ 180점

e-Test 자격 혜택

❂ 국가공인자격

대한민국 정부가 인정하는 '국가공인자격'임(2001년 1월 국가공인 취득)

국가로부터 자격기본법 제19조 제5항에 의거 자격의 관리, 운영기관으로 공인됨

✪ 학점인정자격

학점인정 등에 관한 법률 시행령 제11조 별표2호에 의거 당해 자격취득 및 자격취득에 필요한 교육과정 이수에 대하여 대학 및 전문대학에서 부여하는 학점에 상응하는 학점을 인정하는 제도

자격 취득 시 1급 : 6학점, 2급: 4학점 부여

근거 : 학점 인정 등에 관한 법률 제7조 제2항 제4호, 시행령 제11조 별표2호

(※ 학점인정여부 : 학교별 학사운영기준에 따라 상이하므로 해당 학교 학사운영과 문의 必)

✪ 대학 졸업 인증 자격

성균관대, 이화여대, 중앙대 등 여러 대학에 졸업인증자격제도로 채택

일부 대학에서는 입학 전 취득한 e-Test 자격을 인정해 줄 뿐 아니라 학교 내 대비과정이 운영되고 있으며 성적 우수자에 대하여 장학금을 수여하고 있음

✪ 군 특기적성병 인정 자격

자격 취득 시 군 특기적성병(기술행정병)으로 분류 될 수 있음

부사관 선발 직무수행평가 가산점(e-Test 2급 이상)

✪ 임직원 정보화 자격제도 채택

삼성그룹, POSCO, KT, 농협중앙회, 대한지적공사 등 유수기업과 기관의 임직원 정보활용능력평가 자격으로 운영

✪ e-Test Professionals 엑셀 출제 기준(실기 300점)

평가 항목		세부 내용	배점
데이터 입력과 수식 작성하기	1	**단위 입력 및 셀 정렬**	5점
	2	**제목 입력** - 내용 입력, 셀 병합, 셀 정렬 - 글꼴, 글꼴크기, 글꼴 스타일 지정	7점
	3	**함수** - 제공 수식 및 복합 함수 사용(※엑셀 함수 출제 범위 참조)	90점
서식 지정하기	1	**표 내부 글꼴 및 글꼴크기 지정**	28점
	2	**셀 정렬**	
	3	**열 너비/행 높이 지정**	

서식 지정하기	4	**제목 글꼴 스타일 지정**	28점
	5	**표시형식(숫자/통계/회계/날짜, 사용자 지정 등)**	
	6	**조건부 서식 지정**	
	7	**표 테두리선 작성**	
차트 작성과 데이터 베이스 기능 사용하기	1	**자료 추출** – 자동 필터 사용(선택적 자동 필터/사용자 지정 자동 필터) – 추출 자료 복사/붙이기	20점
	2	**차트 작성** – 차트 시트 삽입 – 차트 시트이름 입력 – 차트 종류 지정 – 차트 제목 입력, 그림자 지정 – X축/Y축/Z축 최대값/최소값, 주 단위. 주 눈금선 지정, 값을 거꾸로 지정 – 데이터 계열/요소 서식 지정 (무늬–선/표식, 모양, 질감, 데이터 레이블, 계열 순서, 옵션 등) – 옆면/그림 영역 서식 지정 – 3차원 보기 효과 지정 – 텍스트 입력 – 범례 지정	60점
	3	**피벗테이블 작성**	23점
	4	**정렬 및 부분합 작성**	20점
	5	**텍스트 나누기** – 데이터 범위 저정 – 문제의 지시 사항대로 텍스트 나누기 마법사에서 지정	15점
데이터 분석 기능 사용하기	1	**목표값 찾기** – 문제에서 지시하는 셀 선택 – 문제의 지시 사항대로 목표값 찾기 옵션에서 지정	15점
	2	**시나리오 작성** – 문제의 지시 사항대로 시나리오 관리자에서 지정	15점
	3	**시트 순서 지정**	2점
총점			**300점**

✪ 엑셀 함수 출제 범위

구분	함수 종류
날짜/시간 함수	DATE, HOUR, MONTH, TODAY, WEEKDAY, YEAR, DAY, MINUTE, NOW, SECOND, TIME
수학/삼각 함수	INT, MOD, PRODUCT, ROUND, ROUNDDOWN, ROUNDUP, SUM, SUMPRODUCT, SUMIF, TRUNC, ABS, CEILING, ODD, PI, POWER, SUBTOTAL, TRIMMEAN
통계 함수	AVERAGE, COUNT, COUNTA, COUNTIF, LARGE, MAX, MEDIAN, MIN, RANK, RANK.EQ, COUNTBLANK, MODE, SMALL,
찾기/참조 함수	CHOOSE, HLOOKUP, VLOOKUP, INDEX, MATCH, ADDRESS, OFFSET, TRANSPOSE
데이터베이스 함수	DAVERAGE, DCOUNT, DGET, DMAX, DMIN, DSUM, DCOUNTA, DVAR, DPRODUCT, DSTDEV
텍스트 함수	CONCATENATE, LEFT, MID, REPLACE, RIGHT, LEN, LOWER, PROPER, VALUE, WON, REPT, FIND
정보 함수	ISERR, ISBLANK
논리값 함수	AND, IF, OR, NOT, TRUE, FALSE

🥧 e-Test 응시 방법

1. 감독관의 지시에 따라 URL을 입력하고, 수험번호와 성명을 입력하면 실기시험 화면 배치를 선택하는 화면이 나타납니다. [가로형 배치 선택]과 [세로형 배치 선택] 중 하나를 선택하고 [시험응시]를 클릭합니다.

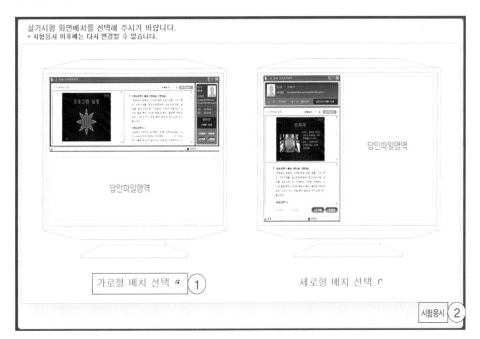

2. [가로형 배치 선택]를 선택하면 아래와 같이 시험화면이 나타납니다. 시험에 사용할 자료를 읽어오기 위하여 [첨부파일보기(①)]를 클릭합니다. 문제 화면의 글씨나 이미지의 크기는 ②에서 조절할 수 있습니다.

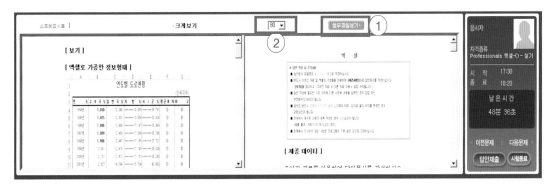

3. [첨부파일]을 저장하기 위하여 파일이름을 클릭하여 필요한 폴더를 지정하고, 다른이름으로 저장합니다.

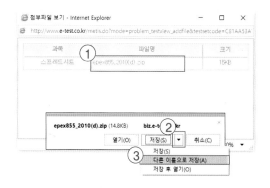

4. 저장한 파일은 압축파일이므로 압축을 풀어줍니다.

5. 파일을 열고, 시험지의 화면 배치를 고려하여 엑셀 화면의 크기를 조절한 후, 엑셀 파일을 '응시자 본인' 이름으로 바탕화면에 저장합니다(단, 감독관의 별도 지시가 있으면 지시하는 폴더에 저장합니다).

6. 엑셀 실행

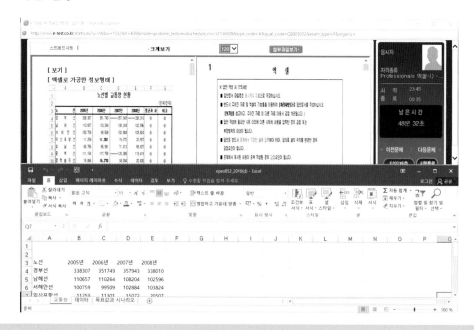

※참고

[세로형 배치 선택]를 선택하면 아래와 같이 화면을 구성할 수 있습니다.

7. 문제를 모두 작성하면, 저장한 후 [답안제출] 버튼을 클릭합니다.

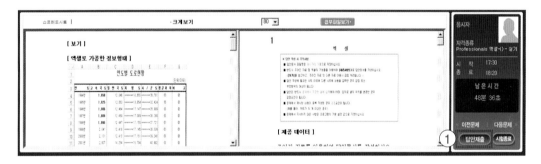

답안제출 화면에서 [파일찾기]를 클릭하여 본인 이름으로 저장된 파일을 찾아 [열기]를 클릭합니다.
파일이름이 정확한지 확인하고 [파일등록] 버튼을 클릭하여 답안지를 제출합니다.

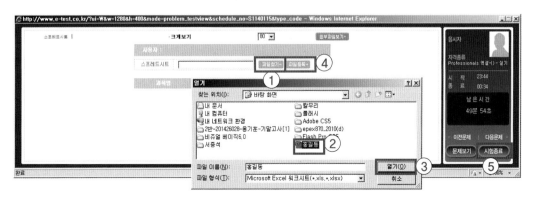

8. [시험종료] 버튼을 클릭, 확인하여 감독관에게 시험이 끝났음을 알립니다.

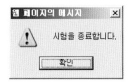

＊참고

제출한 답안지를 확인하고, 수정하여 다시 제출 할 수 있습니다.

시험 문제는 [문제보기] 버튼을 클릭하면 다시 볼 수 있습니다.

CONTENS

Part I 엑셀 2016 기본

Part II e-Test 엑셀 2016

CONTENS

Part Ⅲ 실전 모의고사

CONTENS

Part

I

Excel

엑셀 2016 기본

1 엑셀 시작하기

01 엑셀의 기능

엑셀은 마이크로소프트사에서 개발한 스프레드시트 프로그램입니다.

자료 입력, 표 계산, 필터, 정렬, 피벗 테이블, 부분합, 목표값, 차트, 시나리오 등 자료 입력에서 분석까지 다양한 기능을 가지고 있는 응용프로그램입니다. 수식을 작성할 때 함수 기능을 사용하면 더욱 편리하게 자료를 완성 할 수 있습니다.

대부분의 사무 처리는 자료를 표 형태로 정리하여 보관합니다. 표에 관한 작업을 편리하게 처리하기 위하여 엑셀 프로그램을 이용하는 것입니다.

엑셀 워크시트에 문자와 숫자, 날짜, 시간 등을 입력하고 필요한 계산식을 입력하면 자료를 계산하여 표를 완성합니다.

어떤 자료를 지역(분류)과 연도별로 판매 현황을 분석하기 위해서는 워크시트에 분석에 필요한 자료를 다음과 같이 입력하여야 합니다.

	A	B	C	D
1			판매현황 분석	
2				
3	분류	구분	2013년	2014년
4	서울	백화점	1027092	1848765
5	서울	쿠폰	308265	554877
6	서울	온라인	2411882	3741387
7	대전	백화점	350733	631319
8	대전	쿠폰	194347	169824
9	대전	온라인	108368	195062
10	대구	백화점	1103922	1087059
11	대구	쿠폰	103863	186953

그림 1. 기본 입력 자료

입력한 자료를 기본으로 엑셀의 여러 가지 기능을 간단히 살펴봅시다.

1) 표 계산 기능

계산 기능은 입력 자료에 대하여, 합계, 최대값, 2014년의 증감액과 판매순위 등 분석을 위하여 여러가지 수식을 적용할 수 있도록 합니다. 조건부 서식을 이용하여 입력한 데이터 중 200,000 미만인 값은 연한 빨강 배경의 빨간색 텍스트로 강조하였습니다.

분	류	구		분	2013년	2014년	증감	판매순위
서	울	백	화	점	1,027,092	1,848,765	▲821,673	2위
서	울	쿠		폰	308,265	554,877	▲246,612	5위
서	울	온	라	인	2,411,882	3,741,387	▲1,329,505	1위
대	전	백	화	점	350,733	631,319	▲280,586	4위
대	전	쿠		폰	194,347	169,824	▼24,523	8위
대	전	온	라	인	108,368	195,062	▲86,694	6위
대	구	백	화	점	1,103,922	1,087,059	▼16,863	3위
대	구	쿠		폰	103,863	186,953	▲83,090	7위
합계					5,608,472	8,415,246	2,806,774	
최대값					2,411,882	3,741,387	1,329,505	

그림 2. 수식을 이용한 분석

2) 데이터베이스 기능

데이터베이스 관리는 데이터베이스 전용 프로그램이 따로 존재하고 있으나, 엑셀은 정렬, 검색, 수정, 삭제, 피벗 테이블, 필터, 부분합 등의 기능으로 간단한 데이터베이스 기능을 제공합니다. 이러한 기능을 이용하여 원하는 자료만 추출하거나 그룹별 합, 평균, 최대값, 최소값 등의 계산을 쉽게 할 수 있을 뿐 아니라, 목록 내에서 원하는 자료를 쉽게 추출 할 수 있습니다.

필터 기능을 적용하여, 그림 2의 자료에서 '백화점' 자료만 추출한 결과입니다.

분	류	구		분	2013년	2014년	증감	판매순위
서	울	백	화	점	1,027,092	1,848,765	▲821,673	2위
대	전	백	화	점	350,733	631,319	▲280,586	4위
대	구	백	화	점	1,103,922	1,087,059	▼16,863	3위

그림 3. 필터기능을 활용한 백화점 판매현황

피벗 테이블 기능으로, 그림 2의 자료를 분류와 구분별로 2013년과 2014년 각각의 평균을 분석한 결과입니다.

그림 4. 피벗테이블 기능을 활용한 년도 별 평균 분석

부분합 기능으로 그림 2의 자료를 분류별로 각 년도의 평균을 계산하였습니다.

그림 5. 부분합 기능을 활용한 분석

3) 차트 기능

입력한 자료를 이용하여 차트를 쉽게 작성할 수 있습니다. 차트 종류는 막대 차트, 꺾은선 차트, 원형 차트, 영역형 차트, 통계 차트, 혼합형(콤보) 차트 등 여러 종류가 있습니다. 차트는 기본 입력 자료가 수정되면 차트에 즉시 반영되어 자동으로 수정됩니다.

아래 그림의 묶은 세로 막대형처럼 2013년과 2014년 자료에 대하여 한 가지 유형의 차트를 작성할 수도 있고, 2013년은 묶은 세로 막대형, 2014년은 표식이 있는 꺾은선과 같이 두 가지의 차트를 각각의 자료에 적용하여 혼합형(콤보) 차트를 작성할 수도 있습니다.

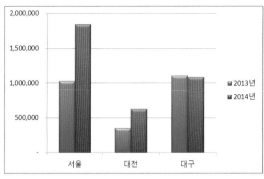

그림 6. 묶은 세로 막대형 차트

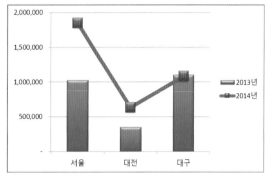

그림 7. 콤보 차트

4) 가상 분석 기능

가상 분석은 이미 입력되어 있는 셀 값을 변경하면, 변경 내용이 워크시트의 수식 결과에 어떤 영향을 미치는지를 확인하는 기능입니다. 가상 분석의 기능으로는 목표값 찾기, 시나리오, 데이터 표 등의 분석도구가 있습니다.

목표값 찾기는 수식으로 정의되어 있는 셀이 목표로 하는 값을 찾기 위해서, 수식에 사용된 다른 셀이 얼마로 바뀌어야 하는가를 계산할 때 사용합니다.

그림 2의 자료에서 증감의 합계(E12셀)가 '3,000,000'이 되기 위하여 '2014년 대구 쿠폰(D11셀)'의 값이 얼마가 되어야 하는지를 목표값 찾기로 계산한 결과입니다.

	A	B		C	D	E	F
1			판매현황 분석				
2							
3	분	류구	분	2013년	2014년	증감	판매순위
4	서	울백	화 점	1,027,092	1,848,765	▲821,673	2위
5	서	울쿠	폰	308,265	554,877	▲246,612	5위
6	서	울온	라 인	2,411,882	3,741,387	▲1,329,505	1위
7	대	전백	화 점	350,733	631,319	▲280,586	4위
8	대	전쿠	폰	194,347	169,824	▼24,523	8위
9	대	전온	라 인	108,368	195,062	▲86,694	7위
10	대	구백	화 점	1,103,922	1,087,059	▼16,863	3위
11	대	구쿠	폰	103,863	380,179	▲276,316	6위
12		합계		5,608,472	8,608,472	3,000,000	✕
13		최대값		2,411,882	3,741,387	1,329,505	

그림 8. 목표값 찾기 기능으로 2014년도 대구의 쿠폰 값 예측

시나리오는 셀 값의 변경으로 워크시트 모델의 결과를 예측할 수 있습니다. 그림 2의 자료에서 2014년 서울의 백화점과 쿠폰 판매액(D4, D5셀)의 값 변화에 따른 2014년의 합계(D12셀) 변화를 예측한 결과입니다.

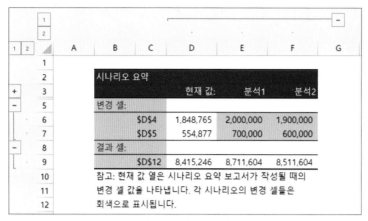

그림 9. 시나리오 기능을 활용한 예측

02 엑셀 시작

엑셀은 윈도우의 작업 표시줄에서 [시작 메뉴]를 클릭하고 [Excel 2016]을 찾아서 클릭하거나 바탕 화면의 [Excel 2016] 바로가기 아이콘을 클릭하여 시작합니다.

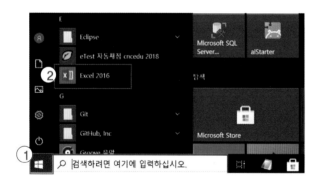

엑셀 창이 열리면 [새 통합문서]를 클릭하여 새로운 엑셀 문서를 시작하거나, 제공되는 서식을 사용 하여 문서를 작성할 수 있습니다. 일반적으로 [새 통합 문서]를 클릭하여 새로운 엑셀 문서를 작성 합니다.

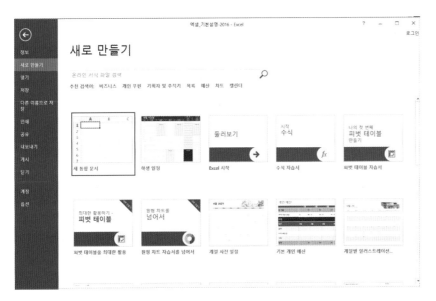

② 화면 구성

엑셀 2016의 기본 화면구성입니다. 구성 요소들의 위치와 이름을 알고 있으면 작업을 훨씬 수월하게 할 수 있으며, 리본메뉴의 모양은 화면의 크기나 해상도에 따라 다를 수 있습니다.

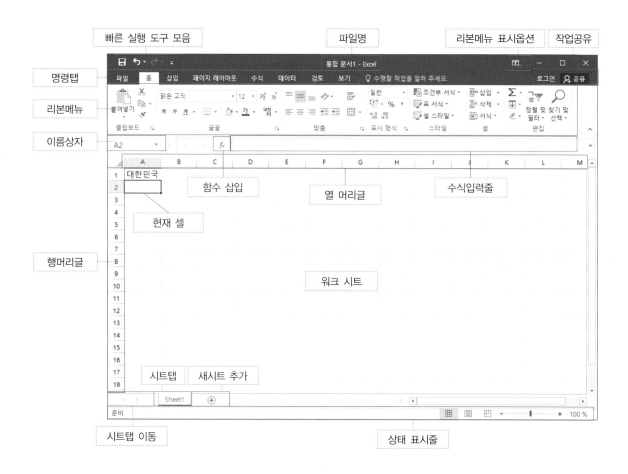

01 워크시트

엑셀에서 자료를 입력하고 처리하기 위한 작업 영역입니다. 여러 워크시트가 하나의 통합문서로 저장됩니다.

02 셀(현재 셀)

현재 셀은 굵은 테두리 모양으로 표시되며, 입력이나 수정 등의 작업을 진행하는 셀입니다.

03 수식 입력 줄

현재 셀의 내용을 보여주거나, 셀에 값 혹은 수식을 입력하고 편집할 때 사용합니다.

04 열 머리글과 행 머리글

셀의 행과 열에 주어진 고유번호입니다. 열 머리글과 행 머리글을 순서대로 읽으면 셀의 주소가 됩니다. 예를 들면 A12, B3 등입니다. 셀 주소는 소문자와 대문자를 구분하지 않습니다.

05 시트 탭과 새 시트 추가

시트 이름을 표시하며, 시트 이름은 필요에 따라 변경할 수 있습니다. 기본적으로 제공하는 시트 이외의 시트를 추가하고자하면 새 시트 추가(⊕)를 클릭합니다.

06 빠른 실행 도구 모음

사용자가 자주 사용하는 명령들을 등록하여 사용하는 도구 모음입니다.

07 파일명

현재 작업 중인 파일의 저장 이름을 표시합니다. 저장되지 않은 문서의 기본이름으로 '통합문서'로 표시됩니다.

08 리본메뉴 표시 옵션

화면 상단의 리본메뉴를 표시하거나 숨길 수 있습니다.

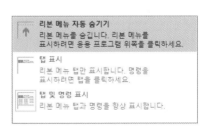

① [리본 메뉴 자동 숨기기] : 화면 상단의 리본 메뉴가 보이지 않음
② [탭 표시] : 리본 메뉴의 탭만 표시
③ [탭 및 명령 표시] : 숨긴 리본 메뉴 전체를 표시

09 명령 탭과 리본메뉴

작업에 필요한 모든 명령 도구들이 표시되는 메뉴입니다. 파일, 홈, 삽입, 페이지 레이아웃, 수식, 데이터, 검토, 보기 등의 탭과 각 탭에 속한 명령어들의 그룹으로 구성되어 있습니다. 리본메뉴에 대해서는 다음 절에서 상세하게 알아보도록 하겠습니다.

10 이름상자

현재 셀의 주소를 열 머리글과 행 머리글을 이용하여 표시하거나, 이름을 정의할 때 사용합니다. 이름 상자에 셀 주소를 직접 입력하면 입력한 셀 주소로 이동합니다.

11 함수 삽입

함수가 수식에 필요할 경우 직접 입력하여 수식을 완성할 수도 있고, 함수 마법사를 이용하여 함수에 필요한 인수를 '인수 설명 글'의 도움을 받으면서 완성 할 수 있습니다.

③ 명령 탭과 리본 메뉴

작업에 필요한 모든 명령이 표시되는 명령 탭은 기본적으로 파일, 홈, 삽입, 페이지 레이아웃, 수식, 데이터, 검토, 보기 등 8개로 이루어져 있고, 삽입되는 개체에 따라 명령 탭이 추가 될 수 있습니다. 이 절에서는 8개의 명령 탭과 리본메뉴에 대하여 간단하게 소개합니다.

01 [파일]탭

[파일]탭을 클릭하면 백스테이지 화면을 보여줍니다. 백스테이지 화면에서 사용 중인 파일에 대한 정보와 파일 새로 만들기, 열기, 저장, 다른 이름으로 저장, 인쇄 등을 할 수 있고 사용자를 위한 옵션을 지정합니다. ☑(돌아가기)를 클릭하면 편집 상태로 돌아갑니다.

백스테이지의 [옵션]을 클릭하면 [Excel 옵션]창이 표시됩니다. [Excel 옵션]대화상자는 엑셀을 사용하는데 필요한 일반적인 항목, 수식 혹은 한/영 자동고침 등 언어에 대한 옵션들을 지정합니다. [Excel 옵션] – [일반]의 새 통합 문서 만들기의 글꼴 크기를 14로 지정하면, 이 후 새로 작성하는 엑셀 문서의 글자 크기는 기본 글자 크기가 14로 작성됩니다.

02 [홈]탭

[홈]탭은 클립보드, 글꼴, 맞춤, 표시형식, 스타일 등의 그룹으로 구성되며, 입력 자료에 대한 글꼴, 글자크기 등의 서식을 지정할 때 사용하는 부분으로 가장 많이 사용하는 명령 탭입니다.

03 [삽입]탭

[삽입]탭은 피벗테이블, 그림, 차트 등 특별한 개체를 추가하고자 할 때 사용하는 명령들로 구성되어 있습니다.

04 [페이지 레이아웃]탭

[페이지 레이아웃]탭은 인쇄를 위한 여백, 용지 방향, 인쇄 영역, 인쇄 크기 등 페이지 설정을 위한 명령들로 구성되어 있습니다.

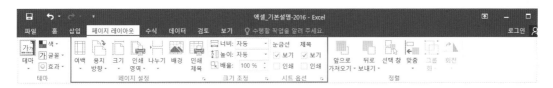

인쇄를 위한 페이지, 여백, 머리글/바닥글, 시트의 좀 더 상세한 설정을 위하여 페이지 설정, 크기 조정, 시트 옵션 그룹의 오른쪽 아래에 있는 작은 대화상자 표시 아이콘( )을 클릭하면 [페이지 설정]대화상자가 열립니다. 각각의 탭을 클릭하여 필요한 사항을 선택합니다.

[페이지 설정]대화상자의 [페이지]탭과 [시트]탭입니다.

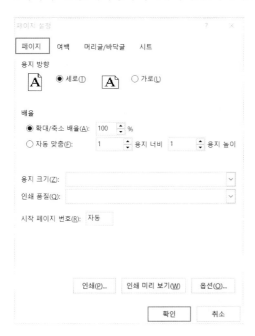

05 [수식]탭

[수식]탭은 함수를 분류하여 표시하여 주고, 셀에 정의한 이름을 관리하는 명령들로 구성되어 있습니다.

06 [데이터]탭

[데이터]탭은 입력 자료를 용도에 맞게 정렬, 필터, 텍스트 나누기, 목표값 찾기, 시나리오, 부분합 등을 작성 할 수 있는 명령들로 구성되어 있습니다.

07 [검토]탭

[검토]탭은 데이터의 맞춤법 등 언어 교정과 및 메모의 표시/숨기기, 시트 보호 등에 관련된 명령으로 구성되어 있습니다.

08 [보기]탭

[보기]탭은 기본 보기, 인쇄할 때의 페이지 나누기 미리보기, 화면의 확대/축소, 틀 고정 등 다양한 문서 보기 방법과 매크로로 구성되어 있습니다.

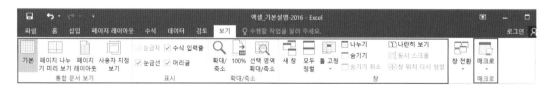

[페이지 나누기 미리보기]는 인쇄할 때 페이지가 나누어지는 모습과 인쇄되는 영역을 미리 확인할 수 있습니다. 페이지가 나누어지는 위치는 파란색 선으로 표시되며 이 선을 마우스로 드래그하여 인쇄 영역 혹은 1페이지에 인쇄되는 셀의 크기를 수정할 수 있습니다.

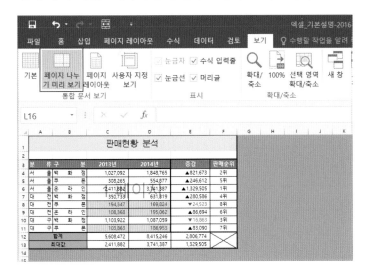

09 빠른 실행 도구 모음

빠른 실행 도구 모음은 사용자가 자주 사용하는 명령을 등록하여 사용하는 곳으로, 기본적으로 저장, 실행 취소, 다시 실행의 명령 도구가 등록되어 있습니다.

■ (빠른 실행 도구 모음 사용자 지정) - [기타명령]을 클릭하여 빠른 실행 도구 모음에 새로운 명령어를 추가할 수 있습니다.

'병합하고 가운데 맞춤'을 빠른 실행 도구 모음에 추가합시다.

① ■ (빠른 실행 도구 모음 사용자 지정) - [기타 명령] 클릭

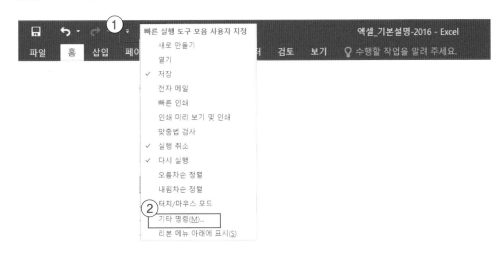

② [Excel 옵션]대화상자에서 왼쪽의 명령 선택 그룹에서 '병합하고 가운데 맞춤' 클릭 - [추가] 클릭 오른쪽의 빠른 실행 도구 모음 사용자 지정에 '병합하고 가운데 맞춤'이 추가된 것을 확인하고 [확인] 클릭

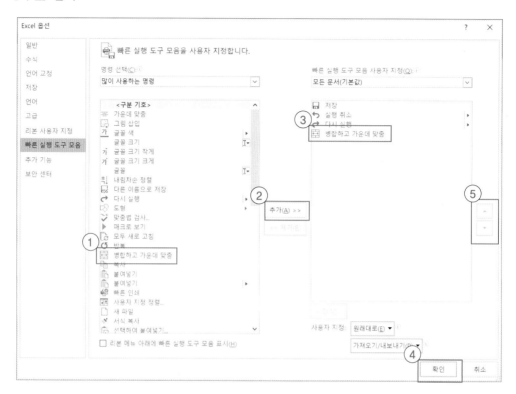

③ 빠른 실행 도구 모음에 병합하고 가운데 맞춤(圖) 버튼 생성 확인.

추가된 '병합하고 가운데 맞춤'의 단축키는 ALT+4입니다.

※참고

1. 빠른 실행 도구 모음 사용자 지정에 추가된 '병합하고 가운데 맞춤'의 순서는 4번째입니다.
2. 빠른 실행 도구 모음에 등록되어 있는 명령어들의 단축키는 ALT+숫자(빠른 실행 도구 모음에 등록된 순서)입니다.

④ 빠른 실행 도구 모음의 순서는 위 그림 ⑤에 있는 화살표를 이동하여 변경 가능

4 시트

시트는 자료를 입력하고 처리하기 위한 작업 영역으로 하나의 통합문서에 최대 255개의 시트를 사용할 수 있습니다. 새 통합문서를 만들 때 포함되는 시트 수는 보통 1개 혹은 3개인데 이것은 [Excel 옵션] 대화상자에서 지정할 수 있습니다.

[Excel 옵션] 대화상자 – [일반] – [새 통합 문서 만들기]의 포함할 시트 수에 숫자를 입력합니다.

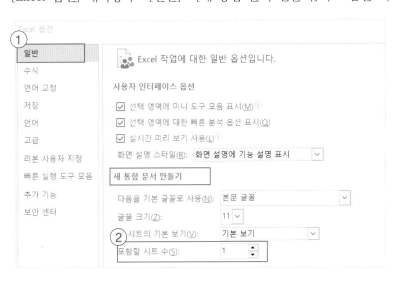

01 시트 이름 바꾸기

시트 이름은 화면 하단에 표시되어 있으며, 기본적으로 Sheet1, Sheet2, …의 이름을 가집니다.

시트 이름을 변경하는 방법은 다음과 같습니다.
① 시트 이름을 더블 클릭한 후 새로운 이름을 입력합니다.
② 시트 이름의 팝업메뉴 – 이름 바꾸기를 클릭하고 새로운 이름을 입력합니다.

02 새 시트 만들기

시트를 추가하려면 ⊕(새 시트 아이콘)을 클릭합니다. 추가되는 시트 이름은 'Sheet'이므로 적당한
이름으로 변경하여 사용합니다.

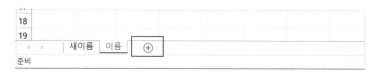

03 시트 복사

시트를 복사하는 방법은 다음과 같습니다.

① 원본 시트(이름 시트)의 팝업메뉴에서 [이동/복사] 클릭 – [이동/복사]대화상자에서 복사본 만들기
   선택 – 복사 위치 클릭 – [확인] 클릭. 이름 시트가 새이름 시트 앞에 이름(2) 시트로 복사되었습
   니다.

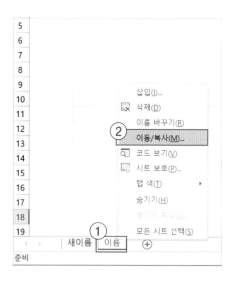
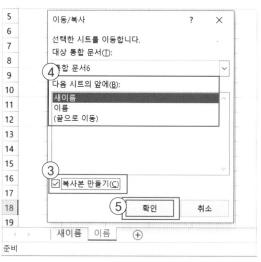

② Ctrl키를 누르고 원본 시트(이름 시트)를 복사하고자 하는 위치로 드래그합니다.

04 시트 이동

시트를 이동하는 방법에 대하여 알아봅시다.

① 이동하고자하는 시트(이름(2) 시트)의 팝업메뉴에서 [이동/복사] 클릭 – [이동/복사]대화상자에서 이동 위치 클릭 – [확인] 클릭. 이름(2) 시트가 끝으로 이동합니다.

② 원본 시트(이름(3) 시트)를 이동하고자 하는 위치로 드래그합니다.

05 시트 삭제

삭제할 시트(이름(3) 시트)의 팝업메뉴에서 [삭제]를 클릭합니다. 삭제할 시트에 데이터가 존재하는 경우 시트 삭제를 다시 확인하는 메시지가 표시 됩니다.

 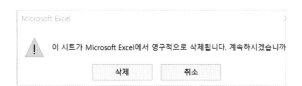

시트의 이동이나 복사, 삭제와 같은 시트 관련 명령은 '되돌리기'가 되지 않으므로 주의하여 사용합니다. 즉, 시트 삭제 후 복구 할 수 없습니다.

5 자료 입력

참고파일 : 본문예제파일\PART1-기본-자료.xlsx의 [입력자료], [자동 채우기] 시트

01 숫자

숫자형 자료는 정수, 실수, 백분율(%)로 구분할 수 있으며, 숫자 값은 셀 내에서 오른쪽 정렬된 형태로 표시됩니다. 자료의 종류에 따라 다양한 입력 방법이 있습니다.

① 모든 값은 발생한 값을 그대로 입력합니다.

② 정수인 경우 A5:A6셀처럼 천 단위마다 쉼표(,)를 붙이지 않고 입력해도 됩니다. 숫자 입력 후 [홈]탭 – [표시형식]그룹의 ＊ (쉼표스타일)을 클릭하면 세자리마다 쉼표가 표시됩니다.

③ 실수인 경우 반드시 소수점(.)을 입력해야 합니다. 입력한 자료의 소수점 자리수를 동일하게 맞추려면 [홈]탭 – [표시형식]그룹의 ＊;(자릿수 늘림)과 ;(자릿수 줄임)을 클릭하여 원하는 자릿수를 동일하게 맞추어줍니다.

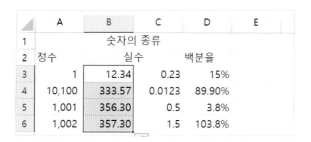

④ 백분율인 경우 D열의 자료와 같이 %기호와 함께 입력하거나, 백분율을 실수 형태로 입력한 후 백분율 형태로 변경해도 됩니다. C열의 입력 자료를 범위로 지정하고 [홈]탭 – [표시형식]그룹의 %(백분율 스타일)을 클릭합니다. (자릿수 늘림)과 (자릿수 줄임)을 클릭하여 소수점 이하 자리수를 조절합니다.

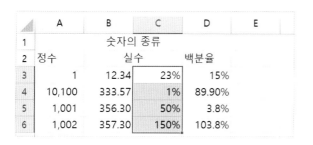

02 텍스트(문자형)

텍스트 자료는 셀 내에서 기본 왼쪽 정렬된 형태([입력자료] 시트의 G열과 H열)로 표시됩니다.

H열에 입력된 값은 숫자처럼 보이나 텍스트로 입력된 내용이기 때문에 왼쪽 정렬로 표시되어 있습니다. 숫자를 텍스트로 입력하려면 '1234처럼 숫자 앞에 작은따옴표를 붙이고 숫자를 입력합니다. 그러면 1234는 텍스트가 됩니다.

H열과 같이 숫자를 텍스트로 입력하면 셀에 경고 표식(초록색 표식)과 함께 경고를 알리는 아이콘 ( )이 표시됩니다. 입력한 값이 정상이라면 경고 표식을 무시해도 됩니다.

텍스트형으로 입력된 값은 숫자 형으로 전환할 수 있습니다.
 (경고아이콘) – 숫자로 변환 클릭

엑셀에서 숫자 1234와 문자 1234는 서로 다른 값이므로 주의하기 바랍니다.

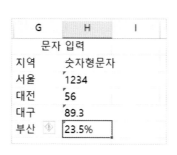

03 날짜와 시간

① 날짜는 년 – 월 – 일 혹은 년/월/일와 같이 년, 월, 일을 –(하이픈) 혹은 /(슬래시)로 구분하여야 합니다.

② 아래 그림의 J3셀부터 J8셀까지의 내용은 모두 같은 내용입니다. J5, J6셀처럼 년도는 생략하거나, J7, J8셀처럼 2000에 해당하는 20을 생략 할 수 있습니다. 년도를 생략하면 올해 연도로 자동 입력됩니다.

③ J5, J6셀처럼 월과 일은 2자리로 입력해도 되고, 1자리로 입력해도 됩니다.

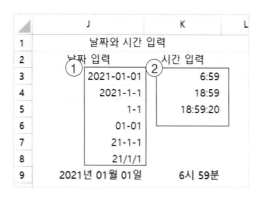

④ J9셀은 입력한 날짜에 대해 화면에 표시되는 형식입니다. 날짜에 대한 표시 형식은 [셀 서식] – [표시형식]탭의 날짜 혹은 사용자 지정에서 지정할 수 있습니다.

만약 입력할 때 J9셀과 같이 사용자가 직접 '2021년 01월 01일'과 같이 입력하면 날짜 자료가 아닌 텍스트이므로 주의합니다.

⑤ 시간은 6:59:12(6시 59분 12초)와 같이 시, 분, 초를 :(콜론)으로 구분하여 입력합니다. 초는 생략하면 0초가 입력됩니다.

⑥ K9셀은 입력한 시간에 대해 화면에 표시되는 형식입니다. 날짜와 마찬가지로 [셀 서식] – [표시형식]탭의 시간 혹은 사용자 지정에서 지정할 수 있습니다.

04 자동 채우기를 이용한 자료입력

일정한 규칙이 있는 자료나 수식 혹은 동일한 자료를 여러번 입력해야 하는 경우 자동 채우기 기능을 활용하여 편리하게 입력할 수 있습니다.

자동 채우기는 일정한 패턴을 따르거나 다른 셀의 데이터를 기반으로 한 데이터로 셀을 채웁니다.

자동 채우기 핸들은 셀의 오른쪽 아래에 있는 점입니다.

자동 채우기는 다음 순서대로 진행합니다.
① 셀을 채우기 위해서 기준으로 사용할 셀을 하나 이상 선택합니다.
② 채우기 핸들을 필요한 곳까지 끕니다.
③ 필요한 경우 자동 채우기 옵션을 클릭하고 원하는 옵션을 선택합니다.

아래와 같은 자료를 입력하고 각 자료를 자동 채우기로 입력하여 봅시다.

먼저, 순서, 짝수, 지역, 번호, 날짜의 기준 데이터 A3:E4셀을 블록으로 지정하고, E4셀의 자동 채우기를 끌어줍니다.

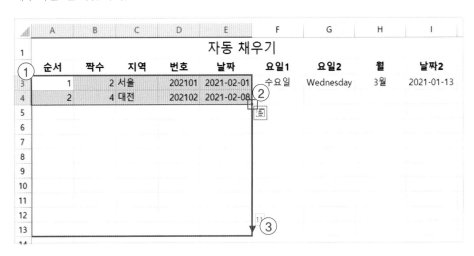

숫자와 날짜는 처음 자료와 두 번째 자료의 차이만큼씩 증가하면서 채워집니다. 텍스트인 지역에 입력된 자료는 같은 값이 반복되면서 채워집니다.

요일1, 요일2, 월, 날짜2의 기준데이터 F3:I3셀을 블록으로 지정하고 I3셀의 자동 채우기를 끌어줍니다.

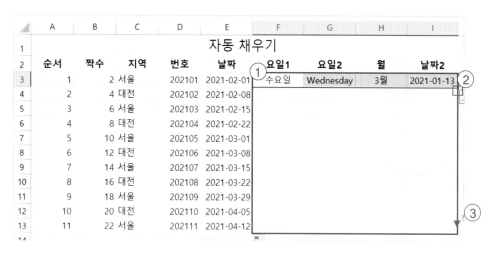

한 개의 자료가 입력되어 있는 요일이나 월, 날짜는 순서대로 채워집니다.

만일 숫자나 텍스트가 하나만 입력되어 있다면 똑같은 내용으로 채워집니다.

6 셀 복사 및 붙여넣기

참고파일 : 본문예제파일\PART1-기본-자료.xlsx의 [셀 복사] 시트

엑셀은 자료를 복사할 때, 값만 복사하기, 수식만 복사하기, 서식만 복사하기, 값과 서식 복사하기, 행/열 바꾸어 복사하기, 그림으로 복사하기, 연산하여 복사하기, 값과 서식과 수식 모두 복사하기 등 다양한 자료 복사 방법이 있습니다. 이 중에서 몇 가지 방법에 대하여 살펴보도록 하겠습니다.

PART1-기본-자료.xlsx 파일의 셀복사 시트를 이용하여 셀 복사와 붙여넣기에 대하여 알아봅시다.

01 값 복사하기

값 복사하기는 가장 기본적인 복사 방법으로 원본 데이터를 값과 서식과 수식 모두 복사합니다. 수식의 경우 상대참조 방법으로 복사되어 적절한 수식 변환이 이루어집니다.

다음의 '분기별 인원 확인' 자료와 같은 서식으로 'A 지역 인원'의 자료를 작성합시다.

분기별 인원 확인							A 지역 인원
	공원	극장	식당	합계			
1분기	2,400	1,512	3,622	7,534			
2분기	3,300	2,500	4,812	10,612			
3분기	1,200	5,822	6,522	13,544			
4분기	5,200	140	1,095	6,435			

① B3:F7셀을 드래그하고, Ctrl+C를 누릅니다.

② 붙여넣기 위치인 I3셀을 클릭하고, Ctrl+V를 누릅니다.

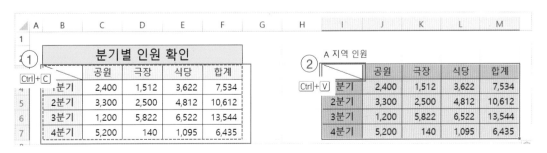

원본 자료인 '분기별 인원 확인'의 자료가 'A 지역 인원'으로 값과 서식 모두 복사되었습니다. 이때, 합계 F4셀에 입력되어 있던 수식 '=SUM(C4:E4)'은 M4셀에 수식 '=SUM(J4:L4)'으로 변환되어 복사됩니다.

③ 'A 지역 인원'의 공원, 극장, 식당의 값을 수정합니다.

　합계 셀인 M4:M7셀은 수정하지 않아도 자동 재계산됩니다.

		분기별 인원 확인						A 지역 인원					
		공원	극장	식당	합계				공원	극장	식당	합계
1분기	2,400	1,512	3,622	7,534			1분기	690	1,000	1,200	2,890
2분기	3,300	2,500	4,812	10,612			2분기	1,100	500	2,000	3,600
3분기	1,200	5,822	6,522	13,544			3분기	600	1,500	200	2,300
4분기	5,200	140	1,095	6,435			4분기	5,200	41	44	5,285

02 서식만 복사하기

다음의 '분기별 인원 확인'과 같은 서식을 'A 지역 인원'에 적용합시다.

① B2셀을 클릭하고 Ctrl+C를 누릅니다.
② I2셀을 클릭하고, [홈]탭 – 붙여넣기의 화살표(▾) – 서식(😊)을 클릭합니다.

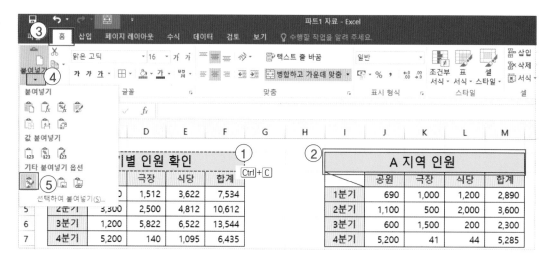

I2셀은 내용 변경 없이 B2셀의 서식만 복사합니다.

03 값만 복사하기

F4:F7셀 값과 M4:M7셀 값을 이용하여 B9셀의 '분기별과 A 지역 비교'표를 작성합시다.

붙여넣기를 팝업메뉴를 활용하는 방법을 사용하도록 하겠습니다.

① B3:B7셀을 드래그하고 Ctrl+C – B10셀을 클릭하고 Ctrl+V 를 누릅니다.

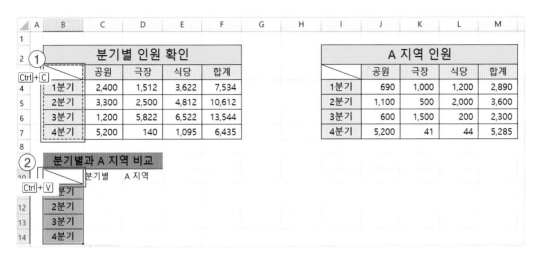

원본 데이터가 서식을 포함하여 그대로 복사됩니다.

② F4:F7셀을 드래그하고 Ctrl+C – C11셀에서 마우스 오른쪽 버튼을 누르고, 팝업메뉴에서 붙여넣기 옵션의 값( )을 클릭합니다.

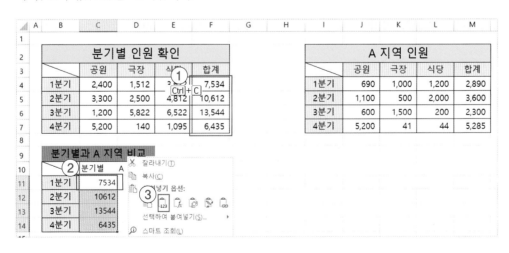

원본인 F4:F7셀에는 수식이 입력되어 있지만 붙여넣기 옵션으로 값을 선택하였으므로 수식이 아닌 결과의 값(7534, 10612…)만 복사됩니다.

③ M4:M7셀을 드래그하고 [Ctrl]+[C] – D11셀에서 마우스 오른쪽 버튼을 누르고, 팝업메뉴에서 붙여넣기 옵션의 값([123])을 클릭합니다.

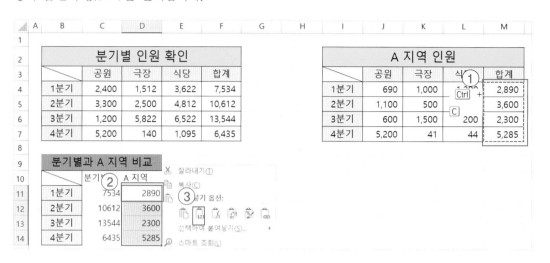

원본인 M4:M7셀에는 수식이 입력되어 있지만 붙여넣기 옵션으로 값을 선택하였으므로 수식이 아닌 결과의 값(2890, 3600…)만 복사됩니다.

④ 원본과 같은 서식을 적용하기 위하여 M3:M7셀을 드래그하고 [Ctrl]+[C] – C10:D14셀을 드래그하고 마우스 오른쪽 버튼을 누른 팝업메뉴에서 붙여넣기 옵션의 서식([%])을 클릭합니다.

원본(M3:M7셀)과 동일하게 서식만 복사됩니다.

04 행/열 바꾸어 붙여넣기

원본 자료를 행과 열을 바꾸어 복사합니다.

① B9:D14셀(복사 원본)을 드래그하고 Ctrl+C를 누릅니다.

② H9셀의 팝업메뉴에서 선택하여 붙여넣기의 바꾸기(📋)를 클릭합니다.

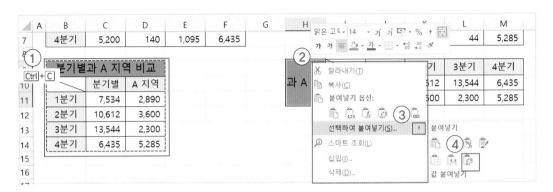

③ F9:H11셀을 드래그하고 병합하고 가운데 맞춤하여 문서 형태를 완성합니다.

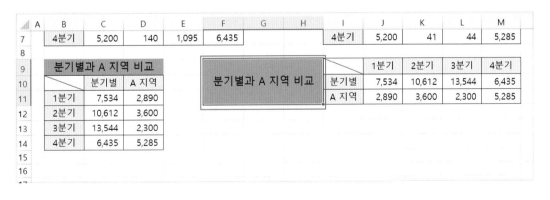

05 그림으로 복사하기

셀에 입력한 자료를 그림(이미지) 형태로 변환하여 복사합니다.

① F9:M11셀(복사 원본)을 드래그하고 Ctrl+C를 누릅니다.
② F13셀의 팝업메뉴에서 선택하여 붙여넣기의 그림(📋)을 클릭합니다.

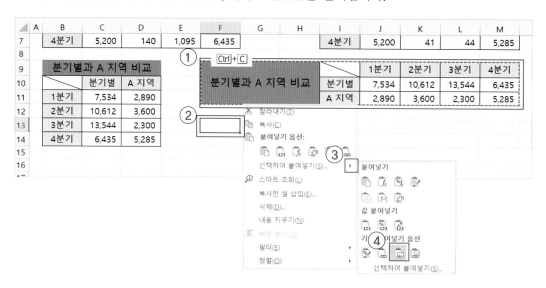

③ 원본 영역이 복사되어 이미지로 삽입됩니다.
　삽입된 개체는 이미지이므로 확대 혹은 축소가 자유롭습니다.

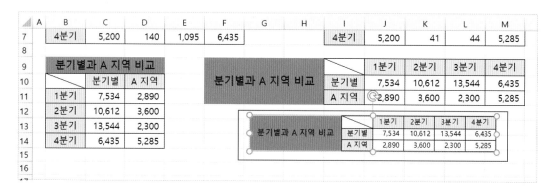

7 셀 참조 방법

참고파일 : 본문예제파일\PART1-기본-자료.xlsx의 [참조] 시트

셀 참조는 셀에 입력된 데이터를 수식 계산에 사용하는 것으로 참조하는 방법에 따라 절대 참조, 상대 참조, 혼합 참조로 구분됩니다. 참조 구분은 셀 주소 앞에 '$'기호를 붙여서 구분합니다.

셀 참조 전환 시 F4키를 이용합니다. 셀 주소 H5를 입력하고 F4를 연속적으로 누르면, 상대 참조[H5] - 절대 참조[$H$5] - 혼합 참조[H$5] - 혼합 참조[$H5] 형태로 순환되어 표시됩니다. F4를 사용하지 않으려면 직접 '$'를 입력해도 됩니다.

참조 방법을 이해하기 위하여 아래의 표를 참고하여봅시다. 아래 표는 국어와 영어 점수가 B열과 C열에 입력되어 있고, 점수계산은 여러 가지 참조형식으로 계산하여 수식으로 표시하였습니다.

	A	B	C	D	E	F	G
1			점수 계산			가산점	10
2		국어	영어	상대참조수식	혼합참조수식	절대참조수식	가산점합계
3		90	56	=B3+C3	=$B3+C$3	=$B$3+$C$3	=B3+C3+$G$1
4		80	78	=B4+C4	=$B4+C$3	=$B$3+$C$3	=B4+C4+$G$1
5		90	89	=B5+C5	=$B5+C$3	=$B$3+$C$3	=B5+C5+$G$1
6		50	45	=B6+C6	=$B6+C$3	=$B$3+$C$3	=B6+C6+$G$1
7		65	44	=B7+C7	=$B7+C$3	=$B$3+$C$3	=B7+C7+$G$1
8		85	55	=B8+C8	=$B8+C$3	=$B$3+$C$3	=B8+C8+$G$1

수식의 결과는 다음과 같습니다. D열은 상대 참조를 사용하여 수식의 위치가 바뀜에 따라 수식이 변경되어 정상적인 결과를 계산합니다. 그러나 E열과 F열과 같이 참조를 절대 참조나 혼합 참조 형식으로 사용할 경우 정상적인 계산이 이루어지지 않습니다.

G열에 국어+영어+가산점을 계산할 경우, 가산점인 G1셀은 고정되어 있으므로 G3셀의 식은 '=B3+C3+$G$1'와 같이 G1에 대해서 절대 참조를 사용합니다.

	A	B	C	D	E	F	G
1			점수 계산			가산점	10
2		국어	영어	상대참조수식	혼합참조수식	절대참조수식	가산점합계
3		90	56	146	146	146	156
4		80	78	158	136	146	168
5		90	89	179	146	146	189
6		50	45	95	106	146	105
7		65	44	109	121	146	119
8		85	55	140	141	146	150

01 상대 참조

수식 위치가 바뀌면 참조하는 셀 주소도 바뀝니다. 즉, 수식을 다른 행이나 열에 복사하거나 이동하면 셀 주소도 자동으로 변경됩니다.
상대 참조는 A1, B5와 같이 일반적 셀 표기법을 사용합니다.

위 표의 D3셀에 수식 '=B3+C3'을 입력하고, D3셀을 D8셀까지 자동 채우기를 하였습니다. 상대 참조일 때 자동 채우기를 하면 셀 주소가 '=B4+C4', '=B5+C5', ...와 같이 변경됩니다.

02 혼합 참조

상대 열참조와 절대 행참조 또는 절대 열참조와 상대 행참조가 있습니다. 수식이 있는 셀의 위치가 바뀔 때 상대 참조 셀 주소는 바뀌지만 절대 참조 셀 주소는 바뀌지 않습니다.
A$3, $A3와 같이 행이나 열 둘 중 하나의 머리글 앞에 '$'기호를 사용합니다.

위 표의 E3셀에 수식 '=$B3+C$3'을 입력하고, E3셀을 E8셀까지 자동 채우기 하였습니다. 상대 참조인 $B3의 3은 변경이 되어 $B4, $B5, ...와 같이 되고, C$3의 3은 절대 참조이기 때문에 변경되지 않고 C$3이 그대로 유지 됩니다.

03 절대 참조

특정 위치의 셀을 가리킵니다. 수식을 다른 행이나 열에 복사하거나 이동하여도 셀 주소는 바뀌지 않고 그대로 유지됩니다.
$A$1, $B$5와 같이 행과 열 모두의 머리글 앞에 '$'기호를 사용합니다.

위 표의 F3셀에 수식 '=$B$3+$C$3'을 입력하고, F3셀을 F8셀까지 자동 채우기 하였습니다. 행과 열을 모두 절대 참조로 하였기 때문에 자동 채우기를 하여도 셀 참조(주소)가 변경되지 않고 처음 수식과 동일합니다.

예를 들어, 모든 사람에게 국어와 영어점수의 합을 계산하고, 10점의 가산점을 추가하고자 합니다.

G1셀에 가산점 10이 입력되어 있습니다.
G3셀 국어+영어+가산점의 수식이 되도록 '=B3+C3+$G$1'을 입력합니다. 이때 가산점의 위치는 G1셀에 고정되어 있으므로 절대 참조를 사용합니다.
G3셀을 G8셀까지 자동 채우기 합니다.

8 셀 삽입과 삭제

참고파일 : 본문예제파일＼PART1-기본-자료.xlsx의 [셀 삽입과 삭제] 시트

PART1-기본-자료.xlsx 파일의 셀 삽입과 삭제 시트를 이용하여 셀 복사와 붙여넣기에 대하여 알아봅시다.

점수표 자료입니다.

번호	국어	영어	합계
점수표			
1	90	56	146
2	80	78	158
3	90	89	179
4	50	45	95
5	65	44	109

01 셀 삭제와 행/열 삭제

1) 셀 내용 삭제

위의 점수표에서 3번의 국어와 영어 점수를 삭제합시다.

삭제하고자 하는 C5:D5셀을 드래그하고 Delete 키를 누릅니다. 셀의 내용이 삭제되고, 국어와 영어 점수가 0으로 취급되어 합계는 0이 됩니다.

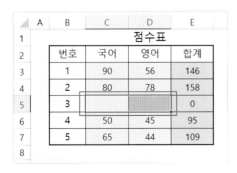

2) 셀 삭제

점수표에서 4번의 국어와 영어 점수의 셀을 삭제합시다.

삭제하고자 하는 C6:D6셀을 드래그하고 팝업메뉴에서 [삭제]를 클릭합니다. [삭제] 대화상자에서
셀을 위로 밀기를 선택하고 [확인]을 클릭합니다.

셀의 내용과 함께 셀이 삭제되고, 5번에 해당하는 셀이 위로 올라오게 됩니다. E6셀에 있는 합계
수식 '=SUM(C6:D6)'는 C6:D6셀이 삭제되어 참조를 잃어버리게 되어 오류로 표시됩니다.

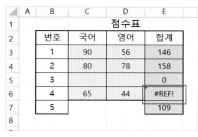

3) 행 전체 삭제

점수표에서 2번의 행을 포함한 모든 자료를 삭제합시다.

2번 자료가 행 번호 4이므로 행 머리글 4를 클릭하고, 팝업메뉴에서 [삭제]를 클릭합니다.
2번 행이 삭제되고 3번 행이 위로 올라옵니다.

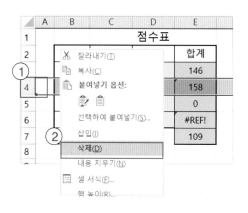

02 셀 삽입과 행/열 삽입

1) 셀 삽입

점수표에 B4:D4에 셀을 삽입합시다.

① B4:D4셀을 드래그하고, 팝업메뉴에서 [삽입]을 클릭합니다. [삽입] 대화상자에서 셀을 아래로 밀기를 선택하고 [확인]을 클릭합니다.

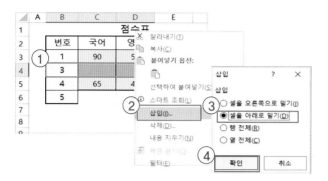

② 삽입된 셀에 점수를 입력하고, E3셀을 E6셀까지 자동 채우기 합니다.

	A	B	C	D	E
1			점수표		
2		번호	국어	영어	합계
3		1	90	56	146
4		2	90	95	185
5		3	80	88	168
6		4	65	44	109
7		5			
8					

2) 행 삽입

점수표의 5번 앞에 행을 삽입합시다.

5번 자료가 행 번호 7이므로 행 머리글 7을 클릭하고, 팝업메뉴에서 [삽입]을 클릭합니다. 5번 앞에 행이 추가됩니다.

3) 여러 행 삽입

행 머리글 3부터 3개의 행인 행 머리글 3~5번까지를 드래그하고, 팝업메뉴에서 [삽입]을 클릭합니다. 블록으로 지정한 행의 수만큼 행이 삽입됩니다.

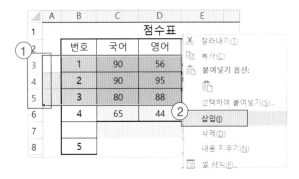

03 복사한 셀 삽입

점수표의 행 번호 5번~6번을 행 번호 3 앞에 복사합시다.

① 행 머리글 5~6번을 드래그하고 Ctrl+C를 누릅니다.

② 삽입하려는 행 머리글 3을 클릭하고, 팝업메뉴에서 [복사한 셀 삽입]을 클릭합니다. 2개의 행이 삽입된 것을 확인할 수 있습니다.

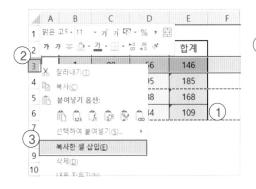

9 저장

01 빠른 실행 도구 모음의 저장

빠른 실행 도구 모음의 저장(🖫)을 클릭하면, 현재 사용 중인 파일이 사용자가 이미 저장했던 파일이라면 동일한 파일 이름으로 저장되고, 현재 파일이름이 '통합문서'로 되어 있다면 다음 절에서 설명하고자 하는 백스테이지의 [다른 이름으로 저장]을 실행합니다.

02 다른 이름으로 저장하기

리본메뉴의 [파일]탭을 클릭하면 백스테이지 창이 열립니다. [다른 이름으로 저장]을 클릭하고, [이 PC] 혹은 [찾아보기]를 클릭하여 [다른 이름으로 저장] 대화상자에서 저장할 위치와 파일이름을 입력하고 저장합니다.

03 인터넷에서 읽어 온 파일 저장하기

인터넷에서 읽은 파일은 저장 이름도 있고, 저장()을 클릭하면 마치 정상인 것처럼 저장이 완료됩니다. 그러나 저장 위치가 [내 컴퓨터]로 지정되어 있지 않기 때문에 [내 컴퓨터]에는 저장되지 않은 것과 같습니다. 인터넷에서 읽은 파일은 반드시 [다른 이름으로 저장]을 하여야 합니다.

🔟 불러오기

파일을 불러오는 방법은 저장되어있는 폴더에서 파일이름을 더블클릭하거나 리본메뉴의 [파일]탭 –
[열기]에서 불러오는 방법이 있습니다.

01 열기

리본메뉴의 [파일]탭을 클릭하면 백스테이지 창이 열립니다. [열기]의 [이 PC] 혹은 [찾아보기]를 클릭
하고 [열기] 대화상자에서 파일 위치와 파일이름을 찾아줍니다.

🔟 인쇄

01 인쇄

워크시트에 입력한 데이터와 차트 등을 프린터로 인쇄합니다.

워크시트를 인쇄하기 전에 미리 보기에서 인쇄 형태를 확인할 수 있습니다. 미리 보기 창은 백스테이지 창에서 열리고, 프린터기와 페이지 설정, 레이아웃 등을 변경할 수 있습니다.

인쇄를 위한 단축키는 Ctrl+P입니다.

백스테이지의 인쇄를 위한 영역은 다음과 같습니다.

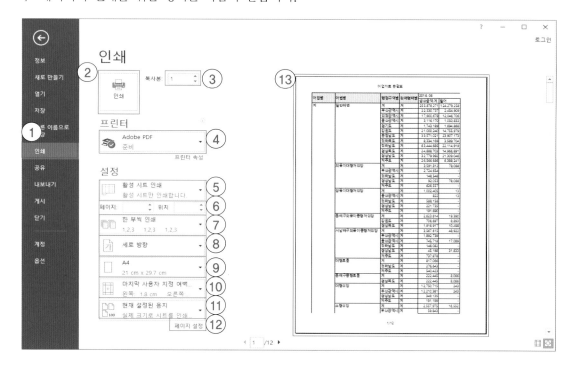

① [인쇄]탭은 인쇄 백스테이지 창을 열어줍니다.
② 인쇄를 시작합니다.
③ 인쇄 복사 매수를 입력합니다. 기본 값은 1입니다.
④ 인쇄하고자 하는 프린터기를 지정합니다.
⑤ 인쇄범위를 활성 시트 인쇄, 전체 통합 문서 인쇄, 선택 영역 인쇄 중에서 선택합니다.

⑥ 문서 중 일부만 인쇄하고자 할 때 페이지의 시작과 끝 페이지 번호를 지정합니다.

⑦ 여러 부를 인쇄할 때 출력하는 순서가 "1,2,3 1,2,3"인지, "1,1 2,2"인지를 선택합니다.

⑧ 인쇄방향을 용지를 기준으로 가로 혹은 세로 방향을 지정합니다.

⑨ 인쇄용지를 지정합니다. 보통 A4용지를 사용합니다.

⑩ 인쇄 여백을 지정합니다.

⑪ 실제 크기로 인쇄인지, 인쇄 내용을 용지에 맞추어 줄이거나 늘릴 것 인지를 지정합니다.

⑫ [페이지 설정]대화상자를 표시하여 위의 내용을 상세히 조절할 수 있습니다.

⑬ 인쇄 미리보기입니다.

Part II

Excel

e-Test 엑셀 2016

e-Test 엑셀 문제 유형

Excel 2016

엑 셀

※ 답안 작성 시 주의사항

- 답안문서 파일명은 응시자의 이름으로 저장하십시오.
- 반드시 주어진 자료 및 엑셀의 기능들을 이용하여 [처리사항]대로 답안문서를 작성하십시오.
  ([보기]를 참고하고, 주어진 자료 외 다른 자료 이용시 감점 처리됩니다.)
- 답안 작성에 필요한 시트 이외에 다른 시트에 내용을 입력한 경우 감점 또는 부정행위의 대상이 됩니다.
- 답안은 반드시 문제에서 지정한 셀에 입력해야 하며, 임의로 셀의 위치를 변경한 경우 감점요인이 됩니다.
- 문제에서 제시된 내용이 중복 작성된 경우 감점요인이 됩니다.
  (예를 들어, 차트가 두 개 이상인 경우)
- 문제에서 지시하지 않은 사항은 프로그램의 기본 설정 값으로 지정하십시오.

[제공 데이터]

주어진 자료를 이용하여 답안문서를 작성하시오.

(첨부파일보기 클릭시 자료 페이지 열림)

[보기]	[처리사항]
[엑셀로 가공할 정보형태]	**〈데이터 입력과 수식 작성하기〉**
	배점 1번(5), 2번(7), 3번(45), 4번(45)
(표) 농가판매가격지수 현황 (기준:2018년)	※ 농가판매 시트에 1번부터 4번까지 작성하시오.
	1. F3셀에 '평균과 차', G3셀에 '비고', G2셀에 '(기준: 2018년)'을 입력하시오.
	(G2셀은 가로 오른쪽 맞춤으로 지정)
	2. A1셀에 제목을 '농가판매가격지수 현황'으로 입력하시오.
	1) A1 ~ G1셀을 병합하고 가로 가운데 맞춤으로 지정
	2) 글꼴은 굴림체, 글꼴크기는 15, 글꼴 스타일은 굵게 지정
	3. [엑셀로 가공할 정보형태]의 ①(F4 ~ F19셀)부분의 평균과 차를 구하시오.
	1) 반드시 AVERAGE, ROUNDUP 함수를 모두 이용하여 구하시오.

[엑셀로 가공할 정보형태] 표 내용:

연도	곡물	청과물	축산물	기타	평균과 차	비고
2002년	77.2	92.4	93.2	87.9	①	②
2003년	78.1	92.3	89.4	97.0	①	②
2004년	84.9	*****107.8	92.9	100.0	①	②
2005년	90.1	*****114.1	99.4	105.0	①	②
2006년	97.8	*****118.6	98.3	107.1	①	②
2007년	*****100.6	*****124.6	86.6	109.1	①	②
2008년	97.1	*****122.7	79.3	108.9	①	②
2009년	*****100.3	*****111.4	95.1	108.3	①	②
2010년	*****100.0	*****100.0	100.0	100.0	①	②
2011년	*****102.2	*****108.7	118.8	**99.8**	①	②
2012년	*****100.9	*****117.8	131.2	100.5	①	②
2013년	*****119.3	*****134.0	137.8	104.0	①	②
2014년	*****124.2	*****115.8	146.5	108.1	①	②
2015년	*****107.3	99.7	157.6	109.8	①	②
2016년	*****108.1	*****111.4	146.1	122.3	①	②
2017년	*****110.2	*****118.4	138.0	123.9	①	②

[보기]	[처리사항]

[보기]

	A	B	C	D	E	F	G
1			농가판매가격지수 현황				
2							(기준:2018년)
3	연 도	곡 물	청 과 물	축 산 물	기 타	평균과차	비 고
4	2002년	77.2	92.4	93.2	87.9	①	②
5	2003년	78.1	92.3	89.4	97.0	①	②
6	2004년	84.9	******107.8	92.9	100.0	①	②
7	2005년	90.1	******114.1	99.4	105.0	①	②
8	2006년	97.8	******118.6	98.3	107.1	①	②
9	2007년	******100.6	******124.6	86.6	109.1	①	②
10	2008년	97.1	******122.7	79.3	108.9	①	②
11	2009년	******100.3	******111.4	95.1	108.3	①	②
12	2010년	******100.0	******100.0	100.0	100.0	①	②
13	2011년	******102.2	******108.7	118.8	99.8	①	②
14	2012년	******100.9	******117.8	131.2	100.5	①	②
15	2013년	******119.3	******134.0	137.8	104.0	①	②
16	2014년	******124.2	******115.8	146.5	108.1	①	②
17	2015년	******107.3	99.7	157.6	109.8	①	②
18	2016년	******108.1	******111.4	146.1	122.3	①	②
19	2017년	******110.2	******118.4	138.0	123.9	①	②

[처리사항]

2) 반드시 아래 주어진 수식으로 구하고, 구한 값을 소수 둘째 자리에서 올림하여 소수 첫째 자리까지 나타내시오.

※ 평균과 차 = ('청과물'의 '2002년'부터 '2017년'까지의 평균 – '청과물'의 각 연도의 값)

4. [엑셀로 가공할 정보형태]의 ② (G4 ~ G19셀)부분의 비고를 구하시오.

1) 반드시 AVERAGE, IF, LEFT, MOD, OR, RANK.EQ 함수를 모두 이용하여 구하시오.

2) 반드시 아래 주어진 조건에 따른 참과 거짓의 값으로 나타내시오.

– 조건 : 각 연도의 왼쪽부터 4자리 수치가 3의 배수이거나 5의 배수

– 참 : '축산물'을 기준으로 각 연도의 내림차순 순위

– 거짓 : 각 연도의 '곡물'부터 '기타'까지의 평균

〈서식 지정하기〉

배점 1번(2), 2번(3), 3번(2), 4번(3), 5번(6), 6번(3), 7번(9)

※ 농가판매 시트에 1번부터 7번까지 작성하시오.

1. 표(A3~G19셀) 안의 글꼴은 굴림체, 글꼴크기는 10으로 지정하시오.

2. A3 ~ G3셀은 가로 균등 분할(들여쓰기) 맞춤으로 지정하고, A4 ~ A19셀, G4 ~ G19셀은 가로 가운데 맞춤으로 지정하시오.

3. A열의 열 너비는 9, B ~ E열의 열 너비는 10으로 지정하시오.

4. A3 ~ G3셀의 글꼴 스타일은 굵게 지정하시오.

5. B4 ~ C19셀의 수치는 사용자 지정 표시형식을 이용하여 소수 첫째 자리까지 나타나고, 100 이상인 경우 수치 앞에 빈 열 폭 만큼 '*'이 나타나도록 지정하고, D4 ~ E19셀의 수치는 숫자 표시형식을 이용하여 소수 첫째 자리까지 나타나고, 음수인 경우 빨강색으로 (1234.0)로 나타나도록 지정하시오.

6. D4 ~ E19셀의 수치는 조건부 서식을 이용하여 100 미만인 경우 글꼴 스타일이 굵게 나타나도록 지정하시오. (단, 수식을 이용하여 입력시 감점)

[보기]	[처리사항]
	7. 표(A3 ~ G19셀) 윤곽선은 이중선, 표 안쪽 세로선은 실선, A3 ~ G3셀의 아래선은 이중선이 나타나도록 작성하시오

〈차트 작성과 데이터베이스 기능 사용하기〉
배점 1번(20), 2번 1)번(6), 2)번(3), 3)번(4), 4)번(4), 5)번(6), 6)번(7), 7)번(6), 8)번(6), 9)번(6), 10)번(6), 11)번(6), 3번(23), 4번(20), 5번(15)

[차트형태]

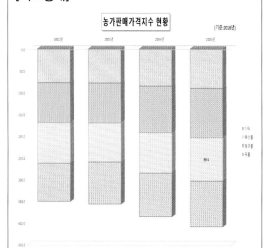

※ 농가판매 시트로 1번과 2번을 작성하시오.

1. 자동 필터를 이용하여 '곡물'의 백분율 값이 하위 30%인 자료를 추출하고, 추출한 상태를 복사하여 A21셀부터 붙여 넣으시오.
   (단, 추출 후 반드시 자동 필터 상태를 유지하시오.)

2. 차트를 작성하시오. (차트는 반드시 지정상태를 확인할 수 있어야 하고, 차트를 두 개 이상 작성하거나 그림, 외부개체로 입력되면 감점됨)
   1) 붙여 넣은(A21셀부터) 자료 중 '평균과 차'와 '비고'를 제외한 자료를 이용하여 차트를 작성
   2) 차트 종류는 '3차원 누적 세로 막대형', 차트 스타일은 '스타일 2'로 지정
   3) 작성한 차트 이동 위치는 '새 시트(S)'에 삽입
   4) 작성한 차트가 있는 시트명은 '○○○(응시자 본인의 이름)'으로 입력
   5) 차트 제목은 [차트 도구] – [디자인]메뉴 [차트 레이아웃] 그룹의 '레이아웃 1'로 '농가판매가격지수 현황'으로 입력하고, 테두리 색은 '실선', 그림자는 미리 설정의 '바깥쪽, 오프셋 대각선 오른쪽 아래'를 지정
   6) 기본 세로 축 옵션의 '값을 거꾸로'로 지정하고, 세로 축 주 눈금선은 '없음'으로 지정
   7) 3차원 회전 차트 배율의 깊이(%)는 '60'으로 지정
   8) 3차원 회전의 회전은 X 10°, Y 5°로 지정
   9) '축산물' 계열 중 '2005년'의 데이터 레이블 값이 나타나도록 지정
   10) 차트 영역의 상단 오른쪽에 [차트형태]와 같이 텍스트 상자를 이용하여 '(기준:2018년)'을 입력
   11) [차트형태]와 같이 범례가 나타나도록 지정

[보기]	[처리사항]

[피벗 테이블 형태]

	A	B
2		
3	행 레이블 ▾	
4	곡물	
5	최대값 : 2015년	187.9
6	최대값 : 2016년	217.3
7	최대값 : 2017년	220.6
8	기타	
9	최대값 : 2015년	147.1
10	최대값 : 2016년	183.4
11	최대값 : 2017년	182.2
12	청과물	
13	최대값 : 2015년	263.3
14	최대값 : 2016년	224.8
15	최대값 : 2017년	301
16	축산물	
17	최대값 : 2015년	167.3
18	최대값 : 2016년	171.2
19	최대값 : 2017년	156
20	전체 최대값 : 2015년	263.3
21	전체 최대값 : 2016년	224.8
22	전체 최대값 : 2017년	301

[부분합 형태]

	A	B	C	D	E
19	구 분	품 목	2015년	2016년	2017년
20	축 산 물	새 끼 돼 지	167.3	171.2	156.0
21	축 산 물	돼 지	149.3	146.1	130.4
22	축 산 물	유 우 송 아	154.6	139.3	131.3
23	축 산 물	벌 꿀	141.2	132.8	130.3
24	축산물 최대값		167.3	171.2	156.0
25	청 과 물	가 지	124.7	224.8	171.2
26	청 과 물	참 외	192.4	199.5	195.0
27	청 과 물	무	263.3	185.9	301.0
28	청 과 물	부 추	113.1	180.4	163.8
29	청 과 물	열 무	149.7	168.6	226.6
30	청 과 물	오 이	107.7	132.8	180.1
31	청 과 물	고 추	99.5	130.2	116.3
32	청 과 물	포 도	103.0	128.7	126.6
33	청 과 물	딸 기	67.0	125.2	145.2
34	청 과 물	쑥 갓	117.7	125.1	168.2
35	청과물 최대값		263.3	224.8	301.0
36	곡 물	고 구 마	139.5	217.3	220.6
37	곡 물	조	187.9	165.3	162.7
38	곡물 최대값		187.9	217.3	220.6
39	전체 최대값		263.3	224.8	301.0

[텍스트 나누기 형태]

	J	K	L	M
1	품목	2015년	2016년	2017년
2	가지	124.7	224.8	171.2
3	고추	99.5	130.2	116.3
4	깻잎	82.4	87	118
5	딸기	67	125.2	145.2
6	무	263.3	185.9	301
7	배추	129.1	119.7	162.8
8	부추	113.1	180.4	163.8
9	시금치	88.7	123.9	120.8
10	쑥갓	117.7	125.1	168.2
11	양배추	97.5	110.5	145.5
12	열무	149.7	168.6	226.6
13	오이	107.7	132.8	180.1
14	참다래	123	121.2	112
15	참외	192.4	199.5	195
16	토마토	106	108.7	129.4
17	포도	103	128.7	126.6

[처리사항]

※ 데이터 시트의 A1~E17셀을 이용하여 3번을 작성하시오.

3. 표(A1 ~ E17셀)를 이용하여 피벗 테이블을 작성하시오.

 1) 아래 조건으로 피벗 테이블을 작성하시오.

  – 피벗 테이블 보고서 작성 위치 : 새 워크시트

  – 피벗 테이블 레이아웃

  행 레이블 : 구분, Σ 값

  Σ 값 : 2015년, 2016년, 2017년 (함수:최대값)

  – 시트명은 '피벗'으로 입력

※ 데이터 시트의 A19~E35셀을 이용하여 4번을 작성하시오.

4. 표(A19 ~ E35셀)를 이용하여 부분합을 작성하시오. (부분합 결과는 열 너비를 조절하지 않아도 됨)

 1) 아래 조건으로 부분합을 구하시오.

  – 정렬 : 정렬 기준은 '구분', '내림차순'으로 지정

  – 그룹화할 항목 : 구분

  – 사용할 함수 : 최대값

  – 부분합 계산 항목 : 2015년, 2016년, 2017년

※ 데이터 시트의 J1~J17셀을 이용하여 5번을 작성하시오.

5. 표(J1 ~ J17셀)를 이용하여 텍스트 나누기를 작성하시오.

 1) 아래 조건으로 텍스트 나누기를 작성하시오.

  – 원본 데이터 형식 : 너비가 일정함

  – 열 구분선 : 4개를 지정하여 5열로 나눔 (구분선 지정 위치 : 6, 12, 18, 24)

  – 열 데이터 서식 : 두 번째 열은 열 가져오지 않음(건너뜀) 지정

[보기]	[처리사항]

〈데이터 분석 기능 사용하기〉
배점 1번(15), 2번(15), 3번(2)

※ 목표값과 시나리오 시트로 1번과 2번을 작성하시오.

1. 목표값 찾기를 이용하여 표(A1 ~ E6셀)의 항목평균의
   평균이 122.5가 되도록 축산물의 2017년 값을 구하
   시오
   1) 아래 조건으로 목표값 찾기를 구하시오. (③부분이
      변경되어야 함)
      – 수식 셀 : E6(항목평균 평균)
      – 찾는 값 : 122.5
      – 값을 바꿀 셀 : D4(축산물 2007년)

[목표값 형태]

구 분	2015년	2016년	2017년	평 균
곡 물	107.3	108.1	110.2	108.5
청 과 물	99.7	111.4	118.4	109.8
축 산 물	157.6	146.1	③	③
기 타	109.8	122.3	123.9	118.7
항 목 평 균	118.6	122.0	③	③

2. 표(H1 ~ K6셀)를 이용하여 일반미/보리의 평균(K6)
   을 위한 시나리오를 작성하시오.
   1) 시나리오 이름 : 유형1, 유형2
   2) 변경 셀 : J2, J3, J4, J5셀

[시나리오 형태]

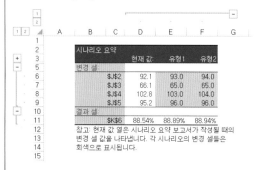

변경셀	유형1 변경 값	유형2 변경 값
J2	93.0	94.0
J3	65.0	65.0
J4	103.0	104.0
J5	96.0	96.0

   3) 보고서 종류 : 시나리오 요약

3. 시트의 순서는 반드시 아래와 같이 하시오.
   (반드시 지정된 시트만 있어야 함)
   ○○○ → 농가판매 → 피벗 → 데이터
   → 시나리오 요약 → 목표값과 시나리오

파일 준비

Excel 2016

※ 답안 작성 시 주의사항
- 답안문서 파일명은 응시자의 이름으로 저장하십시오.
- 반드시 주어진 자료 및 엑셀의 기능들을 이용하여 [처리사항]대로 답안문서를 작성하십시오.
  ([보기]를 참고하고, 주어진 자료 외 다른 자료 이용시 감점 처리됩니다.)
- 답안 작성에 필요한 시트 이외에 다른 시트에 내용을 입력한 경우 감점 또는 부정행위의 대상이 됩니다.
- 답안은 반드시 문제에서 지정한 셀에 입력해야 하며, 임의로 셀의 위치를 변경한 경우 감점요인이 됩니다.
- 문제에서 제시된 내용이 중복 작성된 경우 감점요인이 됩니다.
  (예를 들어, 차트가 두 개 이상인 경우)
- 문제에서 지시하지 않은 사항은 프로그램의 기본 설정 값으로 지정하십시오.

[제공 데이터]
주어진 자료를 이용하여 답안문서를 작성하시오.
(첨부파일보기 클릭시 자료 페이지 열림)

〈파일 준비〉의 중점 사항

1. 파일 열기
2. 다른 이름으로 저장

1 파일 열기

본 교재에서 예제로 사용할 파일 '따라하기2016 \ 본문엑셀.xlsx'을 불러옵니다.

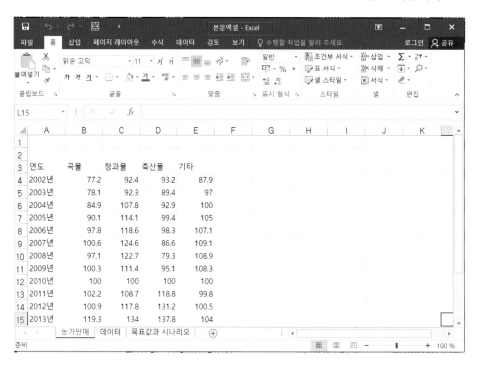

2 다른 이름으로 저장하기

[파일]탭 – 백스테이지의 '다른 이름으로 저장'을 선택하여 '응시자 이름(임창인)'으로 저장합니다.

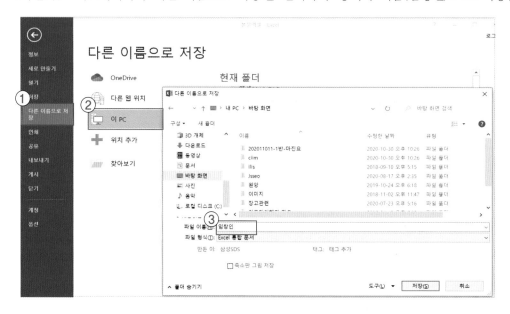

데이터 입력과 수식 작성하기

[보기]

[엑셀로 가공할 정보형태]

연 도	곡 물	청 과 물	축 산 물	기 타	평균과 차	비 고
						(기준:2018년)
2002년	77.2	92.4	93.2	87.9	①	②
2003년	78.1	92.3	89.4	97.0	①	②
2004년	84.9	*****107.8	92.9	100.0	①	②
2005년	90.1	*****114.1	99.4	105.0	①	②
2006년	97.8	*****118.6	98.3	107.1	①	②
2007년	*****100.6	*****124.6	86.6	109.1	①	②
2008년	97.1	*****122.7	79.3	108.9	①	②
2009년	*****100.3	*****111.4	95.1	108.3	①	②
2010년	*****100.0	*****100.0	100.0	100.0	①	②
2011년	*****102.2	*****108.7	118.8	99.8	①	②
2012년	*****100.9	*****117.8	131.2	100.5	①	②
2013년	*****119.3	*****134.0	137.8	104.0	①	②
2014년	*****124.2	*****115.8	146.5	108.1	①	②
2015년	*****107.3	99.7	157.6	109.8	①	②
2016년	*****108.1	*****111.4	146.1	122.3	①	②
2017년	*****110.2	*****118.4	138.0	123.9	①	②

[처리사항]

〈데이터 입력과 수식 작성하기〉

배점 1번(5), 2번(7), 3번(45), 4번(45)

※ 농가판매 시트에 1번부터 4번까지 작성하시오.

1. F3셀에 '평균과 차', G3셀에 '비고', G2셀에 '(기준:2018년)'을 입력하시오.
   (G2셀은 가로 오른쪽 맞춤으로 지정)

2. A1셀에 제목을 '농가판매가격지수 현황'으로 입력하시오.
   1) A1 ~ G1셀을 병합하고 가로 가운데 맞춤으로 지정
   2) 글꼴은 굴림체, 글꼴크기는 15, 글꼴 스타일은 굵게 지정

3. [엑셀로 가공할 정보형태]의 ①(F4~F19셀)부분의 평균과 차를 구하시오.
   1) 반드시 AVERAGE, ROUNDUP 함수를 모두 이용하여 구하시오.
   2) 반드시 아래 주어진 수식으로 구하고, 구한 값을 소수 둘째 자리에서 올림하여 소수 첫째 자리까지 나타내시오.
   ※ 평균과 차 = ('청과물'의 '2002년'부터 '2017년'까지의 평균 – '청과물'의 각 연도의 값)

4. [엑셀로 가공할 정보형태]의 ②(G4 ~ G19셀)부분의 비고를 구하시오.
   1) 반드시 AVERAGE, IF, LEFT, MOD, OR, RANK.EQ 함수를 모두 이용하여 구하시오.
   2) 반드시 아래 주어진 조건에 따른 참과 거짓의 값으로 나타내시오.
   - 조건 : 각 연도의 왼쪽부터 4자리 수치가 3의 배수이거나 5의 배수
   - 참 : '축산물'을 기준으로 각 연도의 내림차순 순위
   - 거짓 : 각 연도의 '곡물'부터 '기타'까지의 평균

Part Ⅱ

e-Test 엑셀 2016

1. 글꼴과 맞춤
2. 수식
3. 함수
4. 따라하기

☞ **중점사항** 내용을 알고 있으면 **따라하기**로 이동하세요.

① 글꼴과 맞춤

01 [홈]탭 – [글꼴]그룹

텍스트의 글꼴, 글자 크기, 속성(굵게, 보통, 밑줄, 기울기 등), 테두리, 채우기 색, 글자 색 등을
사용자가 원하는 대로 표시되도록 합니다.

단축키 Ctrl + Shift + F를 누르거나 글꼴 그룹의 [글꼴 설정]대화상자 펼침 아이콘( ) 클릭하면 [셀
서식]대화상자의 [글꼴]탭이 열립니다. 리본메뉴에 표시되지 않은 글꼴 설정에 대해서도 지정 할 수
있습니다.

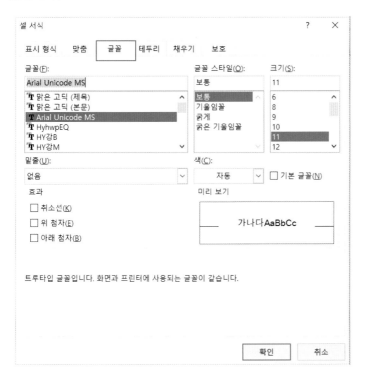

다음 표 B2셀의 '1월 판매 현황'의 글꼴 서식을 변경하여 봅시다.
셀B2 클릭 – [홈]탭 – 글꼴 : 궁서체, 글자크기 : 15, 굵게, 글꼴 색 : 빨강을 각각 입력하거나 클릭
합니다.

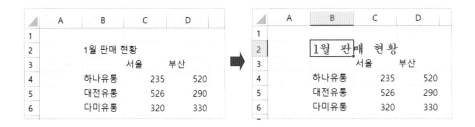

02 [홈]탭 – [맞춤]그룹

텍스트의 세로방향으로 위쪽/가운데/아래쪽 맞춤, 가로방향으로 왼쪽/가운데/오른쪽 맞춤, 셀 병합
하고 가운데 맞춤, 텍스트 줄 바꿈 등을 지정합니다.

맞춤 그룹의 [맞춤 설정]대화상자 펼침 아이콘(⌐) 클릭하면 [셀 서식]대화상자의 [맞춤]탭이 열립니다.
이 곳에서 리본메뉴에 표시되지 않은 맞춤 설정에 대한 지정을 할 수 있습니다.

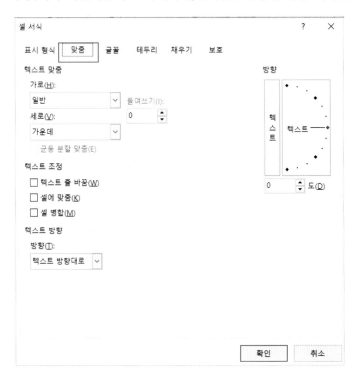

다음 표 B2셀의 '1월 판매 현황'을 제목에 맞게 셀을 병합하여 봅시다.

B2:D2셀 드래그 – [홈]탭 – '병합하고 가운데 맞춤' 클릭합니다.

	A	B	C	D
1				
2		1월 판매 현황		
3			서울	부산
4		하나유통	235	520
5		대전유통	526	290
6		다미유통	320	330

➡

	A	B	C	D
1				
2		1월 판매 현황		
3			서울	부산
4		하나유통	235	520
5		대전유통	526	290
6		다미유통	320	330

2 수식

01 수식

수식은 워크시트의 값에 대해 계산을 실행하는 것입니다. 수식은 항상 등호(=)로 시작하고, 연산자, 상수, 셀 주소, 함수로 이루어지며, 셀 주소를 수식에 사용하였을 경우 셀 값이 바뀌면 결과는 자동으로 바뀝니다.

상수만 사용한 경우 = 10 + 2 * 5	상수만 이용한 식으로 결과는 20 입니다.
상수와 셀 주소 사용한 경우 = 10 * B2 − 3	B2셀 값과 10을 곱하고, 그 결과에서 빼기 3을 합니다.
함수 포함 수식 = SUM(A1:A10) / 10	A1에서 A10까지 셀 값의 합을 계산 한 후 나누기 10을 합니다.
함수를 중복한 경우 = IF(SUM(A1:A10) > 70, "합격", "불합격")	SUM(A1:A10)이 70 이상이면 "합격", 70 미만이면 "불합격"을 표시합니다.

02 상수

상수는 셀에 입력되어 있는 고정된 값입니다. 상수는 10, −20, 1,234.567 등과 같은 숫자와 '엑셀', 'Excel', '우리대학교' '^-^'과 같은 텍스트가 있습니다.

03 연산자

연산자는 산술연산자, 비교연산자, 문자연산자로 구분할 수 있고, 연산자의 종류와 사용방법은 표와 같습니다.

표에서 A1셀 값은 6, A2셀 값은 2이라고 가정합니다.

산술연산자	종류	설명 및 예		결과
	+	• 덧셈	■ =A1+A2	8
	−	• 뺄셈	■ =A1−A2	4
	*	• 곱셈	■ =A1*A2	12
	/	• 나눗셈	■ =(A1+A2) / 2	4
	^	• 지수	■ =A2^3	8

• 숫자에 대한 수학적 연산을 합니다.

비교연산자	종류	설명 및 예		결과
	=	• 같다	■ =A1 = A2	FALSE
	〉	• 크다(초과)	■ =A1 〉 A2	TRUE
	〈	• 작다(미만)	■ =A1 〈 A2	FALSE
	〉=	• 이상	■ =A1 〉= A2	TRUE
	〈=	• 이하	■ =A1 〈= A2	FALSE
	〈〉	• 같지 않다	■ =A1 〈〉 A2	TRUE

• 두개의 값을 비교하여 논리값(TRUE, FALSE)을 계산합니다.

문자연산자	종류	설명 및 예		결과
	&	• 연결	■ =A1 & "점"	6점

• 하나이상의 문자열을 결합합니다.

3 함수

함수는 엑셀에서 미리 정의되어있는 식으로, 특정한 값을 입력하면 적절한 결과 값을 계산합니다.
많이 사용하는 함수는 SUM, AVERAGE, MAX, MIN, LEFT, RIGHT, MID, LEN, ROUND, ROUNDUP, ROUNDDOWN, IF, RANK.EQ, AND, OR, CHOOSE, REPLACE, ISERR, FIND, COUNT, COUNTA 등이며, 함수 사용 방법은 예문을 통하여 알아봅시다.

본문예제파일 \ PART2-수식의함수-자료.xlsx 파일을 이용하여 함수에 대하여 알아봅시다.

01 기본 함수

1) SUM, AVERAGE, MAX, MIN, ROUND 함수

파일의 함수1 시트에 '지역별 인구 분포' 표가 지역과 년도 별로 입력되어 있습니다. 표를 완성합시다.

지역	2016년	2017년	2018년	2019년	평균	최대인구수	최소인구수	증가율
					②	③	④	⑤
서울특별시	9,844	9,766	9,705	9,662				
부산광역시	3,447	3,424	3,400	3,373				
충청남도	2,126	2,153	2,180	2,188				
전라남도	1,798	1,795	1,790	1,773				
경상남도	3,338	3,339	3,356	3,350				
합계	①							

지역별 인구 분포   (단위:생략)

① 합계

년도별 합을 계산합니다.

함수 SUM(숫자들)을 사용합니다. SUM 함수는 숫자들의 합을 계산합니다.

C8셀 클릭 – '=SUM(C3:C7)' 입력 – C8셀을 F8셀까지 자동 채우기

② 평균

지역별 평균을 계산합니다.

함수 AVERAGE(숫자들)를 사용합니다. AVERAGE 함수는 숫자들의 평균을 계산합니다.

G3셀 클릭 – '=AVERAGE(C3:F3)' 입력 – G3셀을 G7셀까지 자동 채우기

③ 최대인구수

지역의 년도별 인구수 중 가장 큰 수를 계산합니다.

함수 MAX(숫자들)를 사용합니다. MAX 함수는 숫자들 중 가장 큰 수를 계산합니다.

H3셀 클릭 – '=MAX(C3:F3)' 입력 – H3셀을 H7셀까지 자동 채우기

④ 최소인구수

지역의 년도별 인구수 중 가장 작은 수를 계산합니다.

함수 MIN(숫자들)을 사용합니다. MIN 함수는 숫자들 중 가장 작은 수를 계산합니다.

I3셀 클릭 – '=MIN(C3:F3)' 입력 – I3셀을 I7셀까지 자동 채우기

⑤ 증가율

2018년 대비 2019년의 인구 증가율을 소수점 2자리까지 반올림하여 계산합니다.

반올림 함수 ROUND(숫자, 자릿수)를 사용합니다. ROUND 함수는 숫자를 반올림하여 자릿수까지 표시합니다.

J3셀 클릭 – '=ROUND(F3/E3*100, 2)' 입력 – J3셀을 J7셀까지 자동 채우기

※ ROUND 함수와 수식 설명

ROUND 함수는 ROUND(숫자, 자릿수) 형식이며, 숫자를 소수점의 자릿수 아래에서 반올림하여 자릿수까지의 값을 구합니다.

자릿수와 소수점 위치와의 관계는 다음과 같습니다.

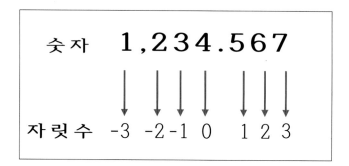

예1) ROUND(1234.567, 1) 이면, 소수 첫째자리까지 계산하며 결과는 1234.6입니다.
예2) ROUND(1234.567, –1) 이면, 소수 –1자리까지 계산하므로 십의 자리까지 표시합니다. 따라서 결과는 1230입니다.

• **ROUNDUP(숫자, 자릿수), ROUNDDOWN(숫자, 자릿수) 함수 형식**
두 함수는 ROUND함수와 사용방법이 동일합니다. ROUNDUP()함수는 숫자를 자릿수 아래에서 무조건 '올림' 하여 자릿수까지의 값을 구하고, ROUNDDOWN()함수는 숫자를 자릿수 아래에서 무조건 '내림'하여 자릿수까지의 값을 계산합니다.

위 수식에 의하여 완성된 '지역별 인구 분포' 표입니다.

참고1과 참고2는 증가율(%) 계산에 사용한 ROUND() 함수 대신 '= ROUNDUP()'과 '= ROUNDDOWN()'함수를 사용한 결과입니다.

지역	2016년	2017년	2018년	2019년	평균	최대인구수	최소인구수	증가율(%)		참고1	참고1
서울특별시	9,844	9,766	9,705	9,662	9,744.25	9,844	9,662	99.56		99.56	99.55
부산광역시	3,447	3,424	3,400	3,373	3,411.00	3,447	3,373	99.21		99.21	99.2
충청남도	2,126	2,153	2,180	2,188	2,161.75	2,188	2,126	100.37		100.37	100.36
전라남도	1,798	1,795	1,790	1,773	1,789.00	1,798	1,773	99.05		99.06	99.05
경상남도	3,338	3,339	3,356	3,350	3,345.75	3,356	3,338	99.82		99.83	99.82
합계	20,553	20,477	20,431	20,346							

2) LEFT, RIGHT, MID, LEN 함수

함수2 시트의 '지역별 인구표'를 함수를 활용하여 완성합시다.

① 지역명

지역의 왼쪽 2글자만 표시합니다.

함수 LEFT(텍스트, 숫자)를 사용합니다. LEFT 함수는 텍스트를 왼쪽부터 숫자 개수만큼 표시합니다.

E3셀 클릭 – '=LEFT(B3,2)' 입력 – E3셀을 E8셀까지 자동 채우기

② 지역구분1

지역의 오른쪽 1 글자만 표시합니다.

함수 RIGHT(텍스트, 숫자)를 사용합니다. RIGHT 함수는 텍스트를 오른쪽부터 숫자 개수만큼 표시합니다.

F3셀 클릭 – '=RIGHT(B3,1)' 입력 – F3셀을 F8셀까지 자동 채우기

③ 지역구분2

지역의 3번째와 4번째 글자만 표시합니다.

함수 MID(텍스트, 숫자1, 숫자2)를 사용합니다. MID 함수는 텍스트를 숫자1 위치부터 숫자2 개수만큼 표시합니다.

G3셀 클릭 – '=MID(B3,3,2)' 입력 – G3셀을 G8셀까지 자동 채우기

④ 비고

지역의 글자 수를 표시합니다.

함수 LEN(텍스트)를 사용합니다. LEN 함수는 텍스트의 글자 수를 표시합니다.

H3셀 클릭 – '=LEN(B3)' 입력 – H3셀을 H8셀까지 자동 채우기

위 수식에 의하여 완성된 '지역별 인구표' 표입니다.

지역	2018	2019	지역명	지역구분1	지역구분2	비고
서울특별시	9,705	9,662	서울	시	특별	5
부산광역시	3,400	3,373	부산	시	광역	5
충청남도	2,180	2,188	충청	도	남도	4
전라남도	1,790	1,773	전라	도	남도	4
경상남도	3,356	3,350	경상	도	남도	4
제주도	653	660	제주	도	도	3

지역별 인구표

3) IF, RANK.EQ, AND, OR, CHOOSE 함수

함수3 시트의 '지역별 인구 분석' 표를 위 함수를 활용하여 완성합시다.

지역별 인구 분석

지역	2018년	2019년	증감	순위	감소비교	증가비교	비고
서울특별시	9,705	9,662	①	②	③	④	⑤
부산광역시	3,400	3,373					
충청남도	2,180	2,188					
전라남도	1,790	1,773					
경상남도	3,356	3,350					
제주도	653	660					

① 증감

2019년의 값이 2018년의 값보다 크면 "증가", 아니면 "감소"를 표시합니다.

함수 IF(조건, 참일 때 식, 거짓일 때 식)를 사용합니다. IF 함수는 조건을 비교하여 참과 거짓에 따라 서로 다른 내용을 표시합니다.

E3셀 클릭 – '=IF(D3>C3, "증가", "감소")' 입력 – E3셀을 E8셀까지 자동 채우기

② 순위

2019년 값을 기준으로 하여 순위를 내림차순으로 계산합니다.

순위를 계산하는 함수는 RANK.EQ(순위구할값, 비교대상범위, 정렬방법)입니다. 정렬은 내림차순과 오름차순이 있으며, 정렬방법이 0이나 FALSE이면 내림차순, 그 외의 값은 오름차순으로 정렬합니다. 보통 내림차순은 0, 오름차순은 1을 사용합니다.

F3셀 클릭 – '=RANK.EQ(D3,$D$3:$D$8,0)' 입력 – F3셀을 F8셀까지 자동 채우기

비교대상범위($D$3:$D$8)는 절대 참조이어야 합니다. 절대 참조가 아닐 경우 자동 채우기를 하면 비교대상 범위가 바뀌게 됨으로 주의합니다.

③ 감소비교

증감이 "감소"이고, 2019년 값이 3000이상인지 비교하여 TRUE나 FALSE로 표시합니다.

두 개의 조건이 '그리고(AND)' 관계 이므로 함수 AND(조건1, 조건2, 조건3, ...)를 사용합니다. AND 함수의 조건과 조건은 쉼표(,)로 구분되며, 모든 조건이 참인 경우 TRUE가 되고, 그 외에는 모두 FALSE입니다.

G3셀 클릭 – '=AND(E3="감소",D3>=3000)' 입력 – G3셀을 G8셀까지 자동 채우기

④ 증가비교

증감이 "증가"이거나, 2019년 값이 2000이하인지 비교하여 TRUE나 FALSE로 표시합니다.

두 개의 조건이 '이거나(OR)' 관계이므로 함수 OR(조건1, 조건2, 조건3, ...)을 사용합니다. OR 함수는 조건들 중 하나라도 참인 경우 TRUE이고, 그 외에는 모두 FALSE입니다.

H3셀 클릭 – '=OR(E3="증가", D3<=2000)' 입력 – H3셀을 H8셀까지 자동 채우기

⑤ 비고

지역의 글자 수가 3글자이면 "특별지원", 글자 수가 4이면 "지원", 글자 수가 5이면 평균을 계산합니다.

글자 수에 따라 서로 다른 결과를 계산하여야 하므로 함수 CHOOSE(숫자, 식1, 식2, 식3,..)를 사용합니다.

CHOOSE 함수는 숫자에 따라 식을 수행하며, 숫자는 1부터 계산합니다. 즉 숫자가 1이면 식1, 2이면 식2, 3이면 식3을 수행합니다.

수식은 CHOOSE(지역의 글자 수, 1인 경우, 2인 경우, 3인 경우, 4인 경우, 5인 경우)의 형태가 됩니다.

이 표에서 지역의 글자 수는 3자, 4자, 5자 경우이고, 1자, 2자인 글자 수는 없습니다. 이것은 글자 수가 1과 2인 경우 수행할 내용이 없다는 뜻과 같습니다. 이와 같이 수행 할 내용이 없는 경우 쌍 따옴표를 두 번(" ") 입력합니다.

I3셀 클릭 – '=CHOOSE(LEN(B3), " ", " ", "특별지원", "지원", AVERAGE(C3:D3))' 입력 – F3셀을 F8셀까지 자동 채우기

위 식의 실행 결과는 다음과 같습니다.

A	B	C	D	E	F	G	H	I
1	지역별 인구 분포							
2	지역	2018년	2019년	증감	순위	감소비교	증가비교	비고
3	서울특별시	9,705	9,662	감소	1	TRUE	FALSE	9683.5
4	부산광역시	3,400	3,373	감소	2	TRUE	FALSE	3386.5
5	충청남도	2,180	2,188	증가	4	FALSE	TRUE	지원
6	전라남도	1,790	1,773	감소	5	FALSE	TRUE	지원
7	경상남도	3,356	3,350	감소	3	TRUE	FALSE	지원
8	제주도	653	660	증가	6	FALSE	TRUE	특별지원

4) REPLACE, FIND, ISERR, COUNT, COUNTA 함수

함수4 시트의 표를 위 함수를 활용하여 완성하여 봅시다.

A	B	C	D	E
1				
2	주민등록번호	감추기	10월생	에러인가?
3	891002-1452785	①	②	③
4	891202-2452786			
5	911002-1452787			
6	921202-2452788			
7		10월생 수	④	
8		전체 수	⑤	

① 감추기

주민등록번호의 오른쪽 7자리의 숫자가 보이지 않도록 "*******"로 바꾸어 표시합니다.
내용을 다른 텍스트로 바꾸어 표시할 때 사용하는 함수는 REPLACE(텍스트, 시작위치, 개수, 바꿀 내용)입니다.

C3셀 클릭 – '=REPLACE(B3,8,7,"*******")' 입력 – C3셀을 C6셀까지 자동 채우기

② 10월생

주민등록번호에 "10"을 포함하고 있는지 검사하고, 있으면 그 위치를 숫자로 표시합니다.
셀 값에 어떤 내용을 포함하고 있는지 확인하기 위한 함수는 FIND(찾을 문자열, 기준텍스트, 시작위치)입니다.

FIND 함수는 '기준텍스트'에서 '찾을 문자열'을 '기준텍스트'의 '시작위치'부터 찾습니다. 처음부터 찾으려면 '시작위치' 값은 1입니다. 만일 찾고자 하는 문자열이 없으면 #VALUE 오류 메시지를 표시합니다.

D3셀 클릭 – '=FIND("10",B3,1)' 입력 – D3셀을 D6셀까지 자동 채우기

③ 에러인가?

D열의 10월생을 계산한 수식 결과가 에러인가를 확인합니다.
어떠한 수식의 결과가 에러인지 아닌지 확인하기 위한 함수는 ISERR(수식)입니다. 수식의 결과가 에러이면 TRUE, 정상이면 에러가 아님으로 FALSE를 표시합니다.

E3셀 클릭 – '=ISERR(D3)' 입력 – E3셀을 E6셀까지 자동 채우기

④ 10월생 수

D열의 값을 이용하여 10월생 수를 계산합니다.
D열에는 10월생이면 3이 표시되어 있습니다. 즉, 숫자로 표시되어 있는 셀의 개수만 세어주면 10월생인 것입니다. 숫자만 세어줄 때 사용하는 함수는 COUNT(범위)입니다. COUNT 함수는 내용이 숫자인 셀의 개수만 세고, 문자나 에러형식 등 숫자가 아닌 것은 세지 않습니다.

D7셀 클릭 – '=COUNT(D3:D6)' 입력

⑤ 전체 수

D열의 값을 이용하여 전체 수를 계산합니다.

셀의 내용을 숫자나 문자 구분하지 않고 내용이 있는 셀의 개수를 세어줄 때 사용하는 함수는 COUNTA(범위)입니다.

D8셀 클릭 – '=COUNTA(D3:D6)' 입력

위 식들의 실행 결과는 다음과 같습니다.

	A	B	C	D	E
1					
2		주민등록번호	감추기	10월생	에러인가?
3		891002-1452785	891002-*******	3	FALSE
4		891202-2452786	891202-*******	#VALUE!	TRUE
5		911002-1452787	911002-*******	3	FALSE
6		921202-2452788	921202-*******	#VALUE!	TRUE
7			10월생 수	2	
8			전체 수	4	

02 함수 중복

함수를 수식에 사용하는 방법은 직접 수식을 입력하는 방법과 함수마법사를 이용하는 방법이 있습니다.

함수를 정확하게 알고 있으면 함수를 포함한 수식을 직접 입력하여 빠르게 처리할 수 있습니다. 그런데 함수 마법사를 활용하면 함수 사용 도움말을 참고하면서 입력할 수 있기 때문에 함수를 쉽게 사용할 수 있습니다. 특히, 2개 이상의 함수를 중복해서 사용할 때 함수 마법사를 활용하면 인수의 위치와 개수 등 사용자의 실수를 줄일 수 있습니다.

이 절에서는 함수 마법사를 활용하여 문제를 해결하도록 하겠습니다.

1) AVERAGE, ROUNDUP과 SUM, ROUNDDOWN 함수 중복

함수5 시트의 '지역별 인구 분포'를 위 함수를 활용하여 완성하여 봅시다.

지역별 인구 분포						
지역	2016년	2017년	2018년	2019년	평균과 차	분포율
서울특별시	9,844	9,766	9,705	9,662	(1)	(2)
부산광역시	3,447	3,424	3,400	3,373		
충청남도	2,126	2,153	2,180	2,188		
전라남도	1,798	1,795	1,790	1,773		
경상남도	3,338	3,339	3,356	3,350		

(1) 평균과 차

각 지역의 '2019년 – 2016년에서 2019년까지의 평균'을 계산하여 소수 1자리까지 표시합니다.

'2019년 – 2016년에서 2019년까지의 평균'이 1차식이라면
        1차식 = 2019년 – AVERAGE(2016년에서 2019년)

1차식 결과를 소수 1자리까지 표시하는 수식은
        ROUNDUP(1차식, 1)

함수 마법사를 활용하여 수식을 완성합시다.

① G3셀에 '=ROUNDUP()' 입력 – 함수 삽입(*fx*)클릭 – [ROUNDUP 함수 인수]창의 Number에 수식의 순서대로 'F3-AVERAGE()' 입력 – 수식 입력 줄에 입력된 'AVERAGE()' 사이를 클릭 – [AVERAGE 함수 인수]창으로 이동

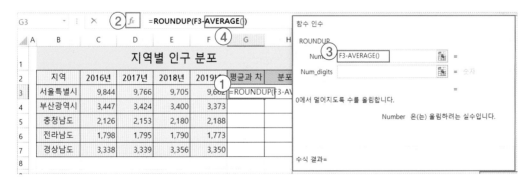

② [AVERAGE 함수 인수]창의 Number1 입력란을 클릭하고, C3셀에서 F3셀까지 드래그 – Number1에 C3:F3이 입력되는지 확인 – 수식 입력 줄에 입력된 'ROUNDUP' 사이를 클릭 – [ROUNDUP 함수 인수]창으로 이동

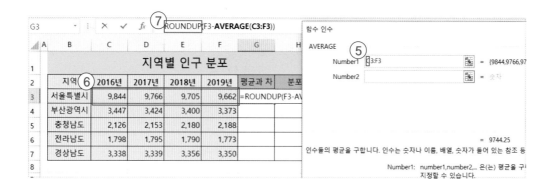

③ [ROUNDUP 함수 인수]창의 Number의 식을 확인하고, Num_digits에 1 입력 – 확인 클릭

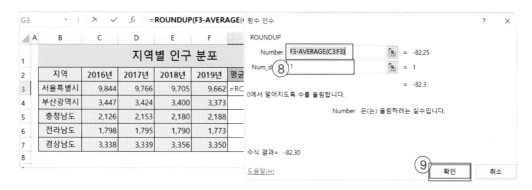

④ G3셀을 G7셀까지 자동 채우기

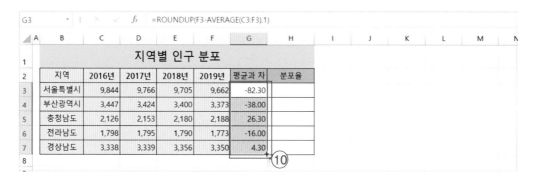

(2) 분포율

각 지역의 '2019년/2019년의 서울특별시에서 경상남도까지의 합 * 100'을 계산하여 소수 이하의 수는 버리고 정수만 표시합니다.

'2019년/2019년의 서울특별시에서 경상남도까지의 합 *100'이 1차식이라면
　　　1차식 = 2019년/SUM(2019년의 서울특별시에서 경상남도까지) * 100

1차시 결과를 소수 이하를 버리고 정수까지만 표시하는 수식은
　　　ROUNDDOWN(1차식, 0)

함수 마법사를 활용하여 수식을 완성합시다.

① H3셀에 '=ROUNDDOWN()' 입력 – 함수 삽입(fx)클릭 – [ROUNDDOWN 함수 인수]창의 Number에 수식의 순서대로 'F3/SUM()' 입력 – 수식 입력 줄에 입력된 'SUM()' 사이를 클릭 – [SUM 함수 인수]창으로 이동

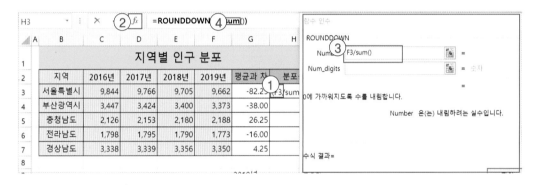

② [SUM 함수 인수]창의 Number1의 입력란을 클릭하고, F3셀에서 F7셀까지 드래그 – F4키를 눌러서 절대참조로 전환 – Number1에 $F$3:$F$7이 입력되었는지 확인 – 수식 입력 줄에 입력된 'ROUNDDOWN' 사이를 클릭 – [ROUNDDOWN 함수 인수]창으로 이동

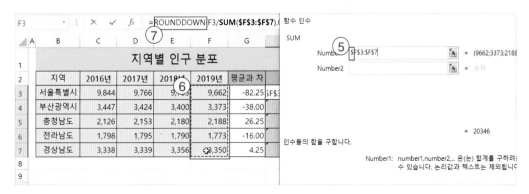

③ [ROUNDDOWN 함수 인수]창 Number의 수식 뒤에 '*100' 입력 – Num_digits에 0 입력 – 확인 클릭

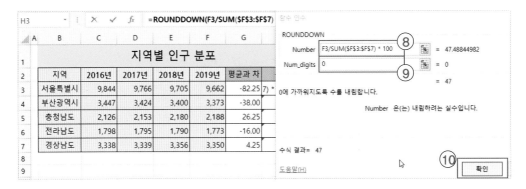

④ H3셀을 H7셀까지 자동 채우기

지역	2016년	2017년	2018년	2019년	평균과 차	분포율
서울특별시	9,844	9,766	9,705	9,662	-82.25	47
부산광역시	3,447	3,424	3,400	3,373	-38.00	16
충청남도	2,126	2,153	2,180	2,188	26.25	10
전라남도	1,798	1,795	1,790	1,773	-16.00	8
경상남도	3,338	3,339	3,356	3,350	4.25	16

2) IF, MOD, SUM, AVERAGE, LEFT 함수 중복

함수6 시트의 '연도별 인구 분포'의 구분은 연도의 왼쪽부터 4자리숫자가 3의 배수이면, 서울에서 충남까지의 합계, 3의 배수가 아니면 서울에서 충남까지의 평균을 계산합니다.

연도	서울	부산	충남	구분
2016년	9,844	3,447	2,126	
2017년	9,766	3,424	2,153	
2018년	9,705	3,400	2,180	
2019년	9,662	3,373	2,188	

연도가 '2016년'이면 연도의 왼쪽부터 4자리 숫자는 '2016'입니다. 이를 수식으로 표시하면 다음과 같습니다.

LEFT(B3,4)

어떤 값이 3의 배수인지를 확인하기 위하여 'MOD(숫자1, 숫자2)=0' 수식을 사용합니다.
MOD(숫자1, 숫자) 함수는 나머지를 계산하는 함수로 '숫자1÷숫자2'의 나머지를 계산합니다.
나머지가 0이면 숫자1은 숫자2의 배수가 되는 것입니다.
예를 들면,

MOD(10,3)의 결과는 1 → 10은 3의 배수가 아님

MOD(100,10)의 결과는 0 → 100은 10의 배수

'연도의 왼쪽부터 4자리숫자가 3의 배수'를 계산하는 식은 다음과 같습니다.

MOD(LEFT(B3,4), 3) = 0

'연도의 왼쪽부터 4자리숫자가 3의 배수인가?' 라는 조건을 참과 거짓으로 구분하기 위하여 IF()함수를 사용합니다. IF()함수는 다음과 같습니다.

IF(MOD(LEFT(B3,4), 3) = 0, 참인 경우 식 , 거짓인 경우 식)

→ IF(MOD(LEFT(B3,4), 3) = 0, 서울에서 충남까지의 합계, 서울에서 충남까지의 평균)

함수를 사용하여 수식을 완성합시다.

① F3셀 클릭 – '=IF()' 입력 – 함수 삽입(ƒx)클릭 – [IF 함수 인수]창의 Logical_test에 'MOD()=0' 입력 – 수식 입력 줄에 입력된 'MOD()' 사이를 클릭 – [MOD 함수 인수]창으로 이동

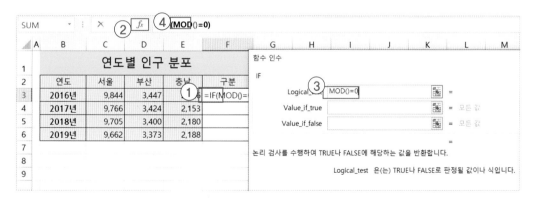

② [MOD 함수 인수]창의 Number에 'LEFT()' 입력 – 수식 입력 줄에 입력된 'LEFT()' 사이를 클릭
– [LEFT 함수 인수]창으로 이동

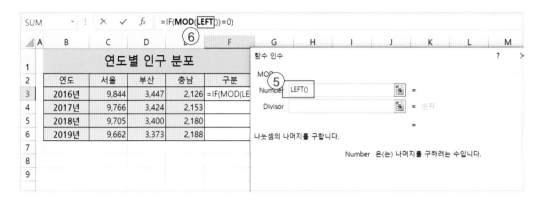

③ [LEFT 함수 인수]창의 Text에 B3 – Num_chars에 4 입력 – 수식 입력 줄에 입력된 'MOD' 사이
클릭 – [MOD 함수 인수]창으로 이동

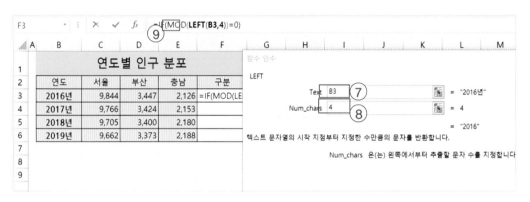

④ [MOD 함수 인수]창의 Divisor에 3 입력 – 수식 입력 줄에 입력된 'IF' 사이를 클릭 – [IF 함수
인수]창으로 이동

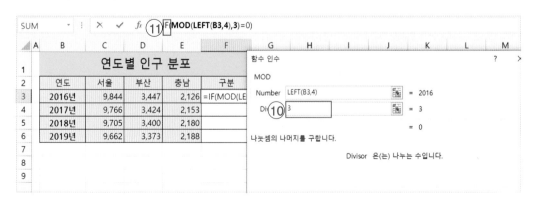

⑤ [IF 함수 인수]창의 Logical_test의 수식 확인 – Value_if_true에 'SUM(C3:E3)' 입력 –
   Value_if_false에 'AVERAGE(C3:E3)' 입력 – [확인] 클릭

⑥ F3셀을 F6셀까지 자동 채우기

완성된 수식은 수식입력란에서 확인할 수 있습니다.

F6		× ✓ fx	=IF(MOD(LEFT(B6,4),3)=0,SUM(C6:E6),AVERAGE(C6:E6))				
	A	B	C	D	E	F	G H I

연도별 인구 분포				
연도	서울	부산	충남	구분
2016년	9,844	3,447	2,126	15417
2017년	9,766	3,424	2,153	5114.33333
2018년	9,705	3,400	2,180	5095
2019년	9,662	3,373	2,188	15223

⑮

3) IF, RIGHT, RANK.EQ, MIN 함수 중복

함수7 시트의 '지역별 인구 분포' 표의 비고에 지역의 이름이 시로 끝나면 2019년 값의 내림차순
순위를 계산하고, 아니면 2016년부터 2019년 값 중 최소값을 계산합니다.

지역별 인구 분포					
지역	2016년	2017년	2018년	2019년	비고
서울특별시	9,844	9,766	9,705	9,662	
부산광역시	3,447	3,424	3,400	3,373	
충청남도	2,126	2,153	2,180	2,188	
전라남도	1,798	1,795	1,790	1,773	
경상남도	3,338	3,339	3,356	3,350	

Part II

e-Test 엑셀 2016

'지역의 이름이 시로 끝나는가?'를 알기 위하며 지역의 끝 글자를 알아야 합니다. 끝 글자는 텍스트의 오른쪽 1글자이고, 오른쪽의 글자를 추출하는 함수는 RIGHT() 함수입니다. 이를 수식으로 표시하면 다음과 같습니다.

RIGHT(지역명, 1)

'...시로 끝나는가?' 라는 조건을 참과 거짓으로 구분하기 위하여 IF()함수를 사용합니다. IF()함수는 다음과 같이 구성됩니다.

IF(지역의 오른쪽 1글자 = "시", 참인 경우 식 , 거짓인 경우 식)

→ IF(RIGHT(지역명, 1) = "시", 2019년 값의 내림차순 순위, 2016년부터 2019년 값 중 최소값)

순위를 구하는 함수는 RANK.EQ(순위 구하고자 하는 값, 기준범위, 옵션)입니다.

RANK.EQ(F3, F3:F7, 0)

함수를 사용하여 수식을 완성합시다.

① G3셀 클릭, '=IF()' 입력 – 함수 삽입(f_x)클릭 – [IF 함수 인수]창의 Logical_test에 'RIGHT(B3,1) = "시"' 입력 – Value_if_true에 'RANK.EQ()' 입력 – 수식 입력 줄에 입력된 'RANK.EQ()' 사이를 클릭 – [RANK.EQ 함수 인수]창으로 이동

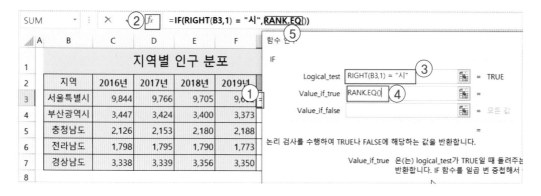

② [RANK.EQ 함수 인수]창의 Number에 F3 입력 – Ref에 F3:F7을 드래그하여 입력하고 F4를 눌러 절대참조로 전환 – Order에 0 입력 – 수식 입력 줄에 입력된 'IF' 사이 클릭 – [IF 함수 인수]창으로 이동

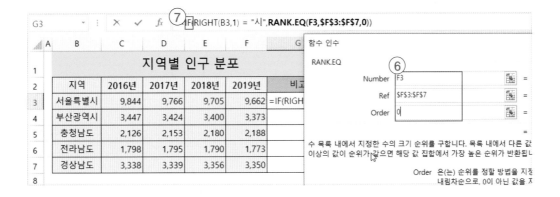

③ [IF 함수 인수]창의 Value_if_false에 'MIN(C3:F3)' 입력 – [확인] 클릭

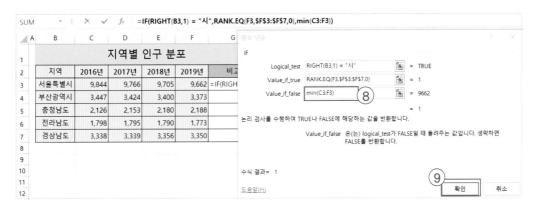

④ G3셀을 G7셀까지 자동 채우기

완성된 수식은 수식입력란에서 확인할 수 있습니다.

	A	B	C	D	E	F	G	H	I
1		지역별 인구 분포							
2		지역	2016년	2017년	2018년	201⑩	비고		
3		서울특별시	9,844	9,766	9,705	9,662	1		
4		부산광역시	3,447	3,424	3,400	3,373	2		
5		충청남도	2,126	2,153	2,180	2,188	2126		
6		전라남도	1,798	1,795	1,790	1,773	1773		
7		경상남도	3,338	3,339	3,356	3,350	3338		

G3 =IF(RIGHT(B3,1) = "시",RANK.EQ(F3,$F$3:$F$7,0),MIN(C3:F3))

03 함수 종류

함수는 날짜/시간 함수, 수학/삼각 함수, 통계함수, 찾기/참조영역 함수, 데이터베이스 함수, 텍스트 함수, 논리 함수, 정보 함수, 균등 분할 함수 등으로 편의상 분류 할 수 있습니다.

1) 날짜/시간 함수

날짜와 시간에 관련된 함수입니다.

함수명 및 인수	용 도
YEAR(날짜)	날짜에서 연도 추출
MONTH(날짜)	날짜에서 월 추출
DAY(날짜)	날짜에서 일 추출
HOUR(시간)	시간에서 시 추출
MINUTE(시간)	시간에서 분 추출
SECOND(시간)	시간에서 초 추출
DATE(숫자1, 숫자2, 숫자3)	3개의 숫자 값을 이용하여 날짜 표시
TIME(숫자1, 숫자2, 숫자3)	3개의 숫자 값을 이용하여 시간 표시
NOW()	시스템에 설정된 오늘 날짜와 시간 표시
TODAY()	시스템에 설정된 오늘 날짜 표시
WEEKDAY(날짜,[옵션])	날짜의 요일을 '옵션'에 따른 숫자로 표시

WEEKDAY 함수의 옵션에 따른 결과

옵션	월요일	화요일	수요일	목요일	금요일	토요일	일요일
1	2	3	4	5	6	7	1
2	1	2	3	4	5	6	7
3	0	1	2	3	4	5	6

예를 들면, 수식 '=WEEKDAY("2021-1-1",2)'은 "2021년 1월 1일"의 요일을 계산하는 식입니다. "2021년 1월 1일"은 금요일입니다. 따라서 위 식의 결과는 숫자 5입니다.

2) 수학함수

수학 함수는 합계, 나머지, 반올림 등 주로 수학적 계산을 할 때 사용합니다.

종 류	설 명
SUM(수1, ...)	합 계산
SUMIF(범위, 조건, [합범위])	조건에 맞는 셀들의 합을 계산
SUMPRODUCT(범위1, [범위2], ...)	배열의 대응되는 값을 서로 곱해서 그 합을 계산
ROUND(수, 자릿수)	지정한 자릿수로 반올림
ROUNDUP(수, 자릿수)	지정한 자릿수로 올림
ROUNDDOWN(수, 자릿수)	지정한 자릿수로 내림
TRUNC(수, 자릿수)	지정한 자릿수까지만 표시
INT(수)	가장 가까운 정수로 내림
ABS(수)	절대값 계산
MOD(피젯수, 젯수)	피젯수/젯수의 나머지를 계산
POWER(수1, 수2)	수1의 거듭 제곱 계산

3) 통계 함수

데이터를 통계 분석할 때 사용하는 함수입니다.

함 수	용 도
AVERAGE(수1, [수2], ...)	수들의 평균을 구함
MODE(수1, [수2],...])	수의 최빈수를 구함
MAX(수1, [수2],...])	수들의 최대값을 구함
MIN(수1, [수2],...])	수들의 최소값을 구함
RANK(수, 범위, [옵션]) RANK.EQ(수, 범위, [옵션])	수 목록 내에서 지정한 수의 순위를 구함 (옵션 0:내림차순, 1:오름차순)
COUNT(값1, [값], ...)	숫자의 개수를 구함
COUNTA(값1, [값2], ...)	공백을 제외한 셀의 개수
COUNTIF(범위, 조건)	조건에 맞는 셀의 개수를 구함
LARGE(범위, 숫자)	범위 중 숫자 번째로 큰 값을 구함
SMALL(범위, 숫자)	범위 중 숫자 번째로 작은 값을 구함
MEDIAN(수1, [수2], ...)	주어진 수들의 중간 값을 구함
POWER(수1, 수2)	수1의 거듭 제곱 계산

4) 찾기/참조 함수

사용자가 지정한 값을 셀 범위에서 찾아 해당 값의 상대적 위치나 열/행 번호에 해당하는 값을 찾아 주는 함수입니다.

함 수	용 도
CHOOSE(번호, 값1, [값2], …)	목록에서 번호에 해당하는 값을 찾음
INDEX(범위, 행번호, [열번호])	범위에서 행번호와 열번호가 교차하는 값을 반환
MATCH(찾을_값, 찾을_범위, [match_type])	범위에서 값을 찾아 해당 값의 상대위치를 표시 match_type : 0(일치하는 값), 1(근사치)
HLOOKUP(찾을_값, 찾을_범위, 반환_열번호, [range_lookup])	범위의 첫 행에서 값을 찾아, 지정한 행의 동일 열 데이터 반환 range_lookup : 0(일치하는 값), 1(근사치)
VLOOKUP(찾을_값, 찾을_범위, 반환_행번호, [range_lookup])	범위의 첫 열에서 값을 찾아, 지정한 행의 동일 행 데이터 반환
OFFSET(범위, 행 수, 열 수, [height], [width])	지정한 행/열 수만큼 떨어진 곳의 높이와 너비의 참조 영역을 표시

5) 데이터베이스 함수

특정 조건을 만족하는 값에 대해 처리합니다. 함수이름은 모두 'D'로 시작하며, 사용형식이 동일합니다.

함 수	용 도
DSUM(범위, 필드, 조건범위)	조건에 맞는 필드의 합 계산
DAVERAGE(범위, 필드, 조건범위)	조건에 맞는 필드의 평균 계산
DCOUNT(범위, 필드, 조건범위)	조건에 맞는 필드의 숫자 개수 계산
DCOUNTA(범위, 필드, 조건범위)	조건에 맞는 필드의 셀 개수 계산 (단. 공백제외)
DMAX(범위, 필드, 조건범위)	조건에 맞는 필드의 최대값 계산
DMIN(범위, 필드, 조건범위)	조건에 맞는 필드의 최소값 계산
DGET(범위, 필드, 조건범위)	조건에 맞는 필드 내의 값 추출
DPRODUCT(범위, 필드, 조건범위)	조건과 일치하는 값들의 곱 계산

※ 참고

데이터베이스 함수의 조건을 입력 할 때 주의할 점
- 조건은 반드시 필드 명 아래 셀에 있어야 합니다.
- 만일 조건이 필드명과 떨어져 있을 경우 조건을 다른 셀에 따로 작성하여야 합니다.

6) 텍스트 함수

수식에 있는 문자열을 조작 할 때 사용하는 함수입니다.

함 수	용 도
LEFT(문자열, [숫자])	문자열의 왼쪽에서 지정한 숫자만큼 반환
RIGHT(문자열, [숫자])	문자열의 오른쪽에서 지정한 숫자만큼 반환
MID(문자열, 시작번호, 숫자)	문자열의 시작번호 위치부터 지정한 숫자만큼 반환
REPLACE(old_문자열, start_num, num_chars, new_문자열)	old_문자열의 start_num부터 num_chars 만큼 new_문자열로 변환
VALUE(문자열)	문자열을 숫자로 변환
CONCATENATE(문자열1, [문자열2],...)	여러 문자열을 하나의 문자열로 합침
LEN(문자열)	문자열의 문자수를 구함
LOWER(문자열)	문자열의 대문자를 소문자로 변환
PROPER(문자열)	문자열의 첫 글자는 대문자로, 나머지는 소문자로 변환
REPT(문자열, 반복수)	문자열을 반복수만큼 반복하여 표시
FIND(find_문자열,within_문자열, [start_num])	find_문자열을 within_문자열에서 찾고, 찾은 위치를 반환

7) 정보 함수

값 또는 참조 스타일을 검사할 때 사용됩니다.

함 수	용 도
ISERROR(value)	value가 #N/A를 제외한 오류 값을 참조
ISBLANK(value)	value가 비어있는 셀이면 TRUE를 반환

8) 논리함수

조건이 참인지 거짓인지 알아보거나, 여러 조건을 검색할 때 사용합니다.

종 류	설 명
IF(조건, [참인 경우 식], [거짓인 경우 식])	조건에 해당하는 결과를 구함
NOT(논리식)	논리식의 결과를 반대로 표시함
AND(논리식1, 논리식2, ...)	논리식이 모두 참이면 TRUE, 아니면 FALSE
OR(논리식1, 논리식2, ...)	논리식이 하나라도 참이면 TRUE, 아니면 FALSE
TRUE()	TRUE를 표시
FALSE()	FALSE를 표시

9) 수식에서 자주 발생하는 오류 유형

오류 유형	설 명
########	• 셀에 입력된 숫자 값이 너무 커서 셀 안에 나타낼 수 없음 • 해결방법 : 셀의 너비를 넓혀줍니다.
#Name?	• 수식에서 참조한 이름이 잘못 지정 되었을 경우 • 인식할 수 없는 문자열을 수식에 사용했을 경우 • 해결방법 : 오타를 찾아 수정합니다.
#VALUE!	• 잘못 된 인수 사용했을 경우 • 해결방법 : 오타를 찾아 수정합니다.
#DIV/0	• 0 혹은 공백으로 나눗셈을 할 경우 해결방법 : 수식에서 0으로 나누었는지 찾아 수정합니다.
#REF	• 셀 참조가 유효하지 않을 경우 • 해결방법 : 셀 참조 범위를 수정합니다.
#N/A	• 함수에서 필요한 인수를 생략했을 경우 • 정렬되지 않은 표에서 VLOOKUP/HLOOKUP 함수로 값을 찾을 경우 해결방법 : 설정한 범위를 확인합니다.
#NUM	• 숫자에 관련된 문제가 있는 경우

4 따라하기

시작파일 : 따라하기2016\2장-데이터입력-자료.xlsx, 결과파일 : 따라하기2016\2장-데이터입력-결과.xlsx

> ※ 농가판매 시트에 1번부터 4번까지 작성하시오.
> 1. F3셀에 '평균과 차', G3셀에 '비고', G2셀에 '(기준:2018년)'을 입력하시오.
>   (G2셀은 가로 오른쪽 맞춤으로 지정)

1. 농가판매 시트 클릭

2. F3셀에 '평균과 차' 입력 – G3셀에 '비고' 입력 – G2셀에 '(기준:2018년)' 입력

3. G2셀 클릭 – [홈]탭의 오른쪽 맞춤(≡) 클릭

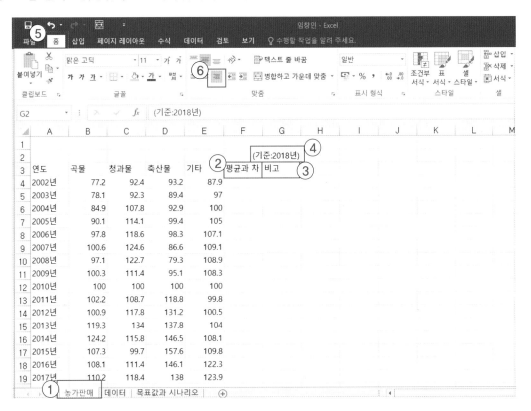

> 2. A1셀에 제목을 '농가판매가격지수 현황'으로 입력하시오.
>   1) A1 ~ G1셀을 병합하고 가로 가운데 맞춤으로 지정
>   2) 글꼴은 굴림체, 글꼴크기는 15, 글꼴 스타일은 굵게 지정

1. A1셀 클릭 – '농가판매가격지수 현황' 입력

2. A1:G1셀 드래그 – [홈]탭의 병합하고 가운데 맞춤( 병합하고 가운데 맞춤) 클릭

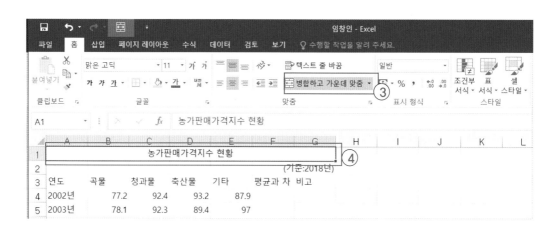

3. [홈]탭의 글꼴에 굴림체 입력 – 글자크기 15 입력 – 굵게(가) 클릭

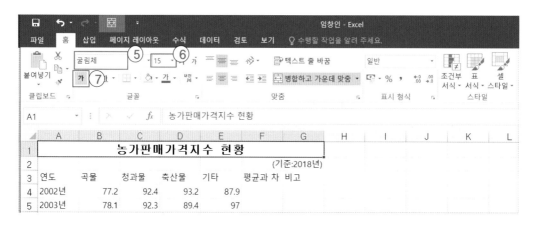

❋참고

굵게(가)를 두 번 누르지 않도록 주의합니다. 두 번 누르면 굵게가 해제 됩니다.

3. [엑셀로 가공할 정보형태]의 ①(F4~F19셀)부분의 평균과 차를 구하시오.

   1) 반드시 AVERAGE, ROUNDUP 함수를 모두 이용하여 구하시오.

   2) 반드시 아래 주어진 수식으로 구하고, 구한 값을 소수 둘째 자리에서 올림하여 소수 첫째 자리까지 나타내시오.

   ※ 평균과 차 = ('청과물'의 '2002년'부터 '2017년'까지의 평균 – '청과물'의 각 연도의 값)

문제 설명

ROUNDUP('청과물'의 '2002년'부터 '2017년'까지의 평균 – '청과물'의 각 연도의 값, 1)

⬇

ROUNDUP(AVERAGE('청과물'의 '2002년'부터 '2017년'까지) – '청과물'의 각 연도의 값, 1)

⬇

ROUNDUP(AVERAGE($C$4:$C$19) – C4, 1)

청과물 '2002년부터 2017년까지의 값'의 참조영역은 절대참조로 바꾸어야 함.

1. F4셀에 '=ROUNDUP(AVERAGE($C$4:$C$19)−C4,1)' 입력

2. F4셀을 F19셀까지 자동 채우기

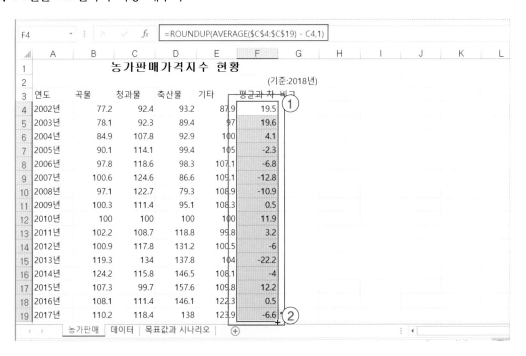

4. [엑셀로 가공할 정보형태]의 ②(G4 ~ G19셀)부분의 비고를 구하시오.
  1) 반드시 AVERAGE, IF, LEFT, MOD, OR, RANK.EQ 함수를 모두 이용하여 구하시오.
  2) 반드시 아래 주어진 조건에 따른 참과 거짓의 값으로 나타내시오.
    – 조건 : 각 연도의 왼쪽부터 4자리 수치가 3의 배수이거나 5의 배수
    – 참 : '축산물'을 기준으로 각 연도의 내림차순 순위
    – 거짓 : 각 연도의 '곡물'부터 '기타'까지의 평균

문제 설명

IF(조건, 참인 경우 수식, 거짓인 경우 수식) 형식

IF(각 연도의 왼쪽부터 4자리 수치가 3의 배수이거나 5의 배수, '축산물'을 기준으로 각 연도의 내림차순 순위,
각 연도의 '곡물'부터 '기타'까지의 평균)

IF(OR(연도의 왼쪽부터 4자리 수치가 3의 배수, 연도의 왼쪽부터 4자리 수치가 5의 배수), RNAK.EQ('축산물'
값, 축산물 전체, 내림차순), AVERAGE('곡물'부터 '기타'까지)

IF(OR(MOD(연도의 왼쪽부터 4자리 수치,3)=0, MOD(연도의 왼쪽부터 4자리 수치,5)=0), RNAK.EQ('축산물'
값, 축산물 전체, 내림차순), AVERAGE('곡물'부터 '기타'까지)

IF(OR(MOD(LEFT(A4,4),3)=0, MOD(LEFT(A4,4)=0), RNAK.EQ(D4,D4:D19,0), AVERAGE(B4:E4))

순위(RANK.EQ)의 축산물 전체 참조영역은 복사할 때 바뀌면 안 됨으로 절대참조이어야 함.

IF(OR(MOD(LEFT(A4,4),3)=0, MOD(LEFT(A4,4)=0), RNAK.EQ(D4,$D$4:$D$19,0), AVERAGE(B4:E4))

함수마법사를 사용하여 수식을 완성합니다.

1. G4셀 클릭 – '=IF()' 입력 – 함수 삽입(fx)클릭

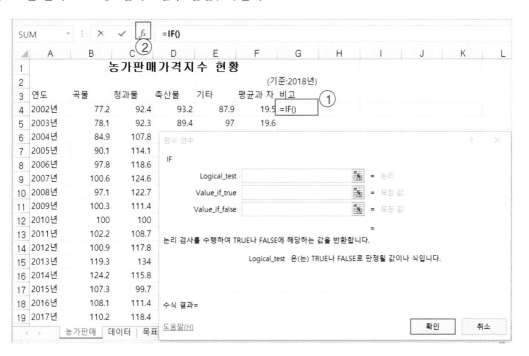

2. [IF 함수 인수]창의 Logical에 'OR()' 입력 – 수식 입력란의 'OR'사이 클릭

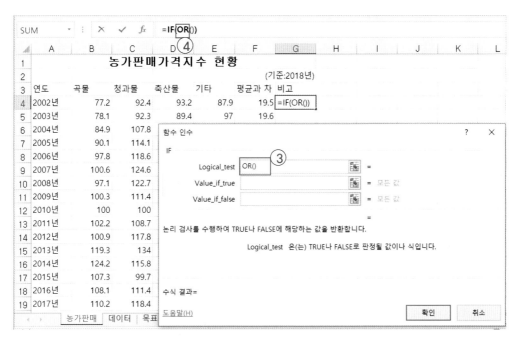

3. [OR 함수 인수]창의 Logical1에 'MOD()=0' 입력 - 수식 입력란의 'MOD'사이 클릭

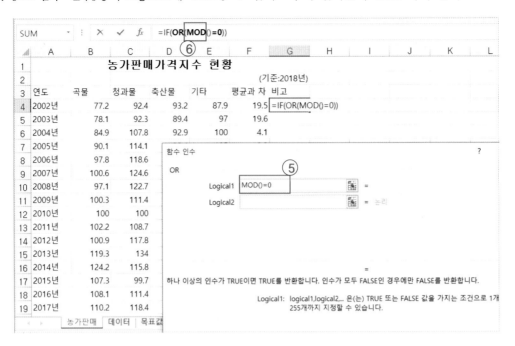

4. [MOD 함수 인수]창의 Number에 'LEFT(A4,4)' 입력 - Divisor에 3 입력 - 수식 입력란의 'OR'사이 클릭

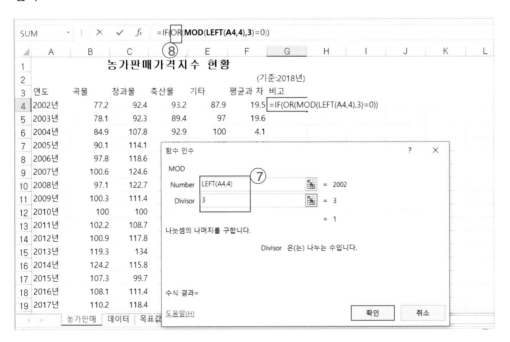

※참고
LEFT(A4,4)는 간단한 함수이므로 함수 마법사를 사용하지 않았습니다.

5. [OR 함수 인수]창의 Logical2에 Logical1과 같은 수식의 형태로 'MOD(LEFT(A4,4),5)=0' 입력 – 수식 입력란의 'IF'사이 클릭

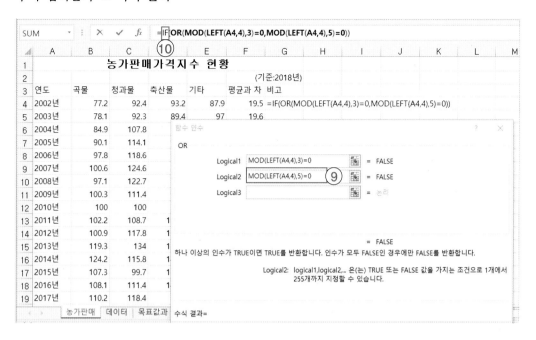

6. [IF 함수 인수]창의 Value_if_true 'RANK.EQ()' 입력 – 수식 입력란의 'RANK.EQ'사이 클릭

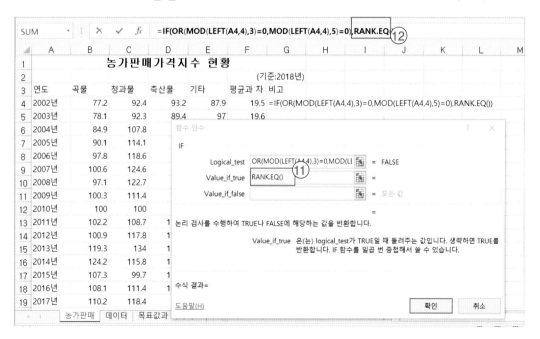

7. [RANK.EQ함수 인수]창의 Number에 D4 클릭 – Ref에 D4:D19셀을 드래그하고 F4 누름 – Order에
   0 입력 수식 입력란의 'IF'사이 클릭

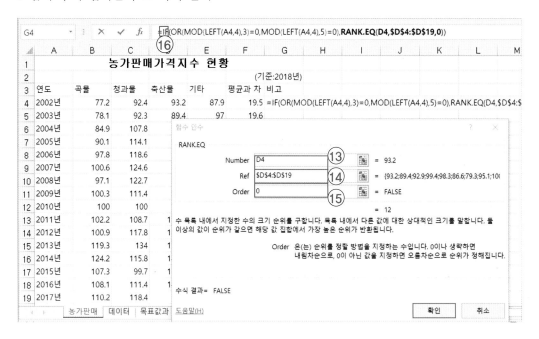

※참고
   RANK.EQ함수의 Ref(범위)는 고정되어 있어야하므로 절대참조($D$4:$D$19) 형식 사용

8. [IF 함수 인수]창의 Value_if_false에 'AVERAGE(B4:E4)' 입력 – [확인] 클릭

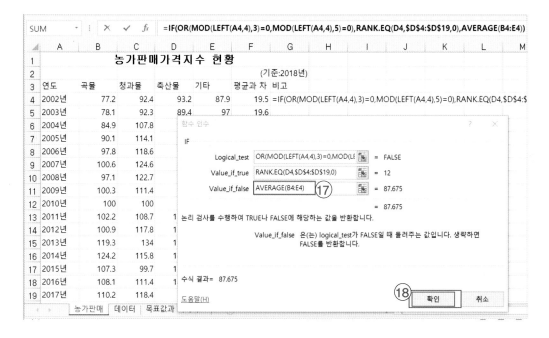

9. G4셀을 G19셀까지 자동 채우기

| G4 | | ▾ : | × ✓ | fx | =IF(OR(MOD(LEFT(A4,4),3)=0,MOD(LEFT(A4,4),5)=0),RANK.EQ(D4,$D$4:$D$19,0),AVERAGE(B4:E4)) | | | | | | | |

⊿	A	B	C	D	E	F	G	H	I	J	K	L	M
1			**농가판매가격지수 현황**										
2							(기준:2018년)						
3	연도	곡물	청과물	축산물	기타	평균과 차	비고						
4	2002년	77.2	92.4	93.2	87.9	19.5	87.675						
5	2003년	78.1	92.3	89.4	97	19.6	89.2						
6	2004년	84.9	107.8	92.9	100	4.1	13						
7	2005년	90.1	114.1	99.4	105	-2.3	9						
8	2006년	97.8	118.6	98.3	107.1	-6.8	105.45						
9	2007년	100.6	124.6	86.6	109.1	-12.8	15						
10	2008년	97.1	122.7	79.3	108.9	-10.9	102						
11	2009년	100.3	111.4	95.1	108.3	0.5	103.775						
12	2010년	100	100	100	100	11.9	8						
13	2011년	102.2	108.7	118.8	99.8	3.2	107.375						
14	2012년	100.9	117.8	131.2	100.5	-6	112.6						
15	2013년	119.3	134	137.8	104	-22.2	5						
16	2014년	124.2	115.8	146.5	108.1	-4	123.65						
17	2015년	107.3	99.7	157.6	109.8	12.2	1						
18	2016년	108.1	111.4	146.1	122.3	0.5	3						
19	2017년	110.2	118.4	138	123.9	-6.6	122.625						

농가판매 | 데이터 | 목표값과 시나리오

'비고'의 완성된 식은 다음과 같으며 수식입력란에서 확인할 수 있습니다.

$$= IF(OR(MOD(LEFT(A4,4),3) = 0, \quad MOD(LEFT(A4,4),5) = 0), \quad RANK.EQ(D4,\$D\$4:\$D\$19,0), \\ AVERAGE(B4:E4))$$

※참고

비고의 결과에서 소수점 이하의 자릿수는 현재 설정되어 있는 형식으로 표시됩니다. 따라서 본 서와 다르게 표시되어도 수정하지 않습니다.

연습문제 1

시작파일 : 연습문제2016＼연습문제-2장1번-문제.xlsx, 결과파일 : 연습문제2016＼연습문제-2장1번-결과.xlsx

[보기]	[처리사항]
[엑셀로 가공한 정보형태]	**〈데이터 입력과 수식 작성하기〉**

[보기] — [엑셀로 가공한 정보형태]

⚠	A	B	C	D	E	F	G
1				연도별 도로종류별 현황			
2						(단위:미터)	
3	연 도	고속국도	일반국도	지 방 도	시 / 군 도	평균과 차	정 보
4	2004년	2,923	14,246	17,476	*** 42,015	①	②
5	2005년	2,968	14,224	17,709	*** 43,530	①	②
6	2006년	3,103	14,225	17,677	*** 43,038	①	②
7	2007년	3,368	13,832	18,175	*** 43,571	①	②
8	2008년	3,447	13,905	18,193	*** 44,395	①	②
9	2009년	3,776	13,820	18,138	*** 44,958	①	②
10	2010년	3,859	13,812	18,180	*** 45,185	①	②
11	2011년	3,913	13,797	18,196	*** 45,282	①	②
12	2012년	4,044	13,766	18,162	45,832	①	②
13	2013년	4,111	13,843	18,082	46,129	①	②
14	2014년	4,139	13,950	18,058	*** 45,228	①	②
15	2015년	4,193	13,948	18,087	46,435	①	②
16	2016년	4,438	13,977	18,121	46,989	①	②
17	2017년	4,717	13,983	18,055	47,496	①	②
18	2018년	4,767	13,983	18,075	48,103	①	②
19	2019년	4,767	14,030	18,047	48,354	①	②

[처리사항]

〈데이터 입력과 수식 작성하기〉

배점 1번(5), 2번(7), 3번(45), 4번(45)

※도로현황 시트에 1번부터 4번까지 작성하시오.

1. F3셀에 '평균과 차', G3셀에 '정보', G2셀에 '(단위: 미터)'를 입력하시오.
   (G2셀은 가로 오른쪽 맞춤으로 지정)

2. A1셀에 제목을 '연도별 도로종류별 현황'으로 입력하시오.
   1) A1 ~ G1셀을 병합하고 가로 가운데 맞춤으로 지정
   2) 글꼴은 굴림체, 글꼴 크기는 17, 글꼴 스타일은 굵게 지정

3. [엑셀로 가공한 정보형태]의 ① (F4 ~ F19셀)부분의 평균과 차를 구하시오.
   1) 반드시 AVERAGE, ROUNDDOWN 함수를 모두 이용하여 구하시오.
   2) 반드시 아래 주어진 수식으로 구하고, 구한 값을 십의 자리에서 내림하여 백의 자리까지 나타내시오.
   ※ 평균과 차 = ('시/군도'의 '2004'부터 '2019'까지의 평균 – '시/군도'의 각 연도의 값)

4. [엑셀로 가공한 정보형태]의 ② (G4 ~ G19셀)부분의 정보를 구하시오.
   1) 반드시 IF, AND, MOD, RANK.EQ, LEFT, SUM 함수를 모두 이용하여 구하시오.
   2) 반드시 아래 주어진 조건에 따른 참과 거짓의 값으로 나타내시오.
    - 조건 : 각 연도의 왼쪽부터 4자리 수치가 3의 배수이고, 고속국도의 값이 4,200이하
    - 참 : '시/군도'를 기준으로 각 연도의 내림차순 순위
    - 거짓 : 각 연도의 '고속국도'부터 '시/군도'까지의 합계

연습문제 2

시작파일 : 연습문제2016\연습문제-2장2번-문제.xlsx, 결과파일 : 연습문제2016\연습문제-2장2번-결과.xlsx

[보기]	[처리사항]

[엑셀로 가공한 정보형태]	〈데이터 입력과 수식 작성하기〉
	배점 1번(5), 2번(7), 3번(45), 4번(45)
	
	※농가소득 시트에 1번부터 4번까지 작성하시오.
	1. F3셀에 '평균과 차', G3셀에 '정보', G2셀에 '(기준:2019년)'을 입력하시오.
	  (G2셀은 가로 오른쪽 맞춤으로 지정)
	2. A1셀에 제목을 '2019 영농 형태별 농가소득'으로 입력하시오.
	  1) A1 ~ G1셀을 병합하고 가로 가운데 맞춤으로 지정
	  2) 글꼴은 굴림체, 글꼴 크기는 15, 글꼴 스타일은 굵게 지정
	3. [엑셀로 가공한 정보형태]의 ① (F4 ~ F19셀)부분의 평균과 차를 구하시오.
	  1) 반드시 AVERAGE, ROUNDUP 함수를 모두 이용하여 구하시오.
	  2) 반드시 아래 주어진 수식으로 구하고, 구한 값을 소수 둘째에서 올림하여 소수 첫째자리까지 나타내시오.
	  ※ 평균과 차 = ('채소'의 '농가소득'부터 '농가경제잉여'까지의 평균 – '채소'의 각 구분의 값)
	4. [엑셀로 가공한 정보형태]의 ② (G4 ~ G19셀)부분의 정보를 구하시오.
	  1) 반드시 IF, OR, RANK.EQ, RIGHT, SUM 함수를 모두 이용하여 구하시오.
	  2) 반드시 아래 주어진 조건에 따른 참과 거짓의 값으로 나타내시오.
	   – 조건 : 각 구분의 오른쪽부터 두 자리 문자가 '수입'이거나 '지출'
	   – 참 : '논벼'를 기준으로 각 구분의 오름차순 순위
	   – 거짓 : 각 구분의 '논벼'부터 '화훼'까지의 합계

[엑셀로 가공한 정보형태] 표

구 분	논 벼	과 수	채 소	화 훼	평균과 차	정 보
농 가 소 득	30,246	35,273	*****28,844	*****31,866	①	②
농 가 순 소 득	14,581	18,666	*****15,730	*****18,733	①	②
농 업 소 득	10,092	14,485	*****11,508	*****15,962	①	②
농 업 총 수 입	28,106	41,756	*****35,839	*****80,033	①	②
농 업 경 영 비	18,074	27,271	*****24,330	*****64,071	①	②
농 외 소 득	4,550	4,181	4,221	2,771	①	②
겸 업 수 입	1,338	1,226	1,664	99	①	②
겸 업 지 출	407	467	709	43	①	②
사 업 외 수 입	3,737	3,468	3,368	2,722	①	②
사 업 외 지 출	119	46	102	7	①	②
이 전 소 득	13,045	14,356	*****11,014	*****12,154	①	②
비 경 상 소 득	2,620	2,252	2,100	979	①	②
소 비 지 출	22,247	25,916	*****23,536	*****25,888	①	②
비 소 비 지 출	5,133	7,196	6,228	7,504	①	②
농가처분가능소득	25,113	28,078	*****22,616	*****24,363	①	②
농 가 경 제 잉 여	2,866	2,162	-920	-1,526	①	②

연습문제 3

시작파일 : 연습문제2016\연습문제-2장3번-문제.xlsx, 결과파일 : 연습문제2016\연습문제-2장3번-결과.xlsx

[보기]	[처리사항]
[엑셀로 가공한 정보형태]	〈데이터 입력과 수식 작성하기〉

[엑셀로 가공한 정보형태]

노 선	2016년	2017년	2018년	2019년	증감 지표	구분
경 부 선	10,234	****9,339.0	****8,988.0	****9,111.0	①	②
경 인 선	169	170.0	168.0	173.0	①	②
남 해 선 A	3,151	****3,033.0	2,904.0	2,981.0	①	②
남 해 1 지 선	456	439.0	472.0	513.0	①	②
동 해 선	1,052	1,310.0	1,459.0	1,499.0	①	②
상 주 영 천 선	0	585.0	1,263.0	1,502.0	①	②
서 울 순 환 선	1,175	1,158.0	1,157.0	1,202.0	①	②
서 울 춘 천 선	1,134	1,389.0	1,544.0	1,513.0	①	②
서 해 안 선	4,385	****4,130.0	****4,027.0	****4,130.0	①	②
영 동 선	3,748	****3,366.0	****3,335.0	****3,372.0	①	②
제 2 경 인 선	98	107.0	113.0	114.0	①	②
중 부 내 륙 선	2,118	1,981.0	1,900.0	1,903.0	①	②
중 앙 선	2,490	2,298.0	2,327.0	2,405.0	①	②
중 앙 선 지 선	270	285.0	268.0	272.0	①	②
호 남 선 A	5,254	****7,364.0	****6,990.0	****7,160.0	①	②
호 남 선 지 선	755	698.0	689.0	614.0	①	②

제목: 노선별 교통량 상황 (2019년 기준)

〈데이터 입력과 수식 작성하기〉

배점 1번(5), 2번(7), 3번(45), 4번(45)

※**교통량 시트에 1번부터 4번까지 작성하시오.**

1. F3셀에 '증감 지표', G3셀에 '구분', G2셀에 '(2019년 기준)'를 입력하시오.
   (G2셀은 가로 오른쪽 맞춤으로 지정)

2. A1셀에 제목을 '노선별 교통량 상황'으로 입력하시오.
   1) A1 ~ G1셀을 병합하고 가로 가운데 맞춤으로 지정
   2) 글꼴은 궁서체, 글꼴크기는 16, 글꼴 스타일은 굵게 지정

3. [엑셀로 가공할 정보형태]의 ①(F4 ~ F19셀)부분의 증감 지표를 구하시오.
   1) 반드시 AVERAGE, CONCATENATE 함수를 모두 이용하여 구하시오.
   2) 반드시 아래 주어진 수식으로 구하고, 구한 값 뒤에 '천대'를 붙이시오
   ※ 증감 지표 = (각 노선의 '2019년'의 값 - 각 노선의 '2016년'부터 '2019년'까지의 평균)

4. [엑셀로 가공한 정보형태]의 ②(G4 ~ G19셀)부분의 구분을 구하시오.
   1) 반드시 LEN, CHOOSE, MAX, MIN, SUM 함수를 모두 이용하여 구하시오.
   2) 연산은 노선의 글자 수에 따라 값을 구하시오.
      3인 경우 각 노선의 '2016년'부터 '2019년'까지의 최소값
      4인 경우 각 노선의 '2016년'부터 '2019년'까지의 최대값
      5인 경우 각 노선의 '2016년'부터 '2019년'까지 의 합계

연습문제 4

시작파일 : 연습문제2016\연습문제-2장4번-문제.xlsx, 결과파일 : 연습문제2016\연습문제-2장4번-결과.xlsx

[보기]	[처리사항]

[보기]

[엑셀로 가공한 정보형태]

	A	B	C	D	E	F	G
1			여성 참여 현황				
2							(단위:%)
3	구분	2018년1/2	2018년2/2	2019년1/2	2019년2/2	차지율(%)	비고
4	경 찰 청	34.30	34.30	*****34.30	*****34.30	①	②
5	고용노동부	40.60	40.99	43.71	44.59	①	②
6	교 육 부	48.45	47.92	47.00	48.00	①	②
7	국무조정실	39.76	43.46	43.77	*****40.11	①	②
8	국 세 청	42.14	45.22	45.22	48.56	①	②
9	국 토 교 통	43.27	42.77	42.04	42.06	①	②
10	금융위원회	41.61	32.24	*****30.81	*****30.81	①	②
11	기 상 청	50.00	60.00	60.00	60.00	①	②
12	기획재정부	41.84	41.96	44.77	45.40	①	②
13	농촌진흥청	42.87	43.80	42.30	41.43	①	②
14	보 건 복 지	36.63	39.27	*****40.23	*****40.04	①	②
15	외 교 부	40.00	50.00	50.00	*****33.33	①	②
16	인사혁신처	40.46	42.88	41.41	41.01	①	②
17	통 일 부	29.63	42.13	*****36.67	*****36.67	①	②
18	행정안전부	42.81	44.86	45.17	45.06	①	②
19	환 경 부	40.83	42.14	41.43	41.35	①	②

[처리사항]

⟨데이터 입력과 수식 작성하기⟩
배점 1번(5), 2번(7), 3번(45), 4번(45)

※여성참여 시트에 1번부터 4번까지 작성하시오.
1. F3셀에 '차지율(%)', G3셀에 '비고', G2셀에 '(단위 : %)'를 입력하시오.
   (G2셀은 가로 오른쪽 맞춤으로 지정)
2. A1셀에 제목을 '여성 참여 현황'으로 입력하시오.
   1) A1 ~ G1셀을 병합하고 가로 가운데 맞춤으로 지정
   2) 글꼴은 돋움체, 글꼴크기는 17, 글꼴 스타일은 굵게 지정
3. [엑셀로 가공한 정보형태]의 ①(F4~F19셀)부분의 차지율(%)를 구하시오.
   1) 반드시 ROUND, SUM 함수를 모두 이용하여 구하시오.
   2) 반드시 아래 주어진 수식으로 구하고, 구한 값을 소수 첫째 자리에서 반올림하여 정수로 나타내시오.
   ※ 차지율(%) = ('2019년2/2'의 각 구분의 값/'2019년 2/2'의 '경찰청'부터 '환경부'까지의 합계 * 100)
4. [엑셀로 가공한 정보형태]의 ②(G4 ~ G19셀)부분의 비고를 구하시오.
   1) 반드시 AVERAGE, FIND, ISERR, AND, RANK.EQ, IF 함수를 모두 이용하여 구하시오.
   2) 반드시 아래 주어진 조건에 따른 참과 거짓의 값으로 나타내시오.
   - 조건 : 각 구분의 문자열에 '부'과 '국'을 포함하지 않는 경우
   - 참 : '2019년2/2'를 기준으로 각 구분의 내림차순 순위
   - 거짓 : 각 구분의 '2018년1/2'부터 '2019년2/2'까지의 평균

서식 지정하기

[보기]	[처리사항]

[엑셀로 가공할 정보형태]

▲	A	B	C	D	E	F	G
1			농가판매가격지수 현황				
2							(기준:2018년)
3	연 도	곡 물	청 과 물	축 산 물	기 타	평균과차비	고
4	2002년	77.2	92.4	93.2	87.9	①	②
5	2003년	78.1	92.3	89.4	97.0	①	②
6	2004년	84.9	******107.8	92.9	100.0	①	②
7	2005년	90.1	******114.1	99.4	105.0	①	②
8	2006년	97.8	******118.6	98.3	107.1	①	②
9	2007년	******100.6	******124.6	86.6	109.1	①	②
10	2008년	97.1	******122.7	79.3	108.9	①	②
11	2009년	******100.3	******111.4	95.1	108.3	①	②
12	2010년	******100.0	******100.0	100.0	100.0	①	②
13	2011년	******102.2	******108.7	118.8	**99.8**	①	②
14	2012년	******100.9	******117.8	131.2	100.5	①	②
15	2013년	******119.3	******134.0	137.8	104.0	①	②
16	2014년	******124.2	******115.8	146.5	108.1	①	②
17	2015년	******107.3	99.7	157.6	109.8	①	②
18	2016년	******108.1	******111.4	146.1	122.3	①	②
19	2017년	******110.2	******118.4	138.0	123.9	①	②

〈서식 지정하기〉

배점 1번(2), 2번(3), 3번(2), 4번(3), 5번(6), 6번(3), 7번(9)

※ 농가판매 시트에 1번부터 7번까지 작성하시오.

1. 표(A3 ~ G19셀) 안의 글꼴은 굴림체, 글꼴크기는 10으로 지정하시오.

2. A3 ~ G3셀은 가로 균등 분할(들여쓰기) 맞춤으로 지정하고, A4 ~ A19셀, G4 ~ G19셀은 가로 가운데 맞춤으로 지정하시오.

3. A열의 열 너비는 9, B ~ E열의 열 너비는 10으로 지정하시오.

4. A3 ~ G3셀의 글꼴 스타일은 굵게 지정하시오.

5. B4 ~ C19셀의 수치는 사용자 지정 표시형식을 이용하여 소수 첫째 자리까지 나타나고, 100 이상인 경우 수치 앞에 빈 열 폭 만큼 '*'이 나타나도록 지정하고, D4 ~ E19셀의 수치는 숫자 표시형식을 이용하여 소수 첫째 자리까지 나타나고, 음수인 경우 빨강색으로 (1234.0)로 나타나도록 지정하시오.

6. D4 ~ E19셀의 수치는 조건부 서식을 이용하여 100 미만인 경우 글꼴 스타일이 굵게 나타나도록 지정하시오. (단, 수식을 이용하여 입력시 감점)

7. 표(A3 ~ G19셀) 윤곽선은 이중선, 표 안쪽 세로선은 실선, A3 ~ G3셀의 아래선은 이중선이 나타나도록 작성하시오.

〈서식 지정하기〉의 중점 사항

1. 셀 서식 대화상자
2. 열 너비와 행 높이
3. 조건부 서식
4. 따라하기

☞ **중점사항** 내용을 알고 있으면 **따라하기**로 이동하세요.

1 셀 서식 대화상자

셀에 서식을 지정할 때는 [홈]탭의 [글꼴], [맞춤], [표시형식] 등의 그룹에서 지정을 합니다. 그러나 [홈]탭의 각 그룹 보다 더 상세한 서식을 지정하려면 [셀 서식]대화상자에서 지정합니다.

[셀 서식]대화상자는 단축키 Ctrl + 1 을 누르거나 팝업메뉴의 [셀 서식]을 클릭하면 표시됩니다. [셀 서식]대화상자는 표시형식, 맞춤, 글꼴, 테두리, 채우기, 보호 등의 탭으로 구성되어 있고, 각각의 탭을 클릭하여 세부 서식을 지정합니다.

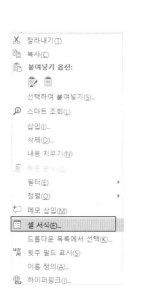 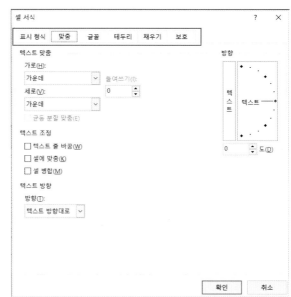

[셀 서식]대화상자에서 서식을 지정하는 방법을 아래 표를 완성하면서 알아봅시다.

본문예제파일 \ PART3-서식지정-자료.xlsx 파일을 [셀 서식]대화상자의 기능을 적용하여 다음과 같이 작성합시다.

시도별 지하수 이용 현황

(단위:천M³/년)

시도구분	용도별 구분 생활용	용도별 구분 공업용	농업용수로사용	기타(특별용도 이외)	차
서울특별시	18,407,997	915	1,952	***************475	3,204,353.5
부산광역시	25,800,562	1,388	4,569	1,776	4,188,211.5
대구광역시	15,953,527	3,252	5,627	***************5	5,658,823.5
인천광역시	26,552,953	895	13,751	***************405	4,940,602.5
광주광역시	15,803,004	2,093	7,542	***************0	5,809,346.5
대전광역시	27,156,060	1,474	9,585	***************93	5,543,709.5

작성일: 2020년 12월 01일

01 [맞춤]탭

[셀 서식]대화상자의 [맞춤]탭은 텍스트의 가로방향 가운데 맞춤이나 왼쪽 맞춤, 세로방향 가운데 맞춤이나 아래쪽 맞춤 등 텍스트 맞춤과 텍스트 줄 바꿈, 셀 병합과 같은 텍스트 조정, 텍스트의 방향등을 지정합니다.

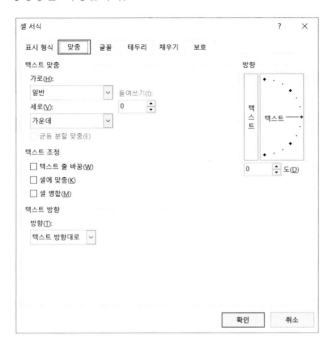

원본 시트의 B3:G3셀에 가로방향 균등분할(들여쓰기)와 텍스트 줄 바꿈, B1:G1셀에 셀 병합을 적용 합시다.

① B3:G3셀을 드래그하고 Ctrl + 1 을 누릅니다.

　　[맞춤]탭의 가로의 화살표 – 균등분할(들여쓰기) – 텍스트 줄 바꿈 – [확인] 클릭

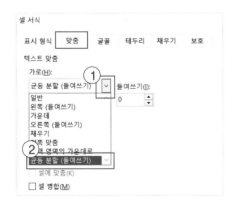

균등분할(들여쓰기)는 글자 사이의 간격을 넓혀서 셀의 크기에 맞게 텍스트를 표시하는 것입니다.

② B1:G1셀을 드래그하고 Ctrl + 1을 누릅니다.

[맞춤]탭의 셀 병합 선택 – [확인] 클릭

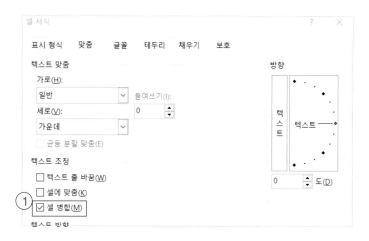

셀 병합을 선택하면 [홈]탭의 병합하고 가운데 맞춤과는 다르게 셀 병합 후 왼쪽으로 정렬된 것을
볼 수 있습니다.

시도구분	용도별 구분 생 활 용	용도별 구분 공 업 용	농업 용수로 사 용	기타(특별용 도 이 외)	차
서울특별	18407997	914759	1951564	475024	-3204353.5
부산광역	25800562	1388236	4568815	1775860	4188211.5
대구광역	15953527	3251984	5627313	5449	-5658823.5
인천광역	26552953	894548	13751322	404878	4940602.5
광주광역	15803004	2093419	7542449	0	-5809346.5
대전광역	27156060	1474032	9585492	93345	5543709.5

시도별 지하수 이용 현황
(단위:천M3/년)

작성일: 2020-12-01

※참고

[홈]탭의 병합하고 가운데 맞춤을 클릭한 결과입니다.

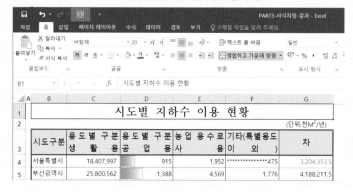

02 [글꼴]탭

[셀 서식]대화상자의 [글꼴]탭은 텍스트의 글꼴이나 글꼴 스타일, 글꼴 크기, 글자색, 밑줄, 취소선, 위/아래 첨자 등을 지정합니다. [글꼴]탭의 대부분의 내용은 [홈]탭의 [글꼴]그룹에 표시되어 있어서 [셀 서식]의 [글꼴]탭을 사용하는 경우는 많지 않으나, 위/아래 첨자, 취소선 등은 [글꼴]탭에서 지정하여야 합니다.

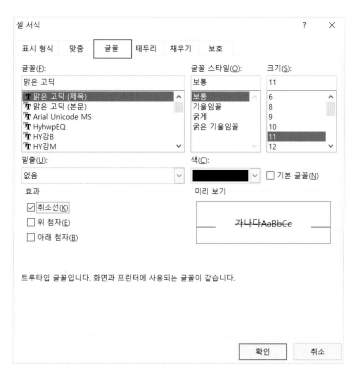

원본 시트의 제목을 바탕체, 글자크기 20, 굵게 지정하고, 단위에 위 첨자를 입력하고, 각 항목명을 글자크기 14와 채우기를 노랑색, B9:G9셀에 취소선을 적용하여 봅시다.

① 병합된 B1:G1셀 클릭하고 Ctrl + 1 을 누릅니다.

  [글꼴]탭의 글꼴에 바탕체 – 글꼴 스타일은 굵게 – 크기는 20 선택 – [확인] 클릭

② G3셀의 텍스트 중 '3'을 드래그하고 Ctrl + 1 을 누릅니다.

[글꼴]탭의 '위 첨자' 선택 – [확인] 클릭

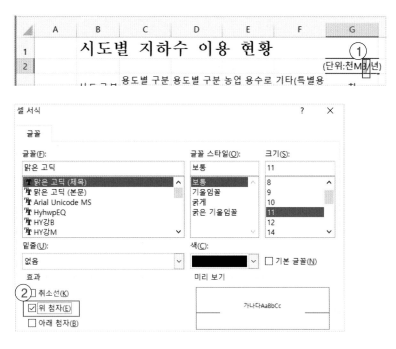

③ B3:G3셀을 드래그하고 Ctrl + 1 을 누릅니다.

[글꼴]탭의 글자크기는 14 선택 – [채우기]탭의 배경색에서 노랑 선택 – [확인] 클릭

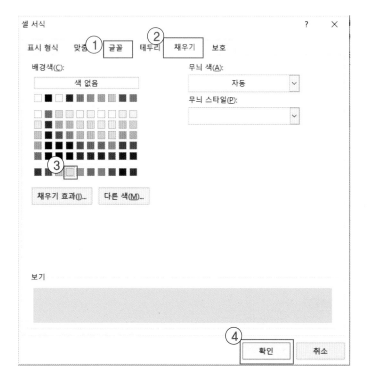

④ B9:G9셀을 드래그하고 Ctrl + 1을 누릅니다.

[글꼴]탭의 취소선 선택 – [확인] 클릭

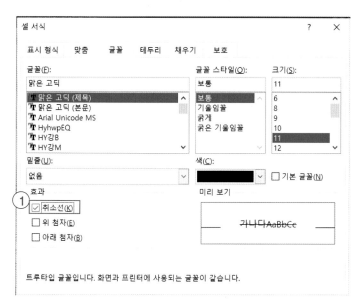

제목을 바탕체, 글자크기 20, 굵게, 단위에 위 첨자 입력, 각 항목명을 글자크기 14와 채우기 : 노랑색, B9:G9셀에 취소선을 적용한 결과입니다.

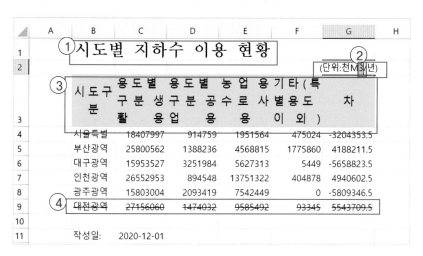

03 [테두리]탭

[셀 서식]대화상자의 [테두리]탭에서 셀의 테두리를 지정합니다. 테두리를 작성할 때 선 스타일이나 선 색을 지정하고 싶다면 스타일이나 색을 먼저 선택하고 테두리를 지정하여야 적용됩니다.

원본 시트의 자료입력 부분을 가로선은 점선, 세로선은 실선, 윤곽선은 이중실선을 적용합시다.

① B3:G9셀을 드래그하고 Ctrl + 1 을 누릅니다.

[테두리]탭의 선 스타일의 점선(┄┄), 안쪽 가로선 클릭 – 선 스타일의 실선(──), 안쪽 세로선 클릭 – 선 스타일의 이중 실선(═), 윤곽선 클릭 – [확인] 클릭

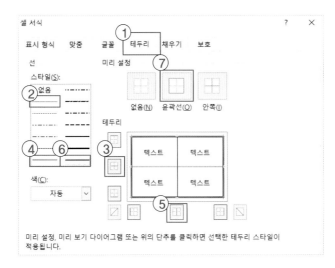

② B3:G3셀을 드래그하고 Ctrl + 1 을 누릅니다.

　[테두리]탭 선 스타일의 이중 실선(══), 윤곽선 클릭 – [확인] 클릭

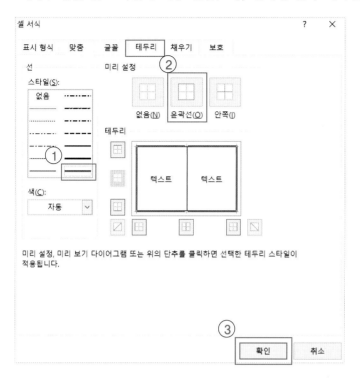

내용 전체와 항목명에 테두리를 작성하였습니다.

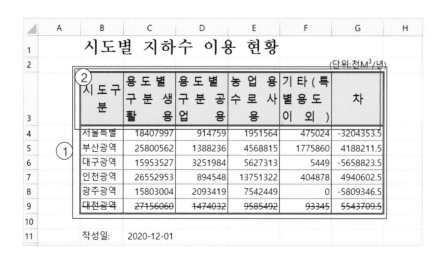

04 [표시형식]탭

[표시형식]은 데이터의 변화 없이 화면에 표시되는 모양을 지정하는 형식입니다. 입력되어 있는 내용이 '대전'인 경우 내용은 바뀌지 않고 화면 표시 모양은 '대전시'와 같이 특별한 텍스트를 붙인 다던지, 내용이 12300인 경우 화면에 12,300과 같이 쉼표(,)를 붙이는 것입니다.

[표시형식] 범주의 '일반'은 특정 서식을 지정하지 않습니다. 셀에 숫자 데이터를 입력하면 기본 숫자 형식으로, 텍스트 데이터가 입력되면 기본 테스트 형식으로 자동 표시합니다.

'숫자', '통화', '회계'는 숫자를 나타내는데 사용되며, '통화'와 '회계'는 통화기호와 함께 사용할 수 있습니다.

'날짜' 서식은 날짜에 해당하는 일련의 숫자를 날짜 값으로 표시합니다. 엑셀에서 날짜의 시작 값은 1900년 1월 1일을 기준으로 일련의 숫자 값으로 계산합니다. 즉, 숫자 값 1은 '1900년 1월 1일'과 같은 값이고, 숫자 1000은 '1900년 1월 1일'부터 1000번째의 날인 '1902년 9월 26일'과 같은 값입니다. '2021년 1월 1일'을 '숫자' 서식으로 지정하면 44197이 됩니다.

'시간'은 '13:30' 혹은 '오후 1시 30분' 등과 같이 시간을 표시하는 서식을 지정합니다.

'백분율'은 셀 값에 100을 곱한 값이 백분율 기호(%)와 함께 나타납니다.

'기타' 서식은 번화 번호 서식, 주민등록번호 서식, 숫자를 한글로 바꾸어 표시하는 서식 등이 있습니다. 숫자 1204를 '기타' 서식의 '숫자(한글)' 형식을 지정하면 '일천이백사'로 표시합니다.

'사용자 지정' 서식은 기본 서식 외에 사용자가 원하는 형식을 지정합니다. 사용자가 원하는 형식을 지정할 때는 형식 지정 문자를 사용하거나 형식 지정을 위한 조건 서식을 사용합니다.

• 형식 지정 문자와 조건 서식

[표시형식]의 사용자 지정에서 숫자, 문자 등을 대표하여 표시 방법에 사용하는 문자입니다.

문 자	내 용
0	서식의 0 위치에 숫자가 있으면 숫자를 표시하고, 숫자가 없을 경우 0을 표시함 예 : 서식이 000 일 때, 숫자 1는 '001', 숫자 12는 '012', 0은 '000'으로 표시
#	서식의 #위치에 숫자가 있으면 숫자를 표시하고, 숫자가 없을 경우 공백을 표시함 예 : 서식이 ### 일 때, 숫자 1는 '1', 숫자 12는 '12', 0은 ' '(공백)으로 표시 　　　서식이 ##0 일 때, 숫자 1는 '1', 숫자 12는 '12', 0은 '0'으로 표시
,	천 단위마다 쉼표를 삽입하거나 천의 배수 형태로 숫자 표시함 예 : 서식이 #,##0 일 때, 숫자 1234는 '1,234'로 표시 　　　서식이 #,##0, 일 때, 숫자 1,234,000는 '1,234'로 표시(천 이하 생략)
.	소수점 위치 표시 예 : 서식이 #0.00 일 때, 숫자 1234는 '1234.00', 4.567은 '4.57'로 표시
W	숫자 앞에 통화 기호 표시 예 : 서식이 W#,##0 일 때, 숫자 1234는 'W1,234'로 표시
y, m, d	년, 월, 일을 나타내는 기호로, 위치와 개수에 따라 표시되는 방법이 다름 예 : 2021-1-31은 서식이 'yyyy-mm-dd'이면 '2021-01-31', 'yy년 m월 d일'이면 '21년 1월 31일', 'm월 d일'이면 '1월 31일'로 표시
h, m, s	시, 분, 초를 나타내는 기호로, 위치와 개수에 따라 표시되는 방법이 다름 예 : 15:30은 서식이 'h시 mm분'이면 '15시 30분', 'h:mm:ss AM/PM'이면 '3:30:00 PM', '[$-ko-KR]AM/PM h:mm'이면 '오후 3:30'으로 표시
@	셀에 입력된 텍스트를 표시하는 기호 예 : 서식이 '파란@'일 때, 텍스트 '하늘'은 '파란하늘', '풍선'은 '파란풍선', 　　　서식이 '@ 색'일 때, 텍스트 '하늘'은 '하늘 색', '풍선'은 '풍선 색'으로 표시

조건 서식

형식 : [조건]참서식;거짓서식
　　　세미콜론(;)을 기준으로 [조건]이 참인 경우 '참서식'을 적용하고 거짓일 경우 '거짓서식'을 적용함

예 : 서식이 '[>=1000]W#,##0;0'일 때, 데이터 1234는 'W1,234', 데이터 23은 '23'으로 표시
　　　서식이 '[>=1000]W#,##0;*☆0'일 때, 데이터 1234는 'W1,234', 데이터 23은 '☆☆☆☆23'으로 표시
　　　이때 ☆의 개수는 셀 크기에 따라 다름
기호 '*' : '*' 뒤에 있는 문자로 숫자 앞을 모두 채우는 명령 기호

☆☆☆☆☆ 55
☆☆☆☆ 751

원본 시트에 [표시형식]의 문자 형식, 숫자 형식, 날짜 형식, 사용자 지정 형식 등 여러 서식을 지정하여 봅시다.

1) 각 '시도구분'의 문자열 뒤에 '시'를 붙여봅시다.

① B4:B9셀을 드래그하고 Ctrl + 1을 누릅니다.

[표시형식]탭의 사용자 지정 – 형식에 '@"시" ' 입력 – [확인] 클릭

2) C4:C9셀에 천 단위마다 쉼표를 표시합시다.

① C4:C9셀 드래그 – [홈]탭의 쉼표 스타일(,)클릭

② 셀 표시 모양이 "#####"이면, 셀의 너비가 좁아서 정상적인 표시를 못하는 것이므로, 열 머리글 C와 D사이의 열 구분선 더블 클릭

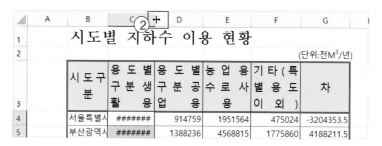

3) D4:E9셀의 숫자는 천 단위 미만의 숫자는 표시를 제외하고, 천 단위마다 쉼표(,)를 표시합시다.

① D4:E9셀 드래그 – Ctrl + 1을 누릅니다.

　[표시형식]탭의 사용자 지정 – 형식에 '#,##0,' 입력 – [확인] 클릭

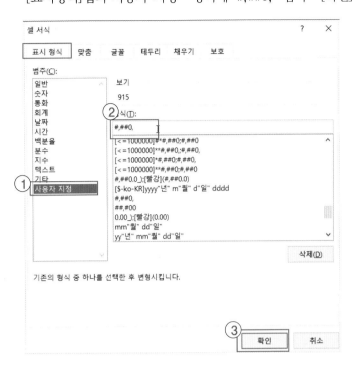

4) F4:F9셀의 숫자는 천 단위 미만의 숫자는 표시를 제외하고, 십만 이하는 숫자 앞에 '*'을 표시합시다.

① F4:F9셀 드래그 – Ctrl + 1을 누릅니다.

　[표시형식]탭의 사용자 지정 – 형식에 '[<=100000]**#,##0,;#,##0,' 입력 – [확인] 클릭

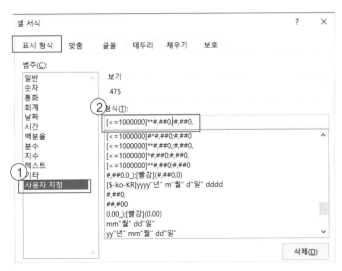

5) G4:G9셀의 숫자는 천 단위마다 쉼표(,)와 소수 1자리까지 표시하고, 음수인 경우 빨간색으로 표시합시다.

① G4:G9셀 드래그 – [Ctrl] + [1]을 누릅니다.

[표시형식]탭의 숫자 – 소수 자릿수에 1, 1000단위 구분 기호 사용을 선택 – 음수에서 빨강색의 1,234.0 선택 – [확인] 클릭

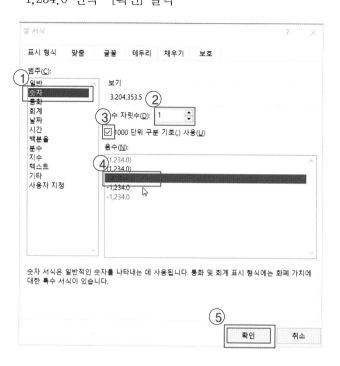

6) C11셀의 날짜는 2000년 3월 1일 형식으로 표시합시다.

① C11셀 클릭 – [Ctrl] + [1]을 누릅니다.

[표시형식]탭의 날짜 – 형식에서 '2012년 3월 14일'을 선택 – [확인] 클릭

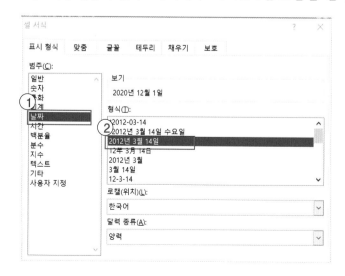

위와 같은 결과를 위하여 '사용자 지정' 형식을 사용할 경우 형식은 'yyyy"년" m"월" d"일"'입니다.

형식(T):

yyyy"년" m"월" d"일"

2 열 너비와 행 높이

워크시트의 열과 행의 크기는 데이터에 맞게 조절하거나 사용자가 크기를 입력하여 조절할 수 있습니다. 열과 행의 크기 조절 방법은 동일하므로 열의 크기 조절 방식을 기준으로 설명합니다.

본문예제파일 \ PART3-서식지정-자료.xlsx 파일에 행 높이와 열 너비를 적용하여 봅시다.

01 데이터에 맞게 열의 크기 자동 조절

① 워크시트 위쪽에 있는 열 머리글을 드래그하거나 모두 선택 단추(◢)를 클릭하여 필요한 열을 선택합니다.
② 선택한 범위의 임의의 열 머리글 경계를 더블 클릭합니다. 열의 크기가 데이터에 맞게 조정됩니다.

B열의 열 너비를 데이터에 맞게 조절합시다.

B열의 머리글을 클릭 - B열의 경계선 더블 클릭

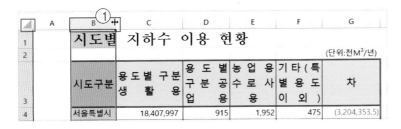

02 사용자 지정 크기 조절

① 열 머리글을 드래그하여 열 범위를 선택합니다.

② [홈]탭의 [셀 그룹]에서 서식 – 열 너비를 선택하거나 팝업메뉴에서 열 너비를 선택합니다.

③ 열 너비를 입력하고 확인을 클릭합니다.

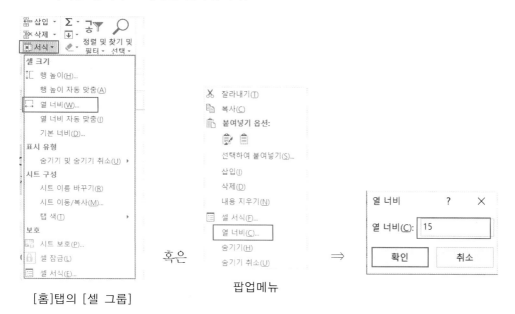

[홈]탭의 [셀 그룹]   팝업메뉴

C:G열의 너비를 15로 지정합시다.

C:G열의 머리글을 드래그 – 팝업메뉴의 [열 너비] – [열 너비]대화상자의 열 너비에 15 입력 –
[확인] 클릭

4 ~ 9행의 행 높이를 22로 지정하여 봅시다.

4:9행의 머리글을 드래그 – 팝업메뉴의 [행 높이] – [행 높이]대화상자의 행 높이에 22 입력 – [확인]
클릭

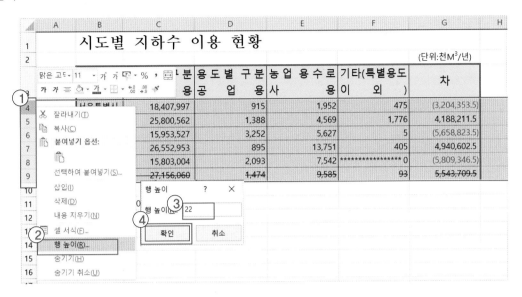

A열의 열 너비를 1로 지정합시다.

A열 머리글 클릭 – 팝업메뉴의 [열 너비] – [열 너비]대화상자의 열 너비에 1 입력 – [확인] 클릭

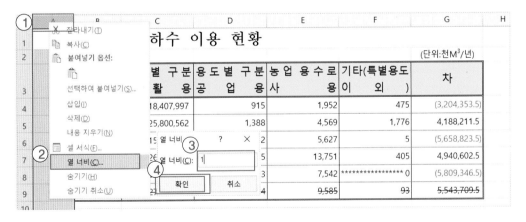

03 사용자가 드래그하여 임의의 크기로 조절

열 머리글의 경계선을 원하는 방향으로 드래그 합니다. 드래그하는 크기에 해당하는 값이 위쪽에
표시됩니다.

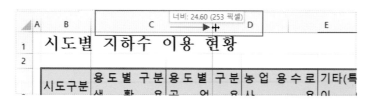

열 너비와 행 높이가 적용된 결과입니다.

시도구분	용도별 구분 생 활 용	용도별 구분 공 업 용	농 업 용수로 사 용	기타(특별용도 이 외)	차
서울특별시	18,407,997	915	1,952	475	(3,204,353.5)
부산광역시	25,800,562	1,388	4,569	1,776	4,188,211.5
대구광역시	15,953,527	3,252	5,627	5	(5,658,823.5)
인천광역시	26,552,953	895	13,751	405	4,940,602.5
광주광역시	15,803,004	2,093	7,542	*************** 0	(5,809,346.5)
대전광역시	27,156,060	1,474	9,585	93	5,543,709.5

시도별 지하수 이용 현황

(단위:천M³/년)

작성일:　　2020년 12월 1일

③ 조건부 서식

조건부 서식은 데이터에 조건을 부여하여, 조건에 따라 데이터를 시각적으로 탐색 및 분석하고, 중요한 문제를 감지하면 패턴과 추세를 식별하는데 도움을 줍니다.

조건부 서식을 사용하면 손쉽게 특정 조건에 해당하는 셀이나 셀 범위를 강조하거나, 값을 강조하고, 데이터를 변형하여 데이터에 해당하는 데이터 막대, 색조, 아이콘 집합 등으로 시각화할 수 있습니다.

조건부 서식은 [홈]탭의 [조건부 서식]에서 지정하며, 셀 강조 규칙, 상위/하위 규칙, 데이터 막대, 색조, 아이콘 집합 등을 선택하여 사용할 수 있습니다.

본문예제파일 \ PART3-서식지정-자료.xlsx 파일에 조건부 서식을 적용하여 봅시다.

01 셀 강조 규칙

특정 조건에 해당하는 셀에 서식을 지정합니다. 예를 들면, 데이터가 1000보다 큰 숫자이면 '진한 빨강 텍스트가 있는 연한 빨강 채우기' 서식을 적용합니다.

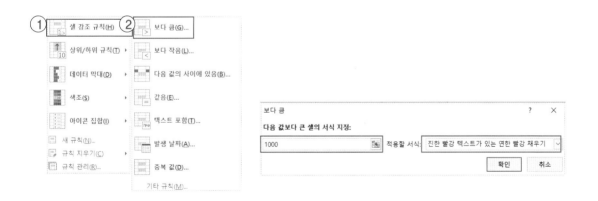

02 상위/하위 규칙

전체 데이터 중 해당 데이터의 순위 혹은 백분율에 따라 서식을 적용합니다. 예를 들면, 데이터가 상위 5위까지의 값이면 '진한 빨강 텍스트가 있는 연한 빨강 채우기' 서식을 적용합니다.

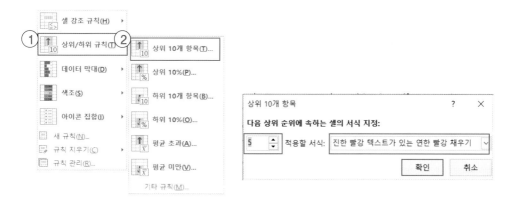

03 데이터 막대

데이터를 막대그래프 형태로 표시합니다. 표시하고자 하는 셀을 블록으로 지정하고 [조건부 서식] – [데이터 막대] – 연한 파랑 데이터 막대를 클릭하면 가장 큰 값을 100%로 하여 값의 크기에 따라 막대그래프의 크기를 비율로 계산하여 연한 파랑 막대를 표시합니다.

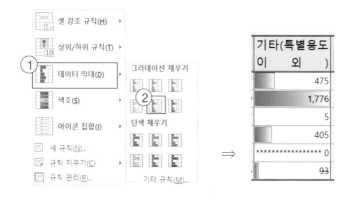

04 색조

데이터를 크기에 따라 색상으로 표시합니다. 표시하고자 하는 셀을 블록으로 지정하고 [조건부 서식] – [색조] – '녹색–노랑–빨강' 색조를 클릭하면 가장 큰 값은 녹색, 중간 값은 노랑, 가장 작은 값은 빨강, 그 사이의 값들은 색깔별 사이의 색으로 표시됩니다.

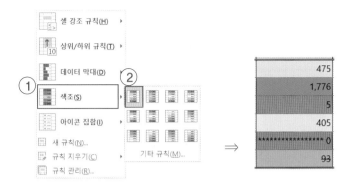

05 아이콘 집합

데이터 크기에 따라 아이콘을 표시합니다. 아이콘 집합 중 3방향 화살표를 선택하면, 셀 값 중에서 상위 33%는 녹색 화살표, 67% 까지는 노랑 화살표, 나머지는 빨강 화살표로 표시됩니다. 물론 백분율(%) 값의 범위는 수정할 수 있습니다.

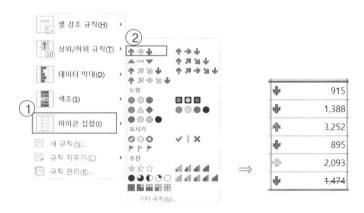

06 새 규칙 및 규칙 적용

사용자가 새로운 규칙을 만들어 표시합니다.

1) '농업용수로 사용'이 6,500,000 보다 큰 값일 경우 빨간색으로 굵게 표시합시다.

① E4:E9셀 드래그 – [조건부 서식] – 셀 강조 규칙 – 보다 큼 클릭

[보다 큼]대화상자에 6500000 입력 – 적용할 서식의 화살표(⌄) – 사용자 지정 서식 – 클릭

② [셀 서식]대화상자의 글꼴 스타일 : 굵게, 색 : 빨강 선택 – [확인] – [보다 큼]대화상자에서 [확인]
　　클릭

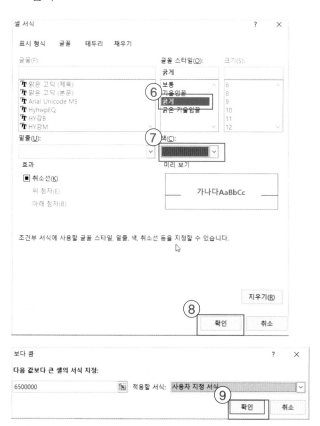

2) D4～D9셀의 수치는 조건부 서식을 이용하여 녹색 데이터 막대 스타일을 적용합시다.

D4:D9셀 드래그 – [조건부 서식] – 데이터 막대 – 녹색 데이터 막대 클릭

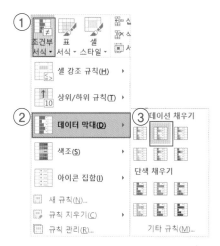

3) '용도별 구분 생활용'의 값이 2천만 이상이고, '차'의 값이 양수인 모든 행에 '굵게' 서식을 지정합시다.

모든 행에 서식을 적용하여야하므로 B4:G9셀을 드래그하고 [조건부 서식] – [새 규칙]을 클릭 – [새 서식 규칙]대화상자의 규칙 유형 선택에서 수식을 사용하여 서식을 지정할 셀 결정 – 수식 'AND($C4>=20000000,$G4>=0)' 입력 – [확인] 클릭

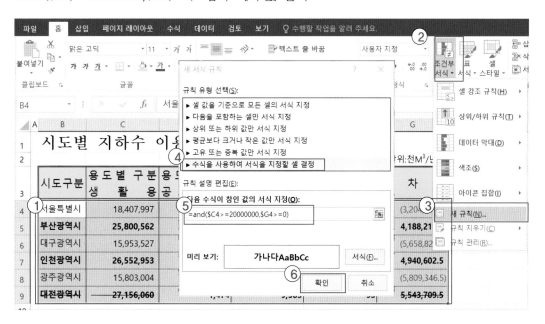

4 따라하기

시작파일 : 따라하기2016\3장-서식지정-자료.xlsx, 결과파일 : 따라하기2016\3장-서식지정-결과.xlsx

※ 농가판매 시트에 1번부터 7번까지 작성하시오.
1. 표(A3~G19셀) 안의 글꼴은 굴림체, 글꼴크기는 10으로 지정하시오.

1. 농가판매 시트 클릭

2. A3:G19셀 드래그 – [홈]탭의 글꼴 : 굴림체, 글꼴 크기 : 10 입력

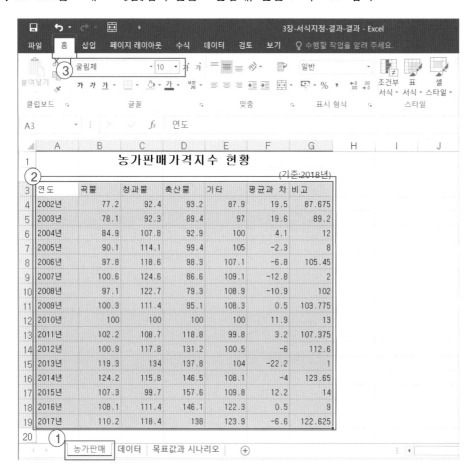

2. A3 ~ G3셀은 가로 균등 분할(들여쓰기) 맞춤으로 지정하고, A4 ~ A19셀, G4 ~ G19셀은 가로 가운데 맞춤으로 지정
하시오.

1. A3:G3셀 드래그 – Ctrl + 1 – [셀 서식]대화상자의 [맞춤]탭 – 가로의 균등 분할(들여쓰기) – [확인] 클릭

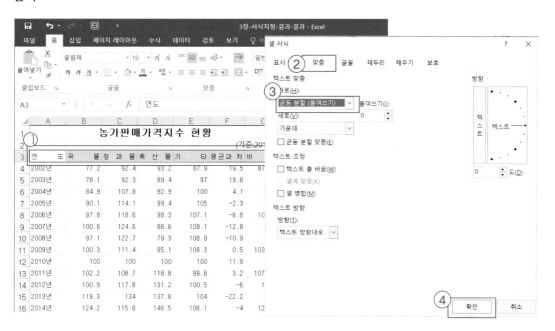

2. A4:A19셀 드래그 – Ctrl 키를 누르고 G4:G19 드래그 – [홈]탭의 가로 가운데 맞춤(≡) 클릭

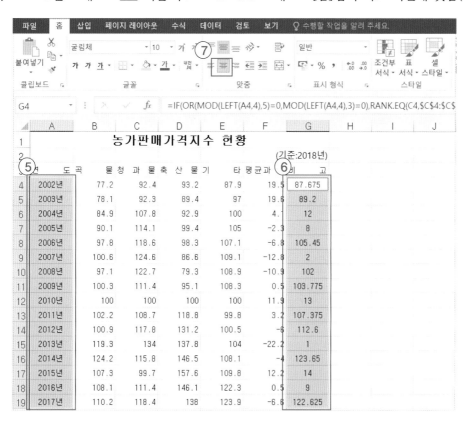

3. A열의 열 너비는 9, B~E열의 열 너비는 10으로 지정하시오.

1. 열 머리글 A 클릭 – 팝업메뉴의 열 너비 – [열 너비]대화상자의 열 너비 : 9 입력 – [확인] 클릭

2. 열 머리글 B:E 드래그 – 팝업메뉴의 열 너비 – [열 너비]대화상자의 열 너비 : 10 입력 – [확인] 클릭

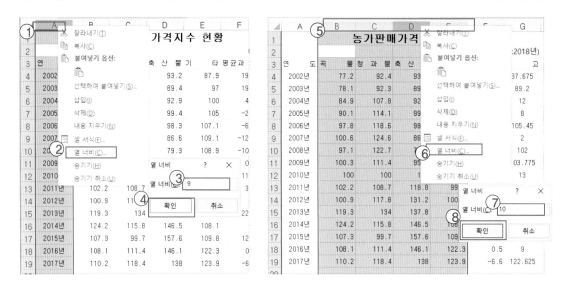

4. A3~G3셀의 글꼴 스타일은 굵게 지정하시오.

1. A3:G3셀 드래그 – [홈]탭의 굵게 클릭

5. B4 ~ C19셀의 수치는 사용자 지정 표시형식을 이용하여 소수 첫째 자리까지 나타나고, 100 이상인 경우 수치 앞에 빈 열 폭 만큼 '*'이 나타나도록 지정하고, D4 ~ E19셀의 수치는 숫자 표시형식을 이용하여 소수 첫째 자리까지 나타나고, 음수인 경우 빨강색으로 (1234.0)로 나타나도록 지정하시오.

1. B4 : C19셀 드래그 – Ctrl + 1 – [셀 서식] 대화상자의 [표시형식] 탭 – 사용자 지정 – 형식에 '[>=100]**0.0;0.0' 입력 – [확인] 클릭

2. D4:E19셀 드래그 – Ctrl + 1 – [셀 서식]대화상자의 [표시형식]탭 – 숫자 – 소수 자릿수에 1 입력 – 음수에서 빨강색의 (1234.0)을 선택 – [확인] 클릭

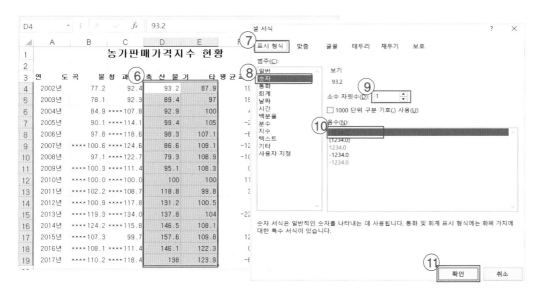

6. D4 ～ E19셀의 수치는 조건부 서식을 이용하여 100 미만인 경우 글꼴 스타일이 굵게 나타나도록 지정하시오. (단, 수식을 이용하여 입력시 감점)

※참고
굵게 나타나도록 지정하는 것이므로 셀 강조 규칙 사용

1. D4:E19셀 드래그 – [홈]탭의 [조건부 서식] – 셀 강조 규칙 – 보다 작음 클릭

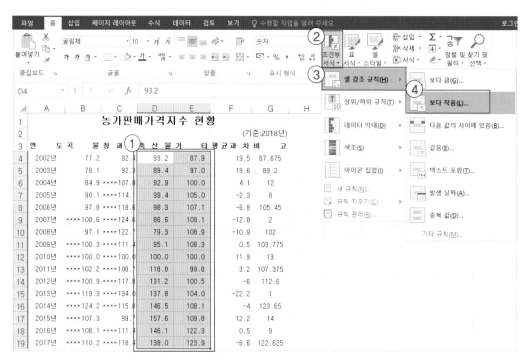

2. [보다 작음]대화상자에 100 입력 – 적용할 서식의 화살표(▾) – 사용자 지정 서식 클릭

3. [셀 서식]대화상자의 [글꼴]탭의 글꼴 스타일 굵게 – [확인] 클릭

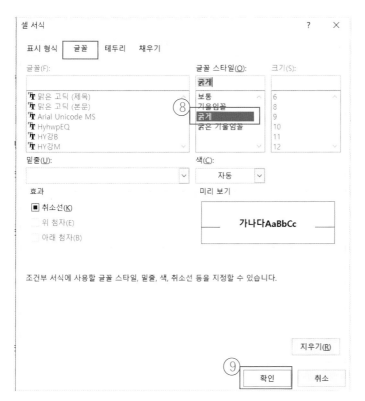

4. [보다 작음]대화상자의 [확인] 클릭

※참고
선 스타일의 실선은 실선 중에서 가장 가는 선입니다.

1. A3:G19셀 드래그 – Ctrl + 1 – [셀 서식]대화상자의 [테두리]탭 – 선 스타일의 이중선 – 미리 설정 의 윤곽선 – 선 스타일의 실선 – 미리 설정의 안쪽 세로선 – [확인] 클릭

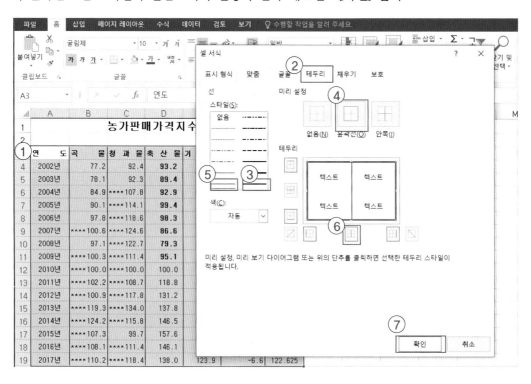

2. A3:G3셀 드래그 – Ctrl + 1 – [셀 서식]대화상자의 [테두리]탭 – 선 스타일의 이중선 – 미리 설정 의 아래선 – [확인] 클릭

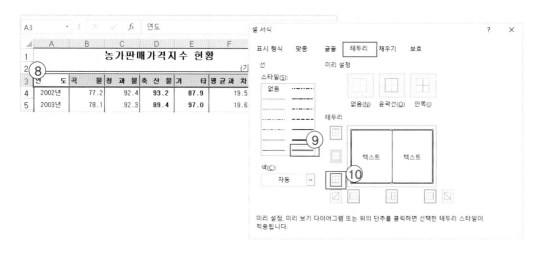

〈서식 지정하기〉가 완료되었습니다.

연 도	곡 물	청 과 물	축 산 물	기 타	평 균 과 차	비 고
2002년	77.2	92.4	**93.2**	**87.9**	19.5	87.675
2003년	78.1	92.3	**89.4**	**97.0**	19.6	89.2
2004년	84.9	****107.8	**92.9**	100.0	4.1	12
2005년	90.1	****114.1	**99.4**	105.0	-2.3	8
2006년	97.8	****118.6	**98.3**	107.1	-6.8	105.45
2007년	****100.6	****124.6	**86.6**	109.1	-12.8	2
2008년	97.1	****122.7	**79.3**	108.9	-10.9	102
2009년	****100.3	****111.4	**95.1**	108.3	0.5	103.775
2010년	****100.0	****100.0	100.0	100.0	11.9	13
2011년	****102.2	****108.7	118.8	**99.8**	3.2	107.375
2012년	****100.9	****117.8	131.2	100.5	-6	112.6
2013년	****119.3	****134.0	137.8	104.0	-22.2	1
2014년	****124.2	****115.8	146.5	108.1	-4	123.65
2015년	****107.3	99.7	157.6	109.8	12.2	14
2016년	****108.1	****111.4	146.1	122.3	0.5	9
2017년	****110.2	****118.4	138.0	123.9	-6.6	122.625

농가판매가격지수 현황

(기준:2018년)

Part Ⅱ

e-Test 엑셀 2016

연습문제 1

시작파일 : 연습문제2016\연습문제-3장1번-문제.xlsx, 결과파일 : 연습문제2016\연습문제-3장1번-결과.xlsx

[보기]	[처리사항]
[엑셀로 가공한 정보형태] **연도별 도로종류별 현황** (단위:미터) 표 데이터: 2004년 2,923 14,246 17,476 ***42,015 ① ② 2005년 2,968 14,224 17,709 ***43,530 ① ② 2006년 3,103 14,225 17,677 ***43,038 ① ② 2007년 3,368 13,832 18,175 ***43,571 ① ② 2008년 3,447 13,905 18,193 ***44,395 ① ② 2009년 3,776 13,820 18,138 ***44,958 ① ② 2010년 3,859 13,812 18,180 ***45,185 ① ② 2011년 3,913 13,797 18,196 ***45,282 ① ② 2012년 4,044 13,766 18,162 45,832 ① ② 2013년 4,111 13,843 18,082 46,129 ① ② 2014년 4,139 13,950 18,058 ***45,228 ① ② 2015년 4,193 13,948 18,087 46,435 ① ② 2016년 4,438 13,977 18,121 46,989 ① ② 2017년 4,717 13,983 18,055 47,496 ① ② 2018년 4,767 13,983 18,075 48,103 ① ② 2019년 4,767 14,030 18,047 48,354 ① ②	〈서식 지정하기〉 **배점 1번(2), 2번(3), 3번(2), 4번(3), 5번(6), 6번(3), 7번(9)** ※ 도로현황 시트에 1번부터 7번까지 작성하시오. 1. 표(A3 ~ G19셀) 안의 글꼴은 돋움체, 글꼴 크기는 10으로 지정하시오. 2. A3 ~ G3셀은 가로 균등 분할 (들여쓰기) 맞춤으로 지정하고, A4 ~ A19셀, G4 ~ G19셀은 가로 가운데 맞춤으로 지정하시오. 3. A열의 열 너비는 9, B ~ E열의 열 너비는 12로 지정하시오. 4. A3 ~ G3셀의 글꼴 스타일은 굵게 지정하시오. 5. B4 ~ D19셀의 수치는 숫자 표시형식을 이용하여 세 자리마다 콤마가 나타나고, 음수인 경우 빨강색으로 (1,234)로 나타나도록 지정하고, E4 ~ E19셀의 수치는 사용자 지정 표시형식을 이용하여 세자리마다 콤마가 나타나고, 45,550 미만인 경우 수치 앞에 빈 열 폭만큼 '*'이 나타나도록 지정하시오. 6. B4 ~ B19셀의 수치는 조건부 서식을 이용하여 3,611 이하인 경우 글꼴 스타일이 굵게 나타나도록 지정하시오. (단, 수식을 이용하여 입력시 감점) 7. 표(A3 ~ G19셀) 윤곽선은 가장 굵은 선, 표 안쪽 세로선은 실선, A3 ~ G3셀의 아래선은 가장 굵은 선이 나타나도록 작성하시오.

연습문제 2

시작파일 : 연습문제2016＼연습문제-3장2번-문제.xlsx, 결과파일 : 연습문제2016＼연습문제-3장2번-결과.xlsx

[보기]	[처리사항]
[엑셀로 가공한 정보형태]	**〈서식 지정하기〉**

[엑셀로 가공한 정보형태]

⊿	A	B	C	D	E	F	G
1			여성 참여 현황				
2							(단위:%)
3	구분	2018년 1/2	2018년 2/2	2019년 1/2	2019년 2/2	차지율(%)	비고
4	경 찰 청	34.30	34.30	*****34.30	*****34.30	①	②
5	고용노동부	40.60	40.99	*43.71*	44.59	①	②
6	교 육 부	*48.45*	*47.92*	*47.00*	48.00	①	②
7	국무조정실	39.76	*43.46*	*43.77*	*****40.11	①	②
8	국 세 청	42.14	*45.22*	*45.22*	48.56	①	②
9	국토교통	*43.27*	42.77	42.04	42.06	①	②
10	금융위원회	41.61	32.24	*****30.81	*****30.81	①	②
11	기 상 청	*50.00*	*60.00*	*60.00*	60.00	①	②
12	기획재정부	41.84	41.96	*44.77*	45.40	①	②
13	농촌진흥청	42.87	*43.80*	42.30	41.43	①	②
14	보건복지	36.63	39.27	*****40.23	*****40.04	①	②
15	외 교 부	40.00	*50.00*	*50.00*	*****33.33	①	②
16	인사혁신처	40.46	*42.88*	41.41	41.01	①	②
17	통 일 부	29.63	42.13	*****36.67	*****36.67	①	②
18	행정안전부	42.81	*44.86*	*45.17*	45.06	①	②
19	환 경 부	40.83	42.14	41.43	41.35	①	②

〈서식 지정하기〉

배점 1번(2), 2번(3), 3번(2), 4번(3), 5번(6), 6번(3), 7번(9)

※ **여성참여 시트에 1번부터 7번까지 작성하시오.**

1. 표(A3 ~ G19셀) 안의 글꼴은 바탕체, 글꼴 크기는 10으로 지정하시오.

2. A4 ~ A19셀은 가로 균등 분할 (들여쓰기) 맞춤으로 지정하고, A3 ~ G3셀, G4 ~ G19셀은 가로 가운데 맞춤으로 지정하시오.

3. A열의 열 너비는 12, B ~ E열의 열 너비는 10으로 지정하시오.

4. A3 ~ G3셀의 글꼴 스타일은 굵게 지정하시오.

5. B4 ~ C19셀의 수치는 숫자 표시형식을 이용하여 소수 둘째 자리까지 나타나고, 음수인 경우 빨강색으로 (1234.10)으로 나타나도록 지정하고, D4 ~ E19셀의 수치는 사용자 지정 표시형식을 이용하여 세자리마다 콤마와 소수 둘째 자리까지 나타나고, 40.5 미만인 경우 수치 앞에 빈 열 폭만큼 '*'이 나타나도록 지정하시오.

6. B4 ~ D19셀의 수치는 조건부 서식을 이용하여 42.87을 초과하는 경우 글꼴 스타일이 굵은 기울임꼴이 나타나도록 지정하시오. (단, 수식을 이용하여 입력 시 감점)

7. 표(A3 ~ G19셀) 윤곽선은 이중선, 표 안쪽 세로선은 점선, A3 ~ G3셀의 아래선은 이중선이 나타나도록 작성하시오.

필터와 차트 작성

Excel 2016

[보기]	[처리사항]

[차트형태]
 	
농가판매가격지수 현황 (기준:2018년)
 	
차트 이미지
	〈차트 작성과 데이터베이스 기능 사용하기〉
	배점 1번(20), 2번 1)번(6), 2)번(3), 3)번(4), 4)번(4), 5)번(6), 6)번(7), 7)번(6), 8)번(6), 9)번(6), 10)번(6), 11)번(6), 3번(23), 4번(20), 5번(15)
	
	※ 농가판매 시트로 1번과 2번을 작성하시오.
	1. 자동 필터를 이용하여 '곡물'의 백분율 값이 하위 30%인 자료를 추출하고, 추출한 상태를 복사하여 A21셀부터 붙여 넣으시오.
	   (단, 추출 후 반드시 자동 필터 상태를 유지하시오.)
	2. 차트를 작성하시오. (차트는 반드시 지정상태를 확인할 수 있어야 하고, 차트를 두 개 이상 작성하거나 그림, 외부개체로 입력되면 감점됨)
	  1) 붙여 넣은(A21셀부터) 자료 중 '평균과 차'와 '비고'를 제외한 자료를 이용하여 차트를 작성
	  2) 차트 종류는 '3차원 누적 세로 막대형', 차트 스타일은 '스타일 2'로 지정
	  3) 작성한 차트 이동 위치는 '새 시트(S)'에 삽입
	  4) 작성한 차트가 있는 시트명은 '○○○(응시자 본인의 이름)'으로 입력
	  5) 차트 제목은 [차트 도구] – [디자인]메뉴 [차트 레이아웃] 그룹의 '레이아웃 1'로 '농가판매가격지수 현황'으로 입력하고, 테두리 색은 '실선', 그림자는 미리 설정의 '바깥쪽, 오프셋 대각선 오른쪽 아래'를 지정
	  6) 기본 세로 축 옵션의 '값을 거꾸로'로 지정하고, 세로 축 주 눈금선은 '없음'으로 지정
	  7) 3차원 회전 차트 배율의 깊이(%)는 '60'으로 지정
	  8) 3차원 회전의 회전은 X 10°, Y 5° 로 지정
	  9) '축산물' 계열 중 '2005년'의 데이터 레이블 값이 나타나도록 지정
	  10) 차트 영역의 상단 오른쪽에 [차트형태]와 같이 텍스트 상자를 이용하여 '(기준:2018년)'을 입력
	  11) [차트형태]와 같이 범례가 나타나도록 지정

1. 필터

2. 차트

3. 따라하기

☞ **중점사항** 내용을 알고 있으면 **따라하기**로 이동하세요.

1 필터(자동필터)

필터는 데이터 목록에서 특정한 조건을 만족하는 자료를 추출하여 표시하는 기능입니다.

필터(자동필터)와 고급필터 두 가지 방법이 있습니다.
필터(자동필터)는 열 머리글에 표시되는 필터단추(▼)를 이용하여 필터링하는 방법으로 비교적 간단한 조건으로 필터링할 때 사용합니다. 고급필터는 사용자가 직접 조건을 명시하여 필터링할 때 사용합니다.

필터는 [데이터]탭의 [정렬 및 필터]그룹에서 명령어를 선택하여 사용합니다.

필터를 설정하기 위해서는 반드시 필드명(항목 명)이 존재하여야 합니다. 필드명이 없으면 첫 데이터를 필드명으로 간주합니다. 아래 그림에서 필드명은 노선별, 1종, 2종 등 열 제목입니다.

본문예제파일 \ PART4-필터와차트-자료.xlsx 파일의 원본 시트를 이용하여 필터의 기능을 알아봅시다.

2019년 노선별 이용 차량

단위 : 대수

노선별	1종	2종	3종	4종	5종	6종	합계
경부선	976,129	10,299	36,306	11,173	10,454	44,080	1,088,441
남해선	322,192	2,977	7,952	2,909	5,192	15,498	356,720
서해안선	306,628	2,745	7,056	3,556	4,377	13,462	337,824
호남선(논산천안선)	293,563	2,286	14,192	4,528	4,261	9,723	328,553
중부선(통영대전선)	318,344	4,329	9,347	4,150	2,734	14,424	353,328
중부내륙선	171,031	1,479	6,318	2,944	2,907	6,490	191,169
영동선	401,147	5,743	13,469	4,969	2,898	19,844	448,070
서울양양선	51,559	192	842	167	188	2,160	55,108

01 필터(자동필터)

1) 필터 설정하기

노선별, 1종, 2종, 3종 필드에 필터를 적용합시다.

A3:D11셀 혹은 필드명인 A3:D3셀을 드래그하고 [데이터]탭의 필터를 클릭합니다.

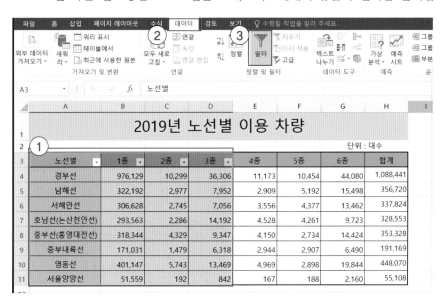

A3:D3셀에 필터 단추가 표시됩니다.

각 셀에 표시된 필터단추(▼)를 클릭하면 필터를 지정할 수 있는 메뉴가 표시됩니다. 노선별 필드는 데이터가 텍스트로 되어 있으므로 왼쪽 그림과 같이 텍스트 기준으로 필터를 지정하고, 1종, 2종, 3종 필드는 데이터가 숫자로 되어 있으므로 오른쪽 그림과 같이 숫자를 기준으로 필터를 지정합니다.

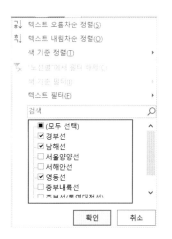

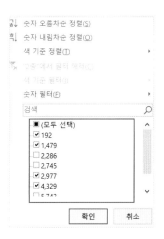

필드별로 필터를 지정하는 기본 방법은 필터 항목을 선택 혹은 해제하는 것입니다. 선택(☑)된 항목(예:경부선, 남해선)은 화면에 보이고, 선택되지 않은 항목(예:서울양양선, 서해안선)은 보이지 않고 숨겨집니다.

2) 텍스트 필터 검색
노선별 데이터 중에서 '부' 나 '해'를 포함한 데이터를 추출합시다.

① A3셀의 필터 단추 – 텍스트 필터 – 포함 클릭
② [사용자 지정 자동 필터]대화상자에서 노선별의 값에 '부' 입력 – 또는 선택 – 노선별의 두 번째 항목을 위한 화살표(☑) 클릭 – 포함 선택 – 노선별의 값에 '해' 입력 – [확인] 클릭

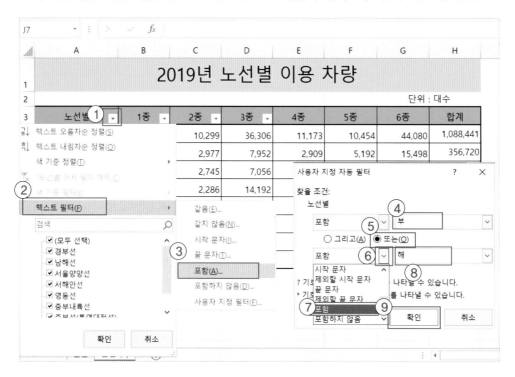

노선별의 데이터 중에서 '부'나 '해'를 포함한 데이터만 표시되고 그렇지 않은 데이터는 보이지 않습니다.

A3셀의 필터 단추 모양은 필터 지정이 된 후의 필터 단추 모양(▼)으로 바뀝니다.

J7				f_x				

<table>
<tr><td></td><td>A</td><td>B</td><td>C</td><td>D</td><td>E</td><td>F</td><td>G</td><td>H</td></tr>
<tr><td>1</td><td colspan="7">2019년 노선별 이용 차량</td><td></td></tr>
<tr><td>2</td><td></td><td></td><td></td><td></td><td></td><td></td><td>단위 : 대수</td></tr>
<tr><td>3</td><td>노선별</td><td>1종</td><td>2종</td><td>3종</td><td>4종</td><td>5종</td><td>6종</td><td>합계</td></tr>
<tr><td>4</td><td>경부선</td><td>976,129</td><td>10,299</td><td>36,306</td><td>11,173</td><td>10,454</td><td>44,080</td><td>1,088,441</td></tr>
<tr><td>5</td><td>남해선</td><td>322,192</td><td>2,977</td><td>7,952</td><td>2,909</td><td>5,192</td><td>15,498</td><td>356,720</td></tr>
<tr><td>6</td><td>서해안선</td><td>306,628</td><td>2,745</td><td>7,056</td><td>3,556</td><td>4,377</td><td>13,462</td><td>337,824</td></tr>
<tr><td>8</td><td>중부선(통영대전선)</td><td>318,344</td><td>4,329</td><td>9,347</td><td>4,150</td><td>2,734</td><td>14,424</td><td>353,328</td></tr>
<tr><td>9</td><td>중부내륙선</td><td>171,031</td><td>1,479</td><td>6,318</td><td>2,944</td><td>2,907</td><td>6,490</td><td>191,169</td></tr>
<tr><td>12</td><td></td><td></td><td></td><td></td><td></td><td></td><td></td><td></td></tr>
</table>

3) 숫자 필터 검색

3종 데이터가 '6500'이상인 데이터를 추출합시다.

① D3셀의 필터 단추 클릭 – 숫자 필터 – 크거나 같음 클릭
② [사용자 지정 자동 필터]대화상자에서 3종의 값에 6500 입력 – [확인] 클릭

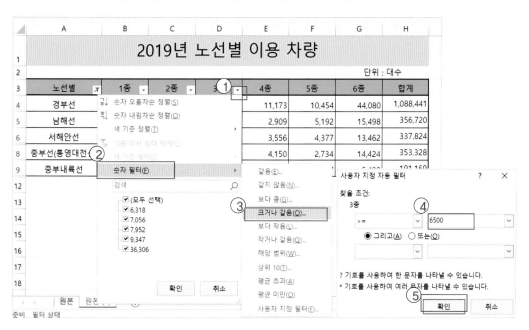

3종 데이터 중에서 6500 이상인 데이터만 표시되고 그렇지 않은 데이터는 숨어서 보이지 않습니다.

D3셀의 필터 단추는 필터 지정이 된 후의 필터 단추 모양()으로 바뀝니다.

노선별	1종	2종	3종	4종	5종	6종	합계
							단위 : 대수
경부선	976,129	10,299	36,306	11,173	10,454	44,080	1,088,441
남해선	322,192	2,977	7,952	2,909	5,192	15,498	356,720
서해안선	306,628	2,745	7,056	3,556	4,377	13,462	337,824
중부선(통영대전선)	318,344	4,329	9,347	4,150	2,734	14,424	353,328

2019년 노선별 이용 차량

필터가 적용된 후 [데이터]탭의 [필터]를 클릭하면, 필터가 모두 해제됩니다.

02 고급필터

사용자가 필터 조건을 수식을 이용하여 셀에 직접 입력하고, 입력한 조건에 대한 데이터를 추출합니다. 필터 조건을 입력하는 방식은 다음과 같습니다.

① 조건의 이름은 원본 데이터의 필드명과 같아야 합니다. J3과 K4셀은 조건 이름이며 B3, C3과 같아야합니다.

② 조건식은 필드명 아래에 기록합니다. J4셀은 1종에 대한 조건식입니다. 조건식은 비교연산자를 사용하여 수식으로 입력합니다.

③ 조건과 조건식은 고급필터의 [조건범위]가 됩니다. 2개 이상의 조건을 사용할 때 조건을 위한 조건 이름은 같은 행에 기록합니다. 위의 그림에서 '1종'과 '2종'입니다.

④ J3:J4셀은 첫째 조건으로 '1종 데이터에서 300,000 이상인 데이터 추출' 이라는 뜻이고, K3:K4 셀은 두 번째 조건으로 '2종 데이터에서 5,000 미만인 데이터 추출' 이라는 뜻입니다.

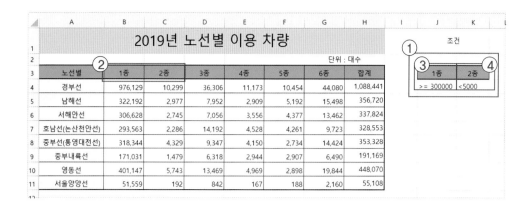

조건은 조건식을 입력하는 위치에 따라 '그리고(AND)' 조건과 '또는(OR)' 조건이 있습니다.

1) 그리고(AND) 조건

두 개의 조건이 '그리고(AND)' 조건일 때 조건식은 같은 행에 기록합니다.

'1종〉=300000 그리고 2종〈5000'에 해당하는 조건식입니다.

2종 값이 2000 이상이고 3종이 9000 이상인 자료를 추출합시다.

① J3셀부터 조건을 입력합니다.
② A3:H11셀 드래그 혹은 A3:H11셀의 임의의 위치 – [데이터]탭의 [고급] – [고급 필터]대화상자의
목록 범위에 A3:H11셀 드래그 – 조건범위에 J3:K4드래그 – [확인] 클릭

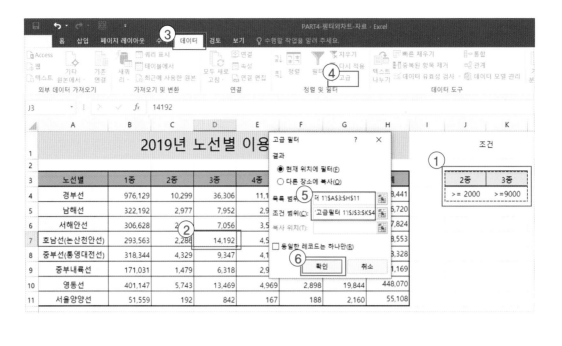

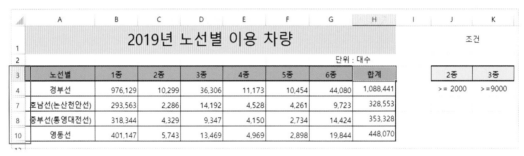

[고급 필터]대화상자의 '현재 위치에 필터'가 선택되어 있으므로 결과는 현재 데이터 위치에 표시되고, 조건에 맞지 않은 데이터는 보이지 않습니다.

2) 또는(OR) 조건

두 개의 조건이 '또는(OR)' 조건일 때 조건식은 서로 다른 행에 기록합니다.

'1종이 400000 이상이거나 2종이 2000 미만'에 해당하는 조건식입니다. 두 개의 조건식은 같습니다.

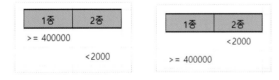

4종이 4500이상 이거나 5종이 1000미만인 자료를 추출하여 원본 데이터와 다른 곳에 표시합시다.

① J9셀부터 조건을 입력합니다.
② A3:H11셀 드래그 혹은 A3:H11셀의 임의의 위치 – [데이터]탭의 [고급] – [고급 필터]대화상자의
 '다른 장소에 복사' – 목록 범위에 A3:H11셀 드래그 – 조건범위에 J9:K11드래그– 복사위치에
 A13셀 클릭 – [확인] 클릭

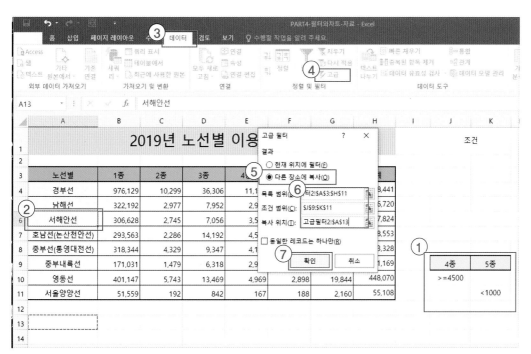

3) 와일드카드 문자 *을 사용한 조건
특정 문자로 시작하거나 끝나는 값 혹은 특정 문자를 포함하고 있는 값을 검색할 때 와일드카드
문자 '*'을 사용합니다.

아래의 조건 1은 '노선별 데이터에서 중부로 시작하는 데이터'를 찾습니다. 조건 2는 OR 조건이 적용되어 '노선별 데이터에서 중부로 시작하거나)로 끝나는 데이터'를 찾습니다.

조건 1   조건 2

노선별 데이터가 중부로 시작하는 데이터 중 필드 '노선별, 1종, 2종'의 자료만 추출합시다.

'중부'로 시작하는 데이터이므로 와일드카드문자 '*'을 사용하여 조건식은 '중부*'이 됩니다.

① J3셀부터 조건을 입력합니다.
② 추출할 필드가 전체 필드 중 일부분이므로, 추출하고자 하는 필드 '노선별, 1종, 2종'을 결과 위치에 미리 입력합니다.
③ A3:H11셀의 임의의 위치 – [데이터]탭의 [고급] – [고급 필터]대화상자의 '다른 장소에 복사' – 목록 범위에 A3:H11셀 드래그 – 조건범위에 J3:J4셀 드래그 – 복사위치에 A13:C13셀 드래그 – [확인] 클릭

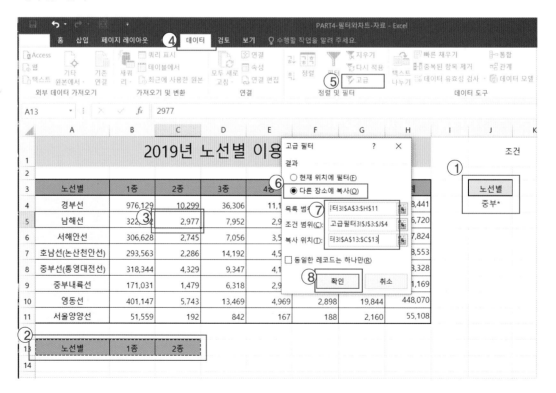

필드명이 '노선별, 1종, 2종'인 데이터만 결과로 표시합니다.

	A	B	C	D	E	F	G	H
10	영동선	401,147	5,743	13,469	4,969	2,898	19,844	448,070
11	서울양양선	51,559	192	842	167	188	2,160	55,108
12								
13	노선별	1종	2종					
14	중부선(통영대전선)	318,344	4,329					
15	중부내륙선	171,031	1,479					
16								

조건 명(J3) 혹은 복사 위치의 필드명(A13:C13)이 원본 필드명(A3:H3)과 다르면 결과를 추출 할 수 없습니다. 똑같이 입력하기 위하여 복사하여 사용하는 것이 좋습니다.

2 차트

차트는 데이터를 알아보기 편리한 그림 형태로 정리하여 보여줍니다. 차트를 이용한 데이터의 시각화는 효과적인 데이터 분석뿐만 아니라 설득력 있는 설명에도 중요합니다.

차트의 종류는 막대형, 꺾은선형, 원형, 영역형, 분산형, 주식형, 표면형, 방사형 등 다양한 형태가 있습니다.

차트는 [삽입]탭의 [차트]그룹에서 명령어를 선택하여 사용합니다.

차트는 많은 요소를 포함하고 있습니다. 아래 표시한 요소 외에 더 많은 요소들이 있지만, 기본으로 많이 사용하는 요소의 이름과 위치는 다음과 같습니다.

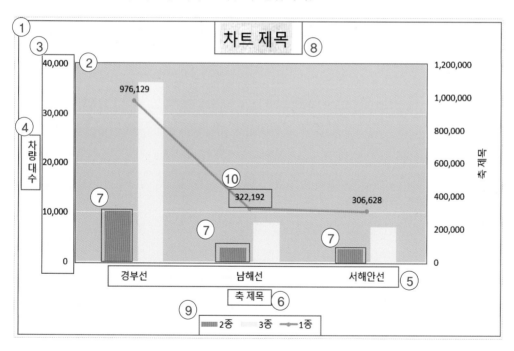

① 차트 영역 ② 그림 영역 ③ 세로(값) 축 ④ 세로축 제목 ⑤ 가로(항목) 축
⑥ 가로축 제목 ⑦ 데이터 계열 ⑧ 차트 제목 ⑨ 범례 ⑩ 레이블

각 요소들의 서식을 변경하려면 해당 요소의 영역을 더블 클릭하거나 팝업메뉴의 영역별 서식을 클릭합니다.

팝업메뉴는 영역에 따라 다르게 표시됩니다.

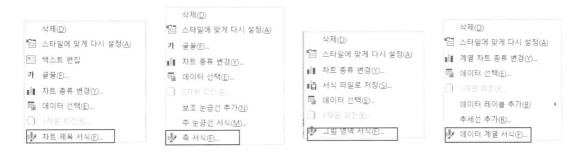

차트 서식은 화면 오른쪽에 표시되는 해당 요소들의 작업창에서 지정합니다.

작업창은 차트 요소에 따라 다르게 표시됩니다.

차트 오른쪽에 표시되는 차트 요소(+), 차트 스타일(✎). 차트 필터(▼)에서는 차트의 전체적인 구성 요소들을 변경합니다.

① 차트 요소(+) : 축, 축 제목, 차트 제목, 눈금선, 범례 같은 차트 요소를 추가하거나 제거합니다.

② 차트 스타일(✎) : 차트에 대한 스타일 및 색 구성을 변경합니다.

③ 차트 필터(▼) : 차트에 필요할 데이터 요소 및 이름을 편집합니다.

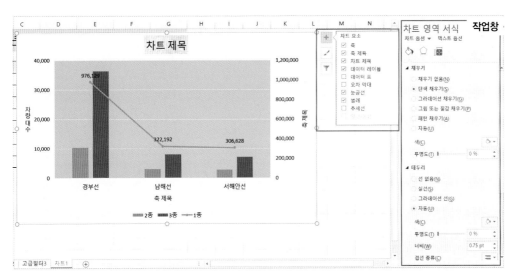

본문예제파일 \ PART4-필터와차트-자료.xlsx 파일을 이용하여 차트에 대하여 알아봅시다.

01 차트작성

차트 작성을 위하여 가장 먼저 필요한 것은 데이터입니다. 차트에 필요한 데이터 영역을 지정할 때 필드명을 포함하면 필드명이 차트의 가로축과 범례에 그대로 적용되어 유용하게 사용할 수 있습니다.

경부선, 남해선, 서해안선의 1종, 2종, 3종 데이터를 이용하여 묶은 세로 막대형 차트를 작성합시다.
원본 시트의 A3:D6셀 드래그 – [삽입]탭의 차트 혹은 세로 막대형 차트 삽입(ılı▾) 클릭 – 2차원
세로 막대형의 묶은 세로 막대형 클릭

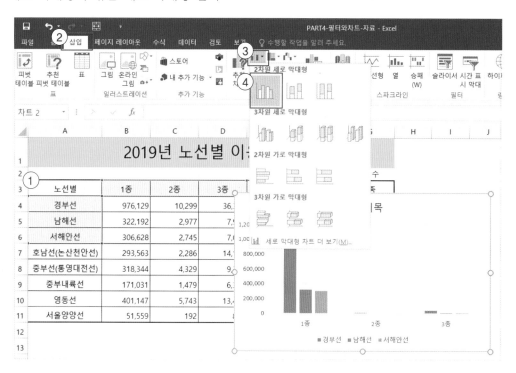

02 행/열 전환

차트의 가로축과 세로축의 데이터를 바꾸어줍시다.

[차트도구] – [디자인]탭의 [행/열 전환] 클릭

03 차트 종류 변경

이미 작성되어 있는 차트를 다른 종류의 차트로 변경합니다.

1종의 데이터를 '표식이 있는 꺾은선 형' 차트로 변경하고, 축 서식을 보조 축으로 지정합시다.
① 1종에 해당하는 막대차트의 팝업메뉴 - 계열 차트 종류 변경 클릭
② [차트 종류 변경]대화상자의 1종 계열 차트 종류를 '표식이 있는 꺾은선형' 선택 - 보조 축 선택
 - [확인] 클릭

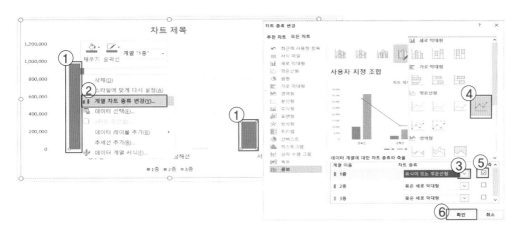

04 영역의 색 채우기

차트의 각 영역은 서로 다른 색이나 질감 등으로 채우기를 할 수 있습니다.

그림 영역과 차트 영역을 서로 다른 색으로 채우고, 3종의 그래프의 색을 노란색으로 변경합시다.
① 차트 영역 더블 클릭
② [차트 영역 서식]작업창 - 채우기(🖐) - 채우기의 단색 채우기 - 색(🎨▾) - 임의의 색 클릭

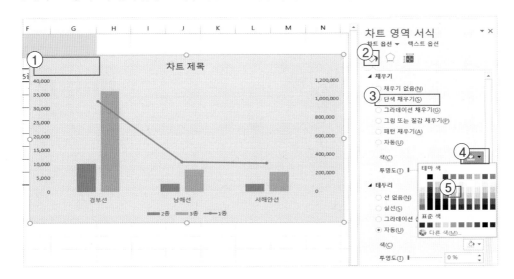

③ 그림 영역 클릭

④ [그림 영역 서식]작업창 – 채우기(🖌) – 채우기의 단색 채우기 – 색(🎨▾) – 임의의 색 클릭

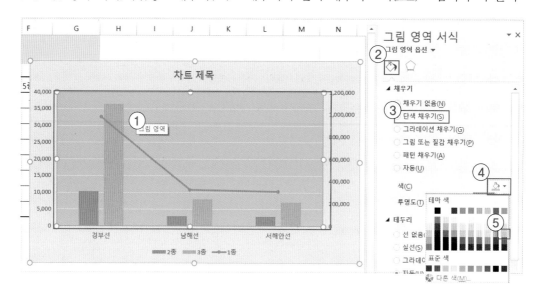

⑤ 3종의 그래프 막대 3개 중 하나 클릭 – [데이터 계열 서식]작업창 – 채우기(🖌) – 채우기의 단색
채우기 – 색(🎨▾) – 노랑색 클릭

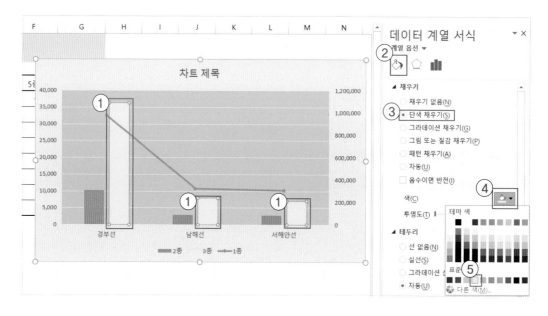

05 레이블

그래프에 데이터 값을 표시합니다.

1종 그래프에 레이블을 위쪽에 표시합시다.

① 1종의 꺾은선 그래프의 임의의 위치 클릭 – 차트 요소(＋) – 데이터 레이블 선택

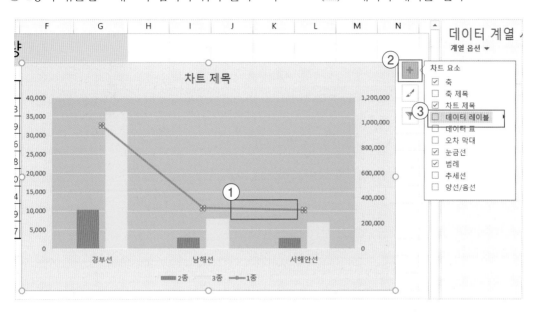

② 표시된 데이터 레이블 중 하나 클릭 – [데이터 레이블 서식]작업창 – 레이블위치의 위쪽 클릭

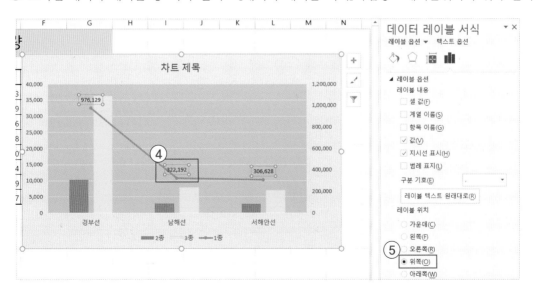

06 축 서식과 축 제목

축 서식에서 축 값에 대하여 표시되는 값의 단위, 가로축과 세로축의 교차점, 축 값 표시 단위의 최대/최소값 등을 변경할 수 있습니다.

축 제목은 가로 축, 세로 축, 보조 축에 각각 지정합니다.

기본 세로축의 축 값의 간격을 10000, 축 제목은 '차량대수'로 지정합시다.

① 기본 세로축 클릭 – [축 서식]작업창 – 축 옵션의 주 단위 10000 입력 – Enter

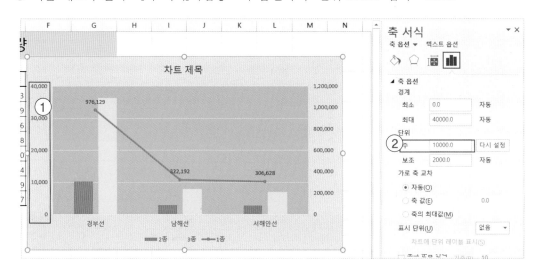

② 차트의 임의 위치 클릭 – 차트 요소(+) – 축 제목 선택

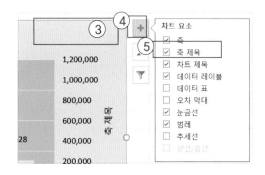

③ 기본 세로축의 축 제목에 '차량대수' 입력 – [축 제목 서식]작업창 – 맞춤의 텍스트 방향을 세로 선택

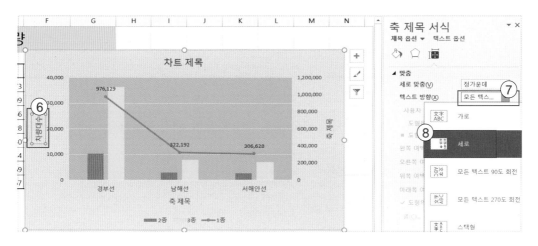

07 글꼴 변경

글꼴, 글자 크기. 굵게 등의 서식을 차트 영역에서 지정하면 차트 전체에 반영되고, 각 요소별로 지정하면 해당 요소에만 서식이 지정됩니다. 그러므로 요소별 서식을 지정한 후 차트 영역에 서식을 지정하면 요소별로 지정한 서식이 모두 없어지므로 주의합니다.

차트의 모든 텍스트의 글자색은 검정, 글자 크기는 11로 하고, 차트제목은 글자 크기를 16으로 합시다.

① 차트 영역 클릭 – [홈]탭의 글자크기 : 11 – 글자색 : 검정 입력

② 차트 제목 클릭 – [홈]탭의 글자크기 : 16 입력

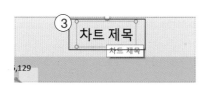

08 요소 삭제

요소 삭제는 차트 요소(+)에서 요소의 선택을 해제하거나, 삭제하고자 하는 요소를 클릭하여 선택한 후 Delete 키를 누릅니다.

축 제목 등 필요 없는 항목을 삭제합시다.

가로축 제목과 보조 세로축 제목을 각각 클릭하여 선택한 후 Delete 키를 누릅니다.

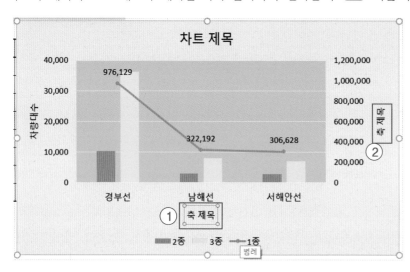

3 따라하기

시작파일 : 따라하기2016\4장-필터와차트-자료.xlsx, 결과파일 : 따라하기2016\4장-필터와차트-결과.xlsx

> ※ 농가판매 시트로 1번과 2번을 작성하시오.
> 1. 자동 필터를 이용하여 '곡물'의 백분율 값이 하위 30%인 자료를 추출하고, 추출한 상태를 복사하여 A21셀부터 붙여 넣으시오.
>   (단, 추출 후 반드시 자동 필터 상태를 유지하시오.)

1. 데이터 전체(A3:G19셀) 드래그 – [데이터]탭의 필터 클릭

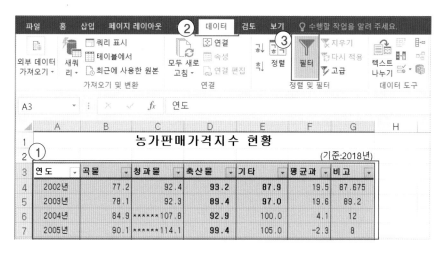

2. 곡물(B3셀)의 필터 단추 클릭 – 숫자 필터 – 상위 10 – [상위 10 자동 필터]대화상자의 '표시' 항목에 하위, 30, % 선택 – [확인]클릭

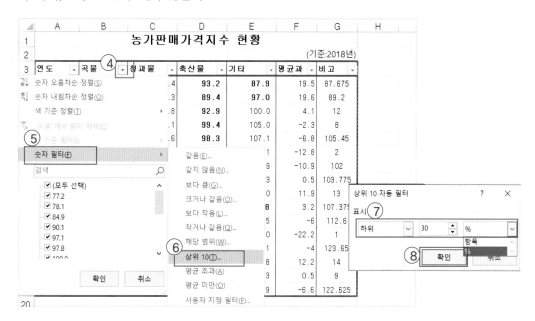

3. A3:G7셀 드래그 – Ctrl + C – A21셀 클릭 – Ctrl + V

연도	곡물	청과물	축산물	기타	평균과	비고
2002년	77.2	92.4	**93.2**	**87.9**	19.5	87.675
2003년	78.1	92.3	**89.4**	**97.0**	19.6	89.2
2004년	84.9	******107.8	**92.9**	100.0	4.1	12
2005년	90.1	******114.1	**99.4**	105.0	-2.3	8

농가판매가격지수 현황 (기준:2018년)

---

2. 차트를 작성하시오. (차트는 반드시 지정상태를 확인할 수 있어야 하고, 차트를 두 개 이상 작성하거나 그림, 외부개
체로 입력되면 감점됨)

　　1) 붙여 넣은(A21셀부터) 자료 중 '평균과 차'와 '비고'를 제외한 자료를 이용하여 차트를 작성

　　2) 차트 종류는 '3차원 누적 세로 막대형', 차트 스타일은 '스타일 2'로 지정

---

1. A21:E25셀 드래그 – [삽입]탭의 모든 차트 보기(） 화살표 클릭 – [차트 삽입]대화상자의 [모든 차트]
　　탭 – 세로 막대형 – 3차원 누적 세로 막대형 – 범례를 참고하여 오른쪽 차트 유형 – [확인] 클릭

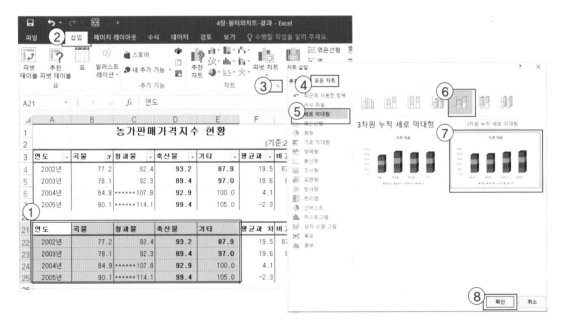

2. [차트도구] – [디자인]탭의 차트 스타일 2 클릭

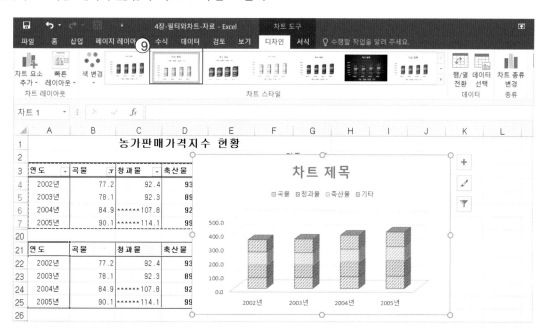

3) 작성한 차트 이동 위치는 '새 시트(S)'에 삽입
4) 작성한 차트가 있는 시트명은 '○○○(응시자 본인의 이름)'으로 입력

1. [차트도구] – [디자인]탭의 [차트이동] – [차트이동]대화상자의 새 시트에 '응시자(본인이름)' 입력 –
   [확인] 클릭

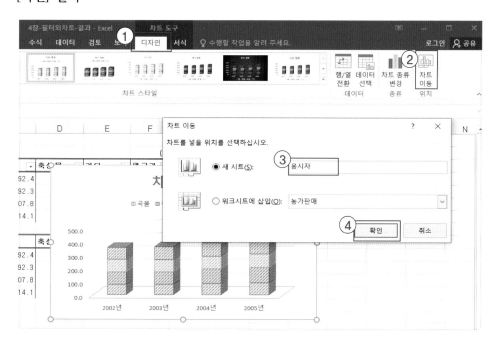

응시자 이름의 차트 전용으로 새로운 시트가 생성되면서 차트가 이동 합니다.

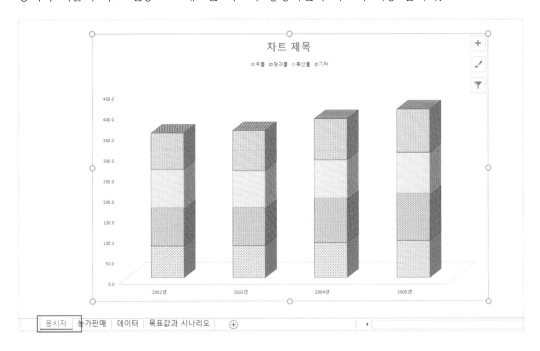

5) 차트 제목은 [차트 도구] – [디자인]메뉴 [차트 레이아웃] 그룹의 '레이아웃 1'로 '농가판매가격지수 현황'으로 입력하고, 테두리 색은 '실선', 그림자는 미리 설정의 '바깥쪽, 오프셋 대각선 오른쪽 아래'를 지정

1. [차트도구] – [디자인]탭의 [빠른 레이아웃] – 레이아웃 1 클릭

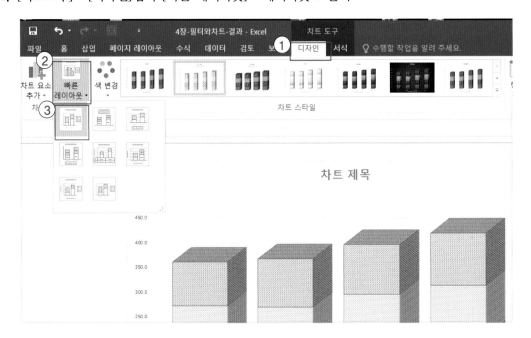

2. 차트 제목에 '농가판매가격지수 현황' 입력

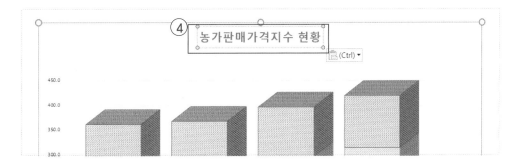

3. 차트제목 더블 클릭(테두리 부분을 더블 클릭함) - [차트 제목 서식]작업창의 채우기( ) - 테두리
   의 실선 클릭

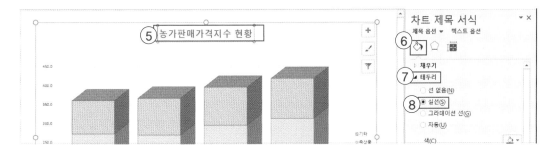

4. [차트 제목 서식]작업창의 효과( ) - 그림자의 미리설정( ) - 바깥쪽의 오프셋 대각선 오른쪽
   아래 클릭

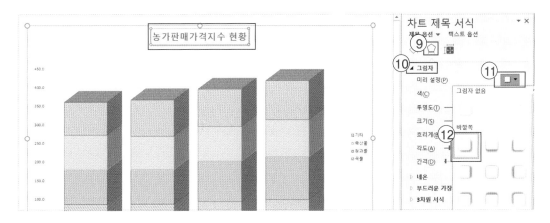

1. 기본 세로 축 클릭 – [축 서식]작업창의 축 옵션의 축 옵션(⬛) – 축 옵션의 값을 거꾸로 선택

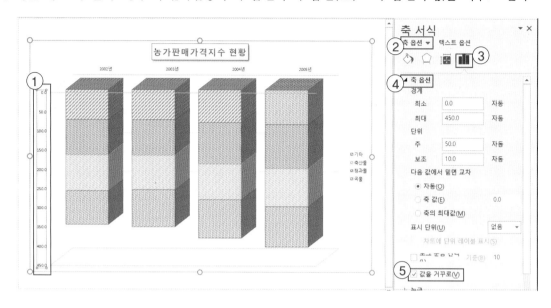

2. 세로(값) 축 주 눈금선(가로 눈금선) 중의 하나 클릭 – [주 눈금선 서식]작업창의 채우기(◇) – 선의 선 없음 선택

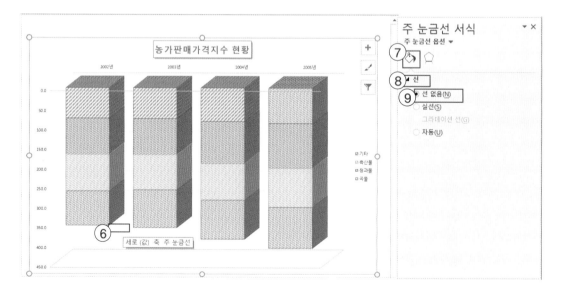

1. 차트 영역 클릭 – [차트 영역 서식]작업창의 효과(⬠) – 3차원 회전 – 깊이:60, X 회전:10, Y 회전:5 입력

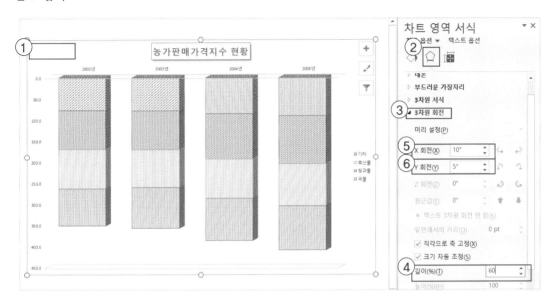

1. 축산물 계열 중 2005년의 막대그래프 클릭 – 다시 한 번 클릭(더블 클릭하지 않는다) – 차트 요소 (➕) – 데이터 레이블 클릭

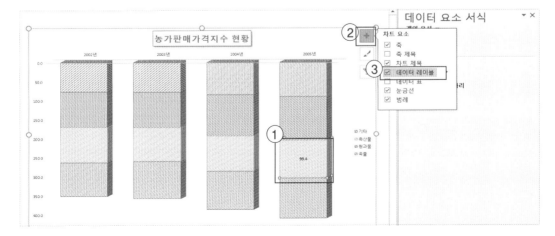

1. [차트 도구] – [서식]의 텍스트 상자 클릭 – 차트 영역의 상단 오른쪽에 드래그하여 적당한 크기로 텍스트 상자 작성 – 텍스트 상자에 '(기준:2018년)' 입력

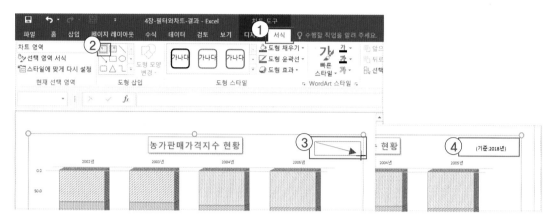

11) [차트형태]와 같이 범례가 나타나도록 지정

1. 범례 클릭 – [범례 서식]작업창의 범례 옵션 – 범례 옵션(▮▮▮) – 범례 옵션의 오른쪽 클릭

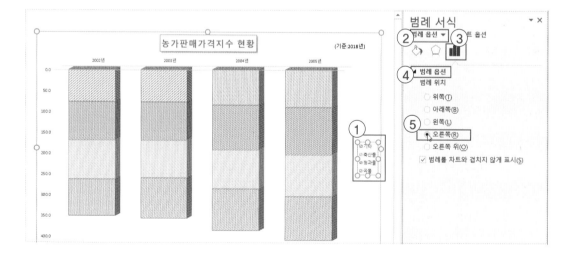

연습문제 1

시작파일 : 연습문제2016\연습문제-4장1번-문제.xlsx, 결과파일 : 연습문제2016\연습문제-4장1번-결과.xlsx

[보기]	[처리사항]
[엑셀로 가공한 정보형태] 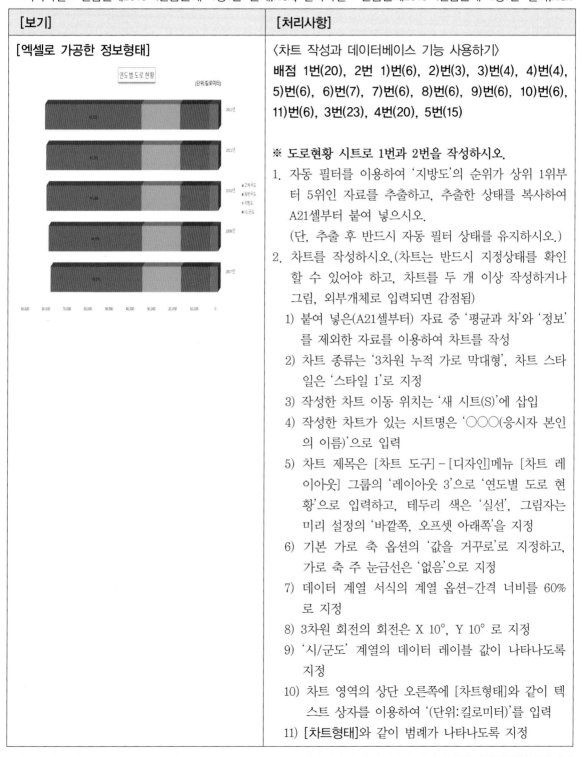	〈차트 작성과 데이터베이스 기능 사용하기〉 **배점** 1번(20), 2번 1)번(6), 2)번(3), 3)번(4), 4)번(4), 5)번(6), 6)번(7), 7)번(6), 8)번(6), 9)번(6), 10)번(6), 11)번(6), 3번(23), 4번(20), 5번(15) ※ 도로현황 시트로 1번과 2번을 작성하시오. 1. 자동 필터를 이용하여 '지방도'의 순위가 상위 1위부터 5위인 자료를 추출하고, 추출한 상태를 복사하여 A21셀부터 붙여 넣으시오. (단, 추출 후 반드시 자동 필터 상태를 유지하시오.) 2. 차트를 작성하시오.(차트는 반드시 지정상태를 확인할 수 있어야 하고, 차트를 두 개 이상 작성하거나 그림, 외부개체로 입력되면 감점됨) 1) 붙여 넣은(A21셀부터) 자료 중 '평균과 차'와 '정보'를 제외한 자료를 이용하여 차트를 작성 2) 차트 종류는 '3차원 누적 가로 막대형', 차트 스타일은 '스타일 1'로 지정 3) 작성한 차트 이동 위치는 '새 시트(S)'에 삽입 4) 작성한 차트가 있는 시트명은 '○○○(응시자 본인의 이름)'으로 입력 5) 차트 제목은 [차트 도구] – [디자인]메뉴 [차트 레이아웃] 그룹의 '레이아웃 3'으로 '연도별 도로 현황'으로 입력하고, 테두리 색은 '실선', 그림자는 미리 설정의 '바깥쪽, 오프셋 아래쪽'을 지정 6) 기본 가로 축 옵션의 '값을 거꾸로'로 지정하고, 가로 축 주 눈금선은 '없음'으로 지정 7) 데이터 계열 서식의 계열 옵션-간격 너비를 60%로 지정 8) 3차원 회전의 회전은 X 10°, Y 10° 로 지정 9) '시/군도' 계열의 데이터 레이블 값이 나타나도록 지정 10) 차트 영역의 상단 오른쪽에 [차트형태]와 같이 텍스트 상자를 이용하여 '(단위:킬로미터)'를 입력 11) [차트형태]와 같이 범례가 나타나도록 지정

연습문제 2

시작파일 : 연습문제2016＼연습문제-4장2번-문제.xlsx, 결과파일 : 연습문제2016＼연습문제-4장2번-결과.xlsx

[보기]	[처리사항]
[엑셀로 가공한 정보형태] 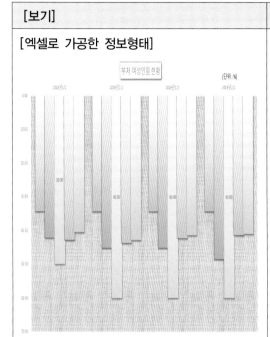	〈차트 작성과 데이터베이스 기능 사용하기〉 **배점** 1번(20), 2번 1)번(6), 2)번(3), 3)번(4), 4)번(4), 5)번(6), 6)번(7), 7)번(6), 8)번(6), 9)번(6), 10)번(6), 11)번(6), 3번(23), 4번(20), 5번(15) ※ 여성참여 시트에 1번부터 7번까지 작성하시오. 1. 자동 필터를 이용하여 '구분'의 문자열에 '청' 또는 '처'을 포함하는 자료를 추출하고, 추출한 상태를 복사하여 A21셀부터 붙여 넣으시오. (단, 추출 후 반드시 자동 필터 상태를 유지하시오.) 2. 차트를 작성하시오.(차트는 반드시 지정상태를 확인할 수 있어야 하고, 차트를 두 개 이상 작성하거나 그림, 외부개체로 입력되면 감점됨) 1) 붙여 넣은(A21셀부터) 자료 중 '차지율(%)'와 '비고'를 제외한 자료를 이용하여 차트를 작성 2) 차트 종류는 '묶은 세로 막대형', 차트 스타일은 '스타일 5'로 지정 3) 작성한 차트 이동 위치는 '새 시트(S)'에 삽입 4) 작성한 차트가 있는 시트명은 '○○○(응시자 본인의 이름)'으로 입력 5) 차트 제목은 [차트 도구] – [디자인]메뉴 [차트 레이아웃] 그룹의 '레이아웃 3'으로 '부처 여성인원 현황'로 입력하고, 테두리 색은 '실선', 그림자는 미리 설정의 '바깥쪽, 오프셋 대각 오른쪽 아래'를 지정 6) 기본 세로 축 옵션의 '값을 거꾸로'로 지정하고, 세로 축 주 눈금선은 '없음'으로 지정 7) 데이터 계열 서식의 계열 옵션 – 계열 겹치기를 10%로 지정 8) 그림 영역의 질감을 '파피루스'로 지정 9) '기상청' 계열의 데이터 레이블 값이 나타나도록 지정 10) 차트 영역의 상단 오른쪽에 [차트형태]와 같이 텍스트 상자를 이용하여 '(단위 : %)'를 입력 11) [차트형태]와 같이 범례가 나타나도록 지정

[보기]

[피벗 테이블 형태]

	A	B
2		
3	행 레이블	
4	곡물	
5	최대값 : 2015년	187.9
6	최대값 : 2016년	217.3
7	최대값 : 2017년	220.6
8	기타	
9	최대값 : 2015년	147.1
10	최대값 : 2016년	183.4
11	최대값 : 2017년	182.2
12	청과물	
13	최대값 : 2015년	263.3
14	최대값 : 2016년	224.8
15	최대값 : 2017년	301
16	축산물	
17	최대값 : 2015년	167.3
18	최대값 : 2016년	171.2
19	최대값 : 2017년	156
20	전체 최대값 : 2015년	263.3
21	전체 최대값 : 2016년	224.8
22	전체 최대값 : 2017년	301

[부분합 형태]

	A	B	C	D	E
18					
19	구	분 품	목	2015년	2016년	2017년
20	축 산 물	새 끼 돼 지		167.3	171.2	156.0
21	축 산 물	돼	지	149.3	146.1	130.4
22	축 산 물	유 우 송 아		154.6	139.3	131.3
23	축 산 물	벌	꿀	141.2	132.8	130.3
24	축산물 최 대 값			167.3	171.2	156.0
25	청 과 물	가	지	124.7	224.8	171.2
26	청 과 물	참	외	192.4	199.5	195.0
27	청 과 물		무	263.3	185.9	301.0
28	청 과 물	부	추	113.1	180.4	163.8
29	청 과 물	열	무	149.7	168.6	226.6
30	청 과 물	오	이	107.7	132.8	180.1
31	청 과 물	고	추	99.5	130.2	116.3
32	청 과 물	포	도	103.0	128.7	126.6
33	청 과 물	딸	기	67.0	125.2	145.2
34	청 과 물	쑥	갓	117.7	125.1	168.2
35	청과물 최 대 값			263.3	224.8	301.0
36	곡 물	고 구 마		139.5	217.3	220.6
37	곡 물		조	187.9	165.3	162.7
38	곡 물 최 대 값			187.9	217.3	220.6
39	전체 최 대 값			263.3	224.8	301.0

[텍스트 나누기 형태]

	J	K	L	M
1	품목	2015년	2016년	2017년
2	가지	124.7	224.8	171.2
3	고추	99.5	130.2	116.3
4	깻잎	82.4	87	118
5	딸기	67	125.2	145.2
6	무	263.3	185.9	301
7	배추	129.1	119.7	162.8
8	부추	113.1	180.4	163.8
9	시금치	88.7	123.9	120.8
10	쑥갓	117.7	125.1	168.2
11	양배추	97.5	110.5	145.5
12	열무	149.7	168.6	226.6
13	오이	107.7	132.8	180.1
14	참다래	123	121.2	112
15	참외	192.4	199.5	195
16	토마토	106	108.7	129.4
17	포도	103	128.7	126.6

[처리사항]

※ 데이터 시트의 A1 ~ E17셀을 이용하여 3번을 작성하시오.

3. 표(A1 ~ E17셀)를 이용하여 피벗 테이블을 작성하시오.
   1) 아래 조건으로 피벗 테이블을 작성하시오.
   − 피벗 테이블 보고서 작성 위치 : 새 워크시트
   − 피벗 테이블 레이아웃
     행 레이블 : 구분, Σ 값
     Σ 값 : 2015년, 2016년, 2017년 (함수:최대값)
   − 시트명은 '피벗'으로 입력

※ 데이터 시트의 A19~E35셀을 이용하여 4번을 작성하시오.

4. 표(A19 ~ E35셀)를 이용하여 부분합을 작성하시오. (부분합 결과는 열 너비를 조절하지 않아도 됨)
   1) 아래 조건으로 부분합을 구하시오.
   − 정렬 : 정렬 기준은 '구분', '내림차순'으로 지정
   − 그룹화할 항목 : 구분
   − 사용할 함수 : 최대값
   − 부분합 계산 항목 : 2015년, 2016년, 2017년

※ 데이터 시트의 J1 ~ J17셀을 이용하여 5번을 작성하시오.

5. 표(J1 ~ J17셀)를 이용하여 텍스트 나누기를 작성하시오.
   1) 아래 조건으로 텍스트 나누기를 작성하시오.
   − 원본 데이터 형식 : 너비가 일정함
   − 열 구분선 : 4개를 지정하여 5열로 나눔
     (구분선 지정 위치 : 6, 12, 18, 24)
   − 열 데이터 서식 : 두 번째 열은 열 가져오지 않음
     (건너뜀) 지정

〈데이터베이스 기능〉의 중점 사항

1. 피벗 테이블
2. 정렬
3. 부분합
4. 텍스트 나누기
5. 따라하기

☞ **중점사항** 내용을 알고 있으면 **따라하기**로 이동하세요.

1 피벗 테이블

피벗테이블은 많은 양의 데이터를 빠르게 요약하고 분석하여 중요한 의사결정을 내릴 수 있도록 도와주는 분석도구입니다. 복잡한 수식을 사용하지 않고 분석에 필요한 항목을 필요한 위치에 드래그하거나 클릭하는 간단한 과정으로 많은 양의 데이터를 쉽게 요약하여 표시할 수 있습니다.

피벗 테이블의 레이아웃과 피벗 테이블 필드 영역에 항목을 드래그합니다.

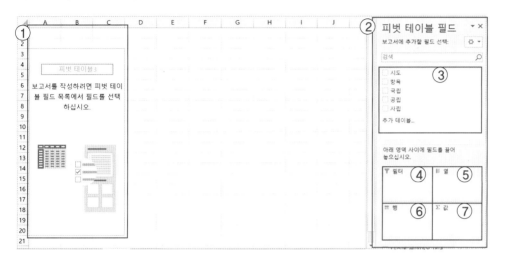

① 레이아웃 : 피벗 테이블 결과 보고서를 표시하는 영역

② 피벗 테이블 필드 : 필드 목록과 피벗 테이블 작성을 위한 필터, 행, 열, Σ 값 등의 영역 표시

③ 필드 목록 : 원본 데이터의 필드명 표시

④ 필터 : 필터할 필드명 표시

⑤ 열 영역 : 테이블 보고서의 열

⑥ 행 영역 : 테이블 보고서의 행

⑦ Σ 값 영역 : 테이블 보고서에 명시할 통계 값 계산을 위한 필드명 지정

본문예제파일 \ PART5-데이터베이스기능-자료.xlsx 파일의 피벗자료 시트를 이용하여 피벗테이블에 대하여 알아봅시다.

	시 도 항 목	국립	공립	사립
2	서 울 교 원 수	0.0	99.0	314.0
3	부 산 교 원 수	0.0	456.0	3,136.0
4	기 타 교 원 수	0.0	441.0	2,582.0
5	강 원 교 원 수	5.0	685.0	815.0
6	충 북 교 원 수	8.0	845.0	744.0
7	기 타 기 타	7,942.0	14,057.0	16,476.0
8	서 울 유 치 원 수	0.0	226.0	650.0
9	부 산 유 치 원 수	0.0	99.0	314.0
10	기 타 유 치 원 수	0.0	105.0	264.0
11	강 원 유 치 원 수	1.0	262.0	110.0
12	충 북 학 급 수	5.0	549.0	513.0

01 피벗 테이블 만들기

피벗테이블은 원본 데이터를 어떤 기준에 의하여 별도의 표를 만들기 위하여 사용하는 기능입니다. 그러므로 반드시 원본 데이터가 필요하고, 분석하기 위한 기준(합계, 평균, 최대값 등)이 필요합니다. 완성된 피벗 테이블 보고서는 원본 데이터와 같은 시트에 표시할 수도 있고, 별도의 시트에 표시할 수도 있습니다.

만일 원본 데이터가 수정이 되면 피벗 테이블은 방대한 계산 양으로 인하여 자동 계산되지 않습니다. 원본 데이터가 수정이 되면 피벗테이블의 '새로 고침' 명령어를 수행하여 수정 내용을 반영합니다.

시도를 구분하여 국립, 공립, 사립의 최대값이나 최소값 등을 분석하기 위한 피벗테이블 보고서를 작성하여 봅시다.

① A1:E12셀을 드래그 하거나 A1:E12셀 중의 한 셀을 클릭 – [삽입]탭 – [피벗 테이블] 클릭
② [피벗 테이블 만들기]대화상자에서 표 범위 확인(원하는 범위가 아니면 다시 지정)
③ 피벗 테이블 보고서를 넣을 위치의 새 워크시트 선택 – [확인] 클릭

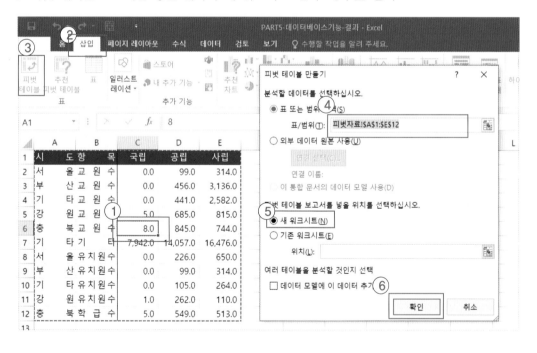

④ 'Sheet1' 시트가 추가되었습니다.

피벗 테이블 필드에서 필요한 항목을 필터영역, 열 영역, 행 영역, Σ 값 영역으로 각각 드래그합니다.

필드명 '시도'를 필터 영역으로 드래그 – '항목'을 행 영역으로 드래그 – '국립'을 Σ 값 영역으로 드래그 – '공립'과 '사립'을 각각 Σ 값 영역의 '국립' 아래로 드래그
필드명을 드래그 할 때마다 레이아웃에 그대로 반영됩니다. 반영될 때 국립, 공립, 사립의 데이터는 숫자 데이터이기 때문에 Σ 값의 기본 계산은 합계가 됩니다.

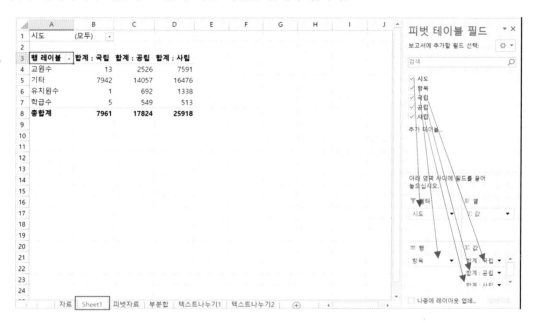

02 필드별 값 요약 기준 설정

필드별 값 요약 기준은 숫자 데이터인 경우 기본 합계이고, 텍스트 데이터인 경우 기본 개수로 표시됩니다.
[값 필드 설정]대화상자의 값 요약 기준에서 요약에 사용할 계산 유형을 선택합니다.

국립은 최대값으로, 공립은 최소값으로 바꾸어봅시다.

① B3셀 – [피벗테이블 도구] – [분석]탭의 [필드 설정] – [값 필드 설정]대화상자의 [값 요약 기준]의 최대값 선택 – [확인] 클릭

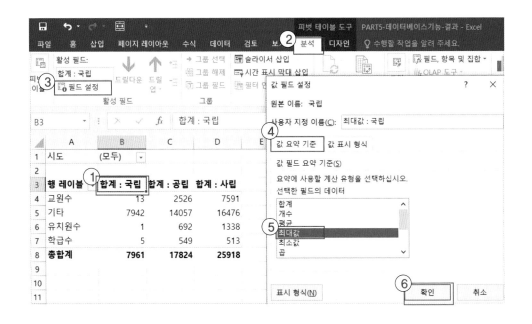

② C3셀 더블 클릭 – [값 필드 설정]대화상자의 [값 요약 기준]탭의 최소값 선택 – [확인] 클릭

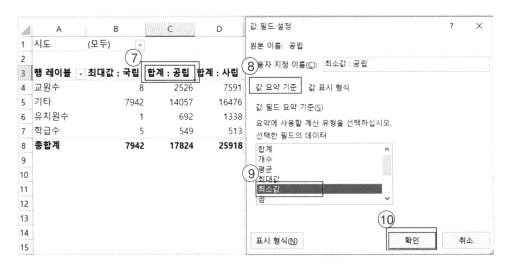

03 표시 형식 변경

피벗테이블 보고서에 계산된 값의 표시 형식을 [셀 서식]대화상자나 [홈]탭에서 변경 할 수 있습니다.

피벗 테이블 보고서의 숫자에 대하여 세자리마다 쉼표(,)를 표시합시다.

B4:D8셀을 드래그 – [홈]탭의 쉼표(**,**) 클릭

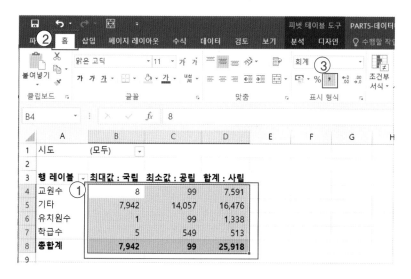

04 행과 열의 총합계 표시/해제

피벗테이블 보고서에 계산된 값 중 행 및 열의 총 합계를 표시하거나 해제(삭제)할 수 있습니다.

보고서의 열의 총 합계를 지우고, A3셀에 '구분'을 입력합시다.
① [피벗테이블 도구] – [디자인]탭의 총합계 – 행 및 열의 총합계 해제 클릭
② A3셀에 구분 입력

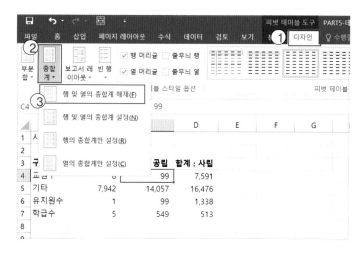

05 보고서 필드

보고서 필드의 필터 단추(▼ 혹은 ▼)를 누르고 내용을 선택하여 원하는 내용의 피벗테이블 보고서를 확인 할 수 있습니다.

 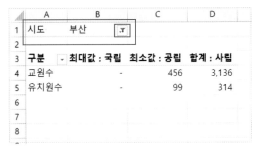

2 정렬

정렬은 데이터를 사전 순으로 정렬하거나, 색 또는 아이콘을 기준으로 정렬합니다.

데이터를 정렬하면 데이터를 빠르게 시각화하여 이해도를 높일 수 있을 뿐 아니라 원하는 데이터를 빠르게 찾을 수 있으므로 효과적인 결정을 내리는데 많은 도움이 됩니다.

[정렬]대화상자의 구성요소는 다음과 같습니다.

① 기준 추가 : 둘 이상의 기준으로 정렬하고자 할 때 [기준 추가]를 눌러서 기준을 추가로 지정합니다.
② 내 데이터에 머리글 표시 : 정렬 범위의 첫째 행을 머리글로 간주하여 정렬에서 제외 합니다. 첫째 행을 정렬에 포함하여야 할 경우 '내 데이터에 머리글 표시'의 선택을 해제합니다.
③ 정렬기준의 열 : 필드명 혹은 '내 데이터에 머리글 표시'가 해제되었을 경우 열 머리글로 정렬 기준을 선택합니다.

④ 정렬기준의 정렬기준 : 정렬을 값 기준인지 셀 색이 기준인지 등을 선택합니다.
⑤ 정렬기준의 정렬 : 정렬 방법이 오름차순인지 내림차순인지를 선택합니다.

본문예제파일 \ PART5-데이터베이스기능-자료.xlsx 파일의 정렬 시트를 이용하여 정렬에 대하여 알아봅시다.

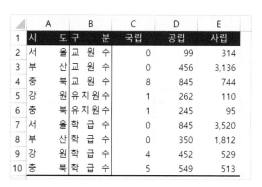

데이터를 '시도'의 오름차순으로 정렬하고, 동일한 '시도'에 대하여 '사립'의 내림차순으로 정렬합시다.

① 필드명을 포함한 A1:E10셀 드래그 - [데이터]탭의 [정렬(㋒㋒)] 클릭
② [정렬]대화상자의 '내 데이터에 머리글 표시'가 선택되어 있는지 확인하고 정렬 기준의 열에 시도, 정렬에 오름차순 선택

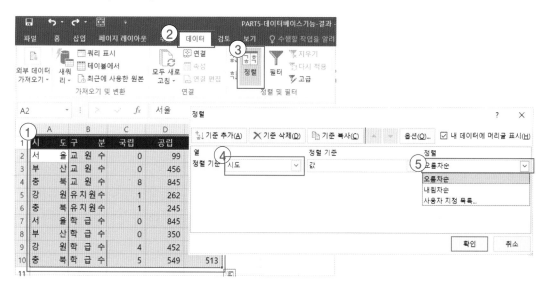

③ [정렬]대화상자의[기준 추가] – 다음 기준의 열에 사립, 정렬에 내림차순 선택 – [확인] 클릭

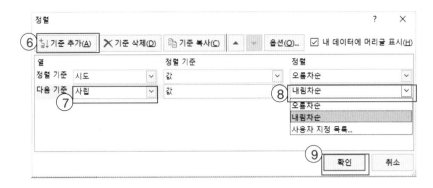

④ 정렬 결과를 확인합니다.

	A	B	C	D	E
1	시	도 구 분	국립	공립	사립
2	강	원 학 급 수	4	452	529
3	강	원 유 치 원 수	1	262	110
4	부	산 교 원 수	0	456	3,136
5	부	산 학 급 수	0	350	1,812
6	서	울 학 급 수	0	845	3,520
7	서	울 교 원 수	0	99	314
8	충	북 교 원 수	8	845	744
9	충	북 학 급 수	5	549	513
10	충	북 유 치 원 수	1	245	95

③ 부분합

부분합은 열에 있는 데이터를 동일한 데이터들로 그룹화한 후, 그룹별 합, 평균, 최대값, 최소값, 개수 등의 통계 값을 계산합니다. 부분합은 중첩하여 지정할 수 있으면 최대 8수준까지 중첩할 수 있습니다.

데이터를 그룹화하기 위하여 같은 값을 가진 데이터는 이웃하는 데이터로 모여 있어야 합니다. 그러기 위하여 정렬을 먼저 수행합니다. 만약 같은 값을 가진 데이터가 이웃하지 않고 떨어져 있다면 서로 다른 그룹으로 계산됩니다.

본문예제파일 \ PART5–데이터베이스기능–자료.xlsx 파일의 부분합 시트를 이용하여 부분합에 대하여 알아봅시다.

	A	B	C	D	E
1	시　도	구　분	국립	공립.	사립
2	강　원	학 급 수	4	452	529
3	강　원	유 치 원 수	1	262	110
4	부　산	교 원 수	0	456	3,136
5	부　산	학 급 수	0	350	1,812
6	서　울	학 급 수	0	845	3,520
7	서　울	교 원 수	0	99	314
8	충　북	교 원 수	8	845	744
9	충　북	학 급 수	5	549	513
10	충　북	유 치 원 수	1	245	95

01 부분합 만들기

데이터를 '구분'으로 그룹화 하여 '공립'과 '사립'의 합계를 계산하여 봅시다.

① 구분으로 정렬하기위하여 A1:E10셀 드래그 – [데이터]탭의 [정렬(図흑)] 클릭 – [정렬]대화상자의 '내 데이터에 머리글 표시'가 선택되어 있는지 확인 – 정렬 기준의 열에 구분, 정렬에 오름차순 선택 – [확인] 클릭

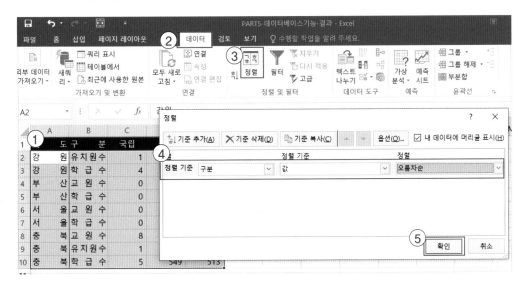

② [데이터]탭의 [부분합] 클릭 – [부분합]대화상자의 그룹화할 항목에 구분, 사용할 함수에 합계, 부분합 계산 항목에 공립과 사립을 선택 – [확인] 클릭

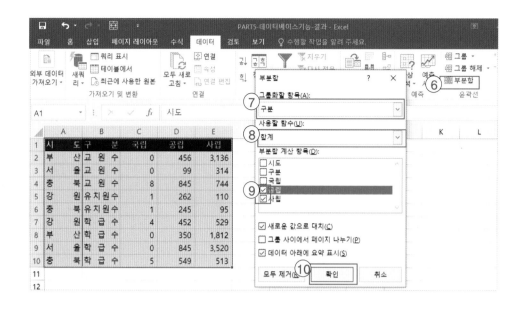

③ 결과를 확인합니다.

부분합의 왼쪽에는 윤곽이 표시됩니다. 윤곽의 번호를 클릭하면 단계별 결과를 확인 할 수 있습니다.

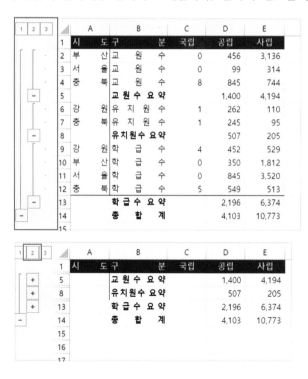

✳참고

윤곽지우기

[데이터]탭의 [그룹해제] - [윤곽 지우기]를 클릭하여 윤곽을 지울 수 있습니다.

4 텍스트 나누기

텍스트 나누기는 셀 하나에 있는 텍스트를 여러 열로 나누어주는 기능입니다. 텍스트를 나누는 기준은 쉼표, 마침표 등 구분 문자를 지정하거나, 텍스트의 글자 수에 따라 나누어줍니다.

본문예제파일 \ PART5-데이터베이스기능-자료.xlsx 파일의 텍스트나누기1 시트와 텍스트나누기2 시트를 이용하여 텍스트 나누기를 실행하여 봅시다.

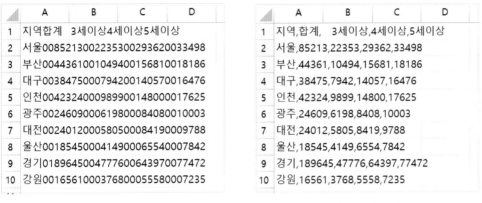

텍스트나누기1   텍스트나누기2

01 너비가 일정한 데이터의 텍스트 나누기

텍스트나누기1 시트의 데이터를 지역, 합계, 3세 이상, 4세 이상, 5세 이상으로 구분하여 표시합시다.

① A1:A10셀 드래그 – [데이터]탭의 [텍스트 나누기] 클릭
② [텍스트 마법사 – 3단계 중 1단계]에서 너비가 일정함 선택 – [다음] 클릭

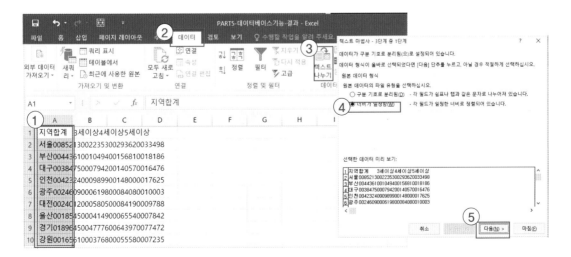

③ [텍스트 마법사 3단계 중 2단계]에서 데이터 미리보기의 글자 위치 4, 11, 18, 25 클릭 – [다음] 클릭

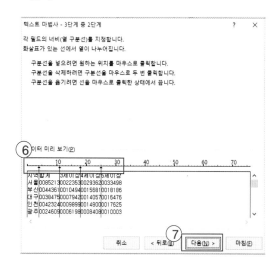

④ [텍스트 마법사 – 3단계 중 3단계]에서 [마침] 클릭

④ 결과를 확인합니다.

	A	B	C	D	E
1	지역	합계	3세이상	4세이상	5세이상
2	서울	85213	22353	29362	33498
3	부산	44361	10494	15681	18186
4	대구	38475	7942	14057	16476
5	인천	42324	9899	14800	17625
6	광주	24609	6198	8408	10003
7	대전	24012	5805	8419	9788
8	울산	18545	4149	6554	7842
9	경기	189645	47776	64397	77472
10	강원	16561	3768	5558	7235

02 구분기호로 분리된 데이터의 텍스트 나누기

텍스트나누기2 시트의 데이터를 지역, 합계, 3세 이상, 4세 이상, 5세 이상으로 구분하고, 합계를 제외한 데이터를 표시합시다.

① A1:A10셀 드래그 – [데이터]탭의 [텍스트 나누기] 클릭
② [텍스트 마법사 – 3단계 중 1단계]에서 구분 기호로 분리됨 선택 – [다음] 클릭

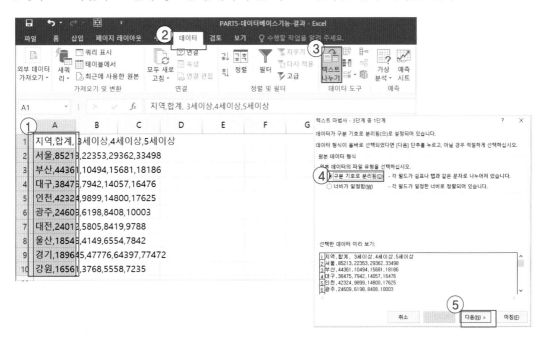

③ [텍스트 마법사 – 3단계 중 2단계]에서 구분 기호의 쉼표 선택 – [다음] 클릭

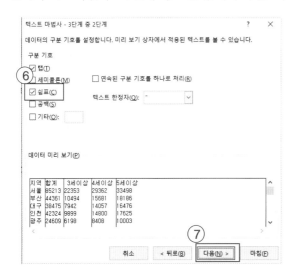

④ [텍스트 마법사 – 3단계 중 3단계]에서 두 번째 열 클릭하고 열 가져오지 않음(건너뜀) 선택 – [마침] 클릭

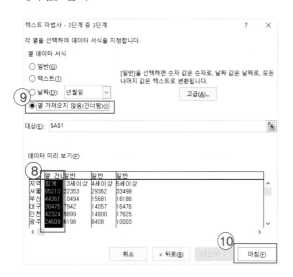

④ 결과를 확인합니다. '합계'는 표시되지 않습니다.

	A	B	C	D
1	지역	3세이상	4세이상	5세이상
2	서울	22353	29362	33498
3	부산	10494	15681	18186
4	대구	7942	14057	16476
5	인천	9899	14800	17625
6	광주	6198	8408	10003
7	대전	5805	8419	9788
8	울산	4149	6554	7842
9	경기	47776	64397	77472
10	강원	3768	5558	7235

시작파일 : 따라하기2016\5장-데이터베이스기능-자료.xlsx
결과파일 : 따라하기2016\5장-데이터베이스기능-결과.xlsx

> ※ 데이터 시트의 A1 ~ E17셀을 이용하여 3번을 작성하시오.
> 3. 표(A1 ~ E17셀)를 이용하여 피벗 테이블을 작성하시오.
>   1) 아래 조건으로 피벗 테이블을 작성하시오.
>   – 피벗 테이블 보고서 작성 위치 : 새 워크시트
>   – 피벗 테이블 레이아웃
>   행 레이블 : 구분, Σ 값
>   Σ 값 : 2015년, 2016년, 2017년 (함수:최대값)
>   – 시트명은 '피벗'으로 입력

1. 데이터 시트의 A1:E17셀 드래그 – [삽입]탭의 [피벗 테이블] – [피벗 테이블 만들기]대화상자의 '표 또는 범위 선택'의 표/범위 확인 – '새 워크시트' 선택 – [확인] 클릭

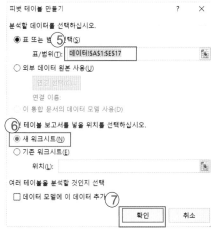

2. 구분을 행에, 2015년, 2016년, 2017년을 각각 Σ 값에 드래그

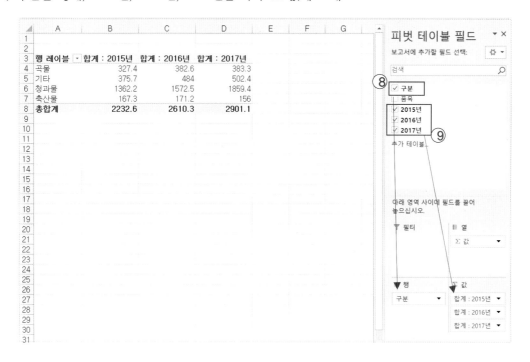

3. 열의 Σ 값을 행의 구분 아래로 드래그

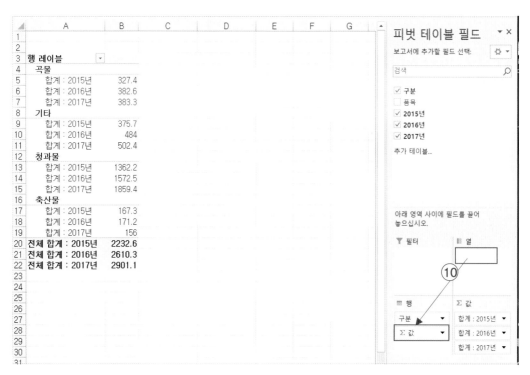

4. A5셀 – [피벗 테이블 도구] – [분석]탭의 [필드 설정] – [값 필드 설정]대화상자의 값 요약기준에서 최대값 – [확인] 클릭

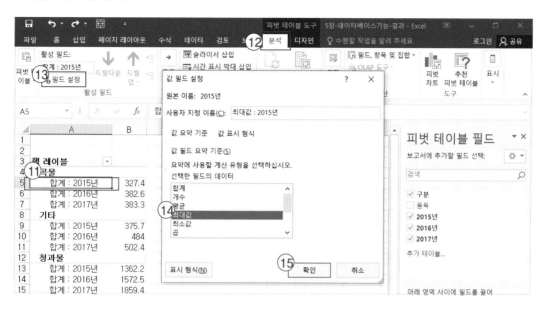

5. A6셀 – [피벗 테이블 도구] – [분석]탭의 [필드 설정] – [값 필드 설정]대화상자의 값 요약기준에서 최대값 – [확인] 클릭

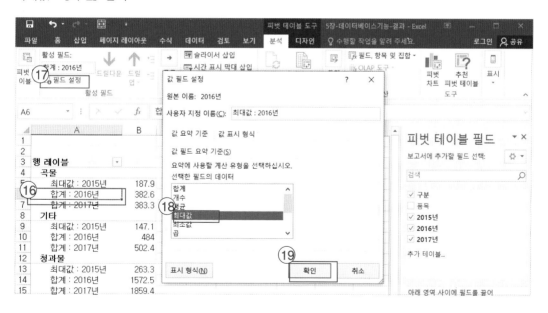

6. A7셀 – [피벗 테이블 도구] – [분석]탭의 [필드 설정] – [값 필드 설정]대화상자의 값 요약기준에서 최대값 – [확인] 클릭

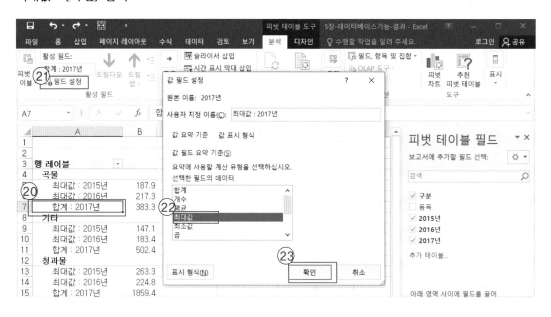

7. 시트 이름 더블클릭 – 피벗 입력 – 결과 확인

※ 데이터 시트의 A19 ~ E35셀을 이용하여 4번을 작성하시오.

4. 표(A19 ~ E35셀)를 이용하여 부분합을 작성하시오. (부분합 결과는 열 너비를 조절하지 않아도 됨)

　　1) 아래 조건으로 부분합을 구하시오.

　　　– 정렬 : 정렬 기준은 '구분', '내림차순'으로 지정

　　　– 그룹화할 항목 : 구분

　　　– 사용할 함수 : 최대값

　　　– 부분합 계산 항목 : 2015년, 2016년, 2017년

1. 먼저 정렬을 실행합니다.

데이터 시트의 A19:E35셀 드래그 – [데이터]탭의 [정렬] – [정렬]대화상자에서 정렬기준의 열은 구분, 정렬은 내림차순 – [확인] 클릭

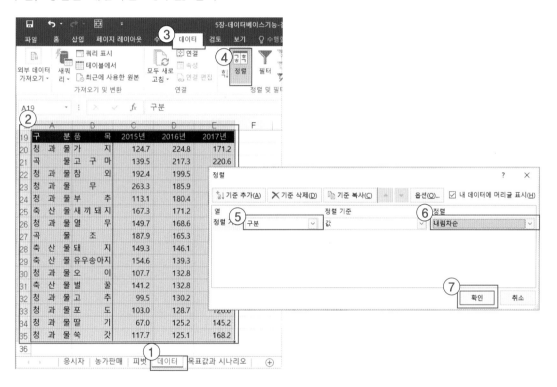

2. 부분합을 계산합니다.

A19:E35셀이 선택되어 있는 상태에서 [데이터]탭의 [부분합] – [부분합]대화상자에서 그룹화할 항목에 구분, 사용할 함수에 최대값, 부분합 계산 항목에 2015년, 2016년, 2017년을 선택 – [확인] 클릭

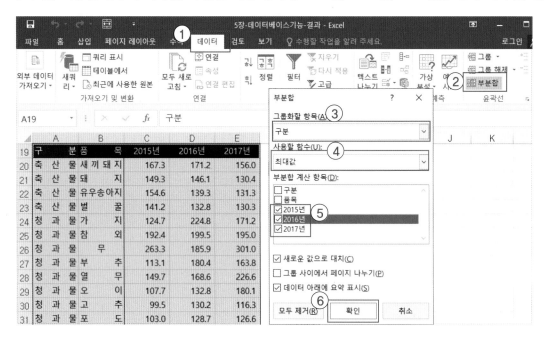

3. 결과를 확인합니다.

	A	B	C 2015년	D 2016년	E 2017년	F
19	구 분 품	목	2015년	2016년	2017년	
20	축 산 물 새 끼 돼 지		167.3	171.2	156.0	
21	축 산 물 돼	지	149.3	146.1	130.4	
22	축 산 물 유우송아지		154.6	139.3	131.3	
23	축 산 물 별	꿀	141.2	132.8	130.3	
24	축산물 최대 값		167.3	171.2	156.0	
25	청 과 물 가	지	124.7	224.8	171.2	
26	청 과 물 참	외	192.4	199.5	195.0	
27	청 과 물 무		263.3	185.9	301.0	
28	청 과 물 부	추	113.1	180.4	163.8	
29	청 과 물 열	무	149.7	168.6	226.6	
30	청 과 물 오	이	107.7	132.8	180.1	
31	청 과 물 고	추	99.5	130.2	116.3	
32	청 과 물 포	도	103.0	128.7	126.6	
33	청 과 물 딸	기	67.0	125.2	145.2	
34	청 과 물 쑥	갓	117.7	125.1	168.2	
35	청과물 최대 값		263.3	224.8	301.0	
36	곡 물 고 구 마		139.5	217.3	220.6	
37	곡 물 조		187.9	165.3	162.7	
38	곡물 최대 값		187.9	217.3	220.6	
39	전체 최대 값		263.3	224.8	301.0	
40						

5. 표(J1 ~ J17셀)를 이용하여 텍스트 나누기를 작성하시오.

  1) 아래 조건으로 텍스트 나누기를 작성하시오.

    – 원본 데이터 형식 : 너비가 일정함

    – 열 구분선 : 4개를 지정하여 5열로 나눔

     (구분선 지정 위치 : 6, 12, 18, 24)

    – 열 데이터 서식 : 두 번째 열은 열 가져오지 않음(건너뜀) 지정

1. 데이터 시트의 J1:J17셀 드래그 – [데이터]탭의 [텍스트 나누기] – [텍스트 마법사 – 3단계 중 1단계]의 너비가 일정함 선택 – [다음] 클릭

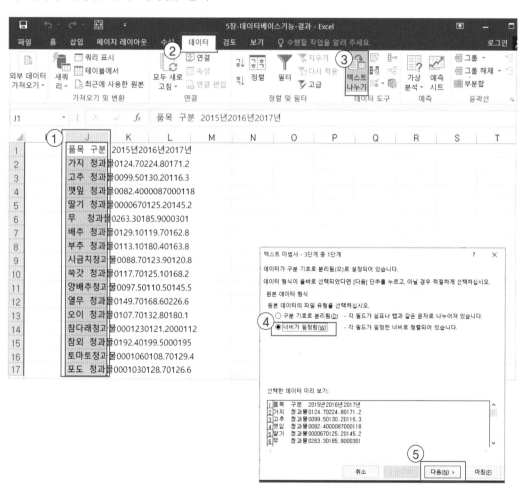

2. [텍스트 마법사 3단계 중 2단계]의 데이터 미리 보기 글자 위치 6, 12, 18, 24 클릭 – [다음] 클릭

[텍스트 마법사 – 3단계 중 3단계]에서 두 번째 열 클릭하고 열 가져오지 않음(건너뜀) 선택 – [마침]

클릭

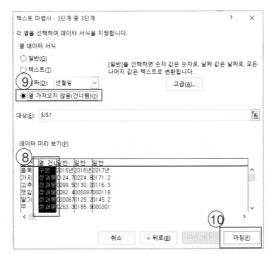

3. 결과를 확인합니다.

	I	J	K	L	M
1		품목	2015년	2016년	2017년
2		가지	124.7	224.8	171.2
3		고추	99.5	130.2	116.3
4		깻잎	82.4	87	118
5		딸기	67	125.2	145.2
6		무	263.3	185.9	301
7		배추	129.1	119.7	162.8
8		부추	113.1	180.4	163.8
9		시금치	88.7	123.9	120.8
10		쑥갓	117.7	125.1	168.2
11		양배추	97.5	110.5	145.5
12		열무	149.7	168.6	226.6
13		오이	107.7	132.8	180.1
14		참다래	123	121.2	112
15		참외	192.4	199.5	195
16		토마토	106	108.7	129.4
17		포도	103	128.7	126.6
18					

연습문제 1

시작파일 : 연습문제2016\연습문제-5장1번-문제.xlsx, 결과파일 : 연습문제2016\연습문제-5장1번-결과.xlsx

[보기]	[처리사항]
[피벗 테이블 형태]	※ 데이터 시트의 A1 ~ D17셀을 이용하여 3번을 작성하시오.

[피벗 테이블 형태]

	A	B
1		
2		
3	행 레이블	
4	군도	
5	평균 : 2018년	3074.166667
6	평균 : 2019년	3078
7	시도	
8	평균 : 2018년	3859.4
9	평균 : 2019년	3986.4
10	지방도	
11	평균 : 2018년	2706
12	평균 : 2019년	2695.333333
13	특별/광역시도	
14	평균 : 2018년	5294
15	평균 : 2019년	5307
16	전체 평균 : 2018년	3528
17	전체 평균 : 2019년	3568.75

[부분합 형태]

	A	B	C	D
19	지 역 연	도	시도	군도
20	강 원 도	2019년	2,766	3,002
21	충 청 북 도	2019년	1,521	2,421
22	충 청 남 도	2019년	1,811	2,420
23	전 라 북 도	2019년	1,992	2,227
24	전 라 남 도	2019년	2,309	3,384
25	경 상 북 도	2019년	2,767	3,807
26	경 상 남 도	2019년	4,850	3,434
27	제 주 도	2019년	1,565	888
28		2019년 평균	2,448	2,698
29	강 원 도	2018년	2,720	3,004
30	충 청 북 도	2018년	1,596	2,420
31	충 청 남 도	2018년	1,751	2,406
32	전 라 북 도	2018년	1,992	2,223
33	전 라 남 도	2018년	2,216	3,376
34	경 상 북 도	2018년	2,708	3,804
35	경 상 남 도	2018년	4,820	3,435
36	제 주 도	2018년	1,566	888
37		2018년 평균	2,421	2,695
38		전체 평균	2,434	2,696

[텍스트 나누기 형태]

	J	K	L	M
1	지역	연도	고속국도	일반국도
2	서울	2018년	23	172
3	서울	2019년	25	172
4	부산	2018년	33	111
5	부산	2019년	52	100
6	대구	2018년	117	108
7	대구	2019년	97	108
8	인천	2018년	78	77
9	인천	2019년	99	77
10	광주	2018년	30	90
11	광주	2019년	26	87
12	대전	2018년	70	84
13	대전	2019년	76	84
14	울산	2018년	63	175
15	울산	2019년	63	175
16	경기	2018년	493	1627
17	경기	2019년	593	1584

[처리사항]

※ 데이터 시트의 A1 ~ D17셀을 이용하여 3번을 작성하시오.

3. 표(A1 ~ D17셀)를 이용하여 피벗 테이블을 작성하시오.
   1) 아래 조건으로 피벗 테이블을 작성하시오.
   - 피벗 테이블 보고서 작성 위치 : 새 워크시트
   - 피벗 테이블 레이아웃
     행 레이블 : 항목, ∑ 값
     ∑ 값 : 2018년, 2019년 (함수:평균)
   - 시트명은 '피벗'으로 입력

※ 데이터 시트의 A19 ~ D35셀을 이용하여 4번을 작성하시오.

4. 표(A19 ~ D35셀)를 이용하여 부분합을 작성하시오.
   (부분합 결과는 열 너비를 조절하지 않아도 됨)
   1) 아래 조건으로 부분합을 구하시오.
   - 정렬 : 정렬 기준은 '연도', '내림차순'으로 지정
   - 그룹화할 항목 : 연도
   - 사용할 함수 : 평균
   - 부분합 계산 항목 : 시도, 군도

※ 데이터 시트의 J1 ~ J17셀을 이용하여 5번을 작성하시오.

5. 표(J1 ~ J17셀)를 이용하여 텍스트 나누기를 작성하시오.
   1) 아래 조건으로 텍스트 나누기를 작성하시오.
   - 원본 데이터 형식 : 너비가 일정함
   - 열 구분선 : 4개를 지정하여 5열로 나눔
     (구분선 지정 위치 : 4, 10, 16, 24)
   - 열 데이터 서식 : 두 번째 열은 열 가져오지 않음
     (건너뜀) 지정

연습문제 2

시작파일 : 연습문제2016＼연습문제-5장2번-문제.xlsx, 결과파일 : 연습문제2016＼연습문제-5장2번-결과.xlsx

[보기]	[처리사항]

[보기]

[피벗 테이블 형태]

	A	B	C
1			
2			
3	행 레이블	최대값 : 2018후반기	최대값 : 2019후반기
4	경찰청	28.6	28.6
5	고용노동부	75	75
6	관세청	42.9	42.9
7	교육부	50	50
8	총합계	75	75

[부분합 형태]

	A	B	C	D	E
19	부 처 (청)	2018 전 반	2018 후 반	2019 전 반	2019 후 반
20	경찰청	40	40	40	40
21	경찰청	28.6	28.6	28.6	28.6
22	경찰청 최소값		28.6		28.6
23	관세청	60	60	60	60
24	관세청	42.9	42.9	42.9	42.9
25	관세청	40	40	40	40
26	관세청	27.6	27.6	39.4	38.8
27	관세청	39.1	40	36.7	36.7
28	관세청 최소값		27.6		36.7
29	문화재청	45.8	45.8	45.8	44.4
30	문화재청	15.8	41.3	41.3	41.3
31	문화재청	44.4	40	40	40
32	문화재청	40	40	40	40
33	문화재청 최소값		40		40
34	방위사업청	40	40	40	40
35	방위사업청	40	40	40	40
36	방위사업청	44.4	50	50	40
37	방위사업청	0	0	33.3	33.3
38	방위사업청	20	20	20	20
39	방위사업청 최소값		0		20
40	전체 최소값		0		20

[텍스트 나누기 형태]

	J	K	L	M	N
1	부처(청)	2018 전반	2018 후반	2019 전반	2019 후반
2	경찰청	28.6	28.6	28.6	28.6
3	방위사업청	44.4	50	50	40
4	방위사업청	44.4	44.4	44.4	44.4
5	문화재청	15.8	41.3	41.3	41.3
6	방위사업청	50	45.5	45.5	45.5
7	관세청	40	40	40	40
8	국세청	37.5	41.7	41.7	41.7
9	방위사업청	47.8	47.8	47.8	43.5
10	방위사업청	25	40		40
11	산림청	50	50	50	44.4
12	통계청	41.7	41.7	41.7	41.7
13	관세청	42.9	42.9	42.9	42.9
14	국세청	33.3	33.3	33.3	40
15	문화재청	45.8	45.8	45.8	44.4
16	방위사업청	42.9	50	50	50
17	방위사업청	50	50	50	44.4

[처리사항]

※ 데이터 시트의 A1 ～ D17셀을 이용하여 3번을 작성하시오.

3. 표(A1 ～ D17셀)를 이용하여 피벗 테이블을 작성하시오.

1) 아래 조건으로 피벗 테이블을 작성하시오.

– 피벗 테이블 보고서 작성 위치 : 새 워크시트

– 피벗 테이블 레이아웃

행 레이블 : 부처

열 레이블 : ∑ 값

∑ 값 : 2018후반기, 2019후반기 (함수:최대값)

– 시트명은 '피벗'으로 입력

※ 데이터 시트의 A19 ～ E35셀을 이용하여 4번을 작성하시오.

4. 표(A19 ～ E35셀)를 이용하여 부분합을 작성하시오. (부분합 결과는 열 너비를 조절하지 않아도 됨)

1) 아래 조건으로 부분합을 구하시오.

– 정렬 : 정렬 기준은 '부처(청)', '오름차순'으로 지정

– 그룹화 할 항목 : 부처(청)

– 사용할 함수 : 최소값

– 부분합 계산 항목 : 2018후반, 2019후반

※ 데이터 시트의 J1 ～ J17셀을 이용하여 5번을 작성하시오.

5. 표(J1 ～ J17셀)를 이용하여 텍스트 나누기를 작성하시오.

1) 아래 조건으로 텍스트 나누기를 작성하시오.

– 원본 데이터 형식 : 구분 기호로 분리됨

– 구분 기호 : 세미콜론(;)

– 열 데이터 서식 : 두 번째 열은 열 가져오지 않음 (건너뜀) 지정

데이터 분석 기능 사용하기

[보기]	[처리사항]

[처리사항]

〈데이터 분석 기능 사용하기〉
배점 1번(15), 2번(15), 3번(2)

※ 목표값과 시나리오 시트로 1번과 2번을 작성하시오.

[목표값 형태]

	A	B	C	D	E
1	구 분	2015년	2016년	2017년	평 균
2	곡 물	107.3	108.1	110.2	108.5
3	청 과 물	99.7	111.4	118.4	109.8
4	축 산 물	157.6	146.1	③	③
5	기 타	109.8	122.3	123.9	118.7
6	항 목 평 균	118.6	122.0	③	③

1. 목표값 찾기를 이용하여 표(A1 ~ E6셀)의 항목평균의 평균이 122.5가 되도록 축산물의 2017년 값을 구하시오.

   1) 아래 조건으로 목표값 찾기를 구하시오.(③부분이 변경되어야 함)
   – 수식 셀 : E6(항목평균 평균)
   – 찾는 값 : 122.5
   – 값을 바꿀 셀 : D4(축산물 2017년)

2. 표(H1 ~ K6셀)를 이용하여 일반미/보리의 평균(K6)을 위한 시나리오를 작성하시오.

   1) 시나리오 이름 : 유형1, 유형2
   2) 변경 셀 : J2, J3, J4, J5셀

[시나리오 형태]

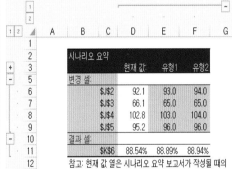

변경셀	유형1 변경 값	유형2 변경 값
J2	93.0	94.0
J3	65.0	65.0
J4	103.0	104.0
J5	96.0	96.0

   3) 보고서 종류 : 시나리오 요약

3. 시트의 순서는 반드시 아래와 같이 하시오.
   (반드시 지정된 시트만 있어야 함)
   ○○○ → 농가판매 → 피벗 → 데이터
   → 시나리오 요약 → 목표값과 시나리오

〈데이터 분석 기능〉의 중점 사항

1. 목표값 찾기
2. 시나리오
3. 따라하기

☞ **중점사항** 내용을 알고 있으면 **따라하기**로 이동하세요.

1 목표값 찾기

입력되어 있는 데이터를 이용하여 수식으로 계산한 결과가 있을 때, 결과 값을 특별한 값으로 지정하기 위해 입력되어 있는 데이터를 변경할 수 있습니다. 목표로 하는 결과를 얻기 위하여 원본 데이터의 값을 알아보고자 할 때 사용합니다.

본문예제파일\ PART6-데이터분석-자료.xlsx 파일의 목표값 시트를 이용하여 자세히 알아봅시다.

목표값 시트의 합계의 평균(D9셀)이 29,200이 되려면 전북대학교 여자의 값(C8셀)이 얼마이어야 할까요.

파일의 D9셀은 대학 합계의 평균으로 수식은 '=AVERAGE(D3:D8)', 결과는 29,015이고, C8셀의 영향을 받는 수식입니다. C8셀은 전북대학교 여자의 값으로 D8셀과 C9셀과 연관되어 있습니다.
D9셀의 결과 변화에 의해 C8의 값을 바뀌어야 하고, C8의 값이 바뀌면 연관된 D8셀과 C9셀의 값도 바뀌게 되는 것입니다.

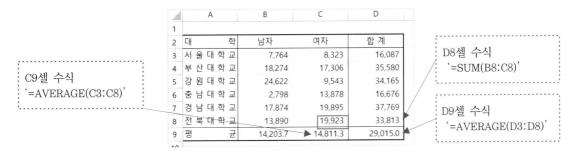

① [데이터]탭의 [가상분석] – [목표값 찾기] – [목표값 찾기]대화상자의 수식 셀에 D9(혹은 $D$9), 찾는 값에 29200, 값을 바꿀 셀에서 C8($C$8) 입력 – [확인] 클릭

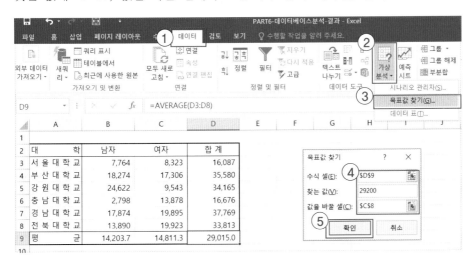

② 목표값 찾기의 결과 D9셀 값이 찾는 값 29,200으로 바뀌고, C8셀이 새로운 값 21,033으로 바뀌었습니다. 물론, D8셀과 C9셀의 값도 바뀌었습니다.

[목표값 찾기]대화상자의 [확인]을 클릭하면 바뀐 값으로 데이터가 수정이 되고, [취소]를 클릭하면 처음 값으로 돌아갑니다.

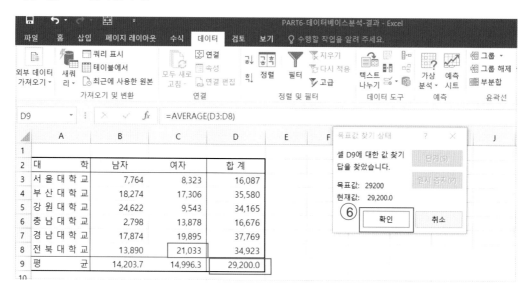

2 시나리오

시나리오는 어떤 값들을 그룹으로 기록하고, 그룹으로 기록된 값을 변화시켜서 값의 변화가 결과를 어떻게 변화시키는지를 알아보는 분석기법입니다.

본문에제파일 \ PART6-데이터분석-자료.xlsx 파일의 시나리오 시트를 이용하여 시나리오에 대하여 알아봅시다.

시나리오 시트의 E3:E6셀은 서울대학교의 학과별 데이터입니다. 이 데이터와 관련하여 E11셀에는 정보학과의 비중이 계산되어 현재 29.08%로 계산되어 있습니다.

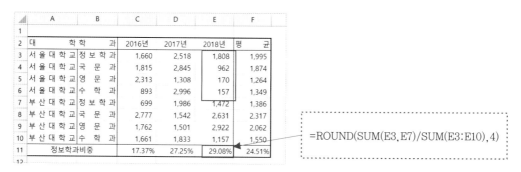

서울대학교의 학과별 데이터가 아래 표와 같이 예상1과 예상2 두 가지의 경우로 변경된다면 정보학과의 비중이 어떻게 변경될지 예상치를 작성합시다.

변경 셀	예상1 변경 값	예상2 변경값
E3	1,810	1,820
E4	1,058	1,154
E5	187	204
E6	172	188

01 시나리오 생성

① [데이터]탭의 [가상분석] – [시나리오 관리자] – [시나리오 관리자]대화상자의 [추가] 클릭

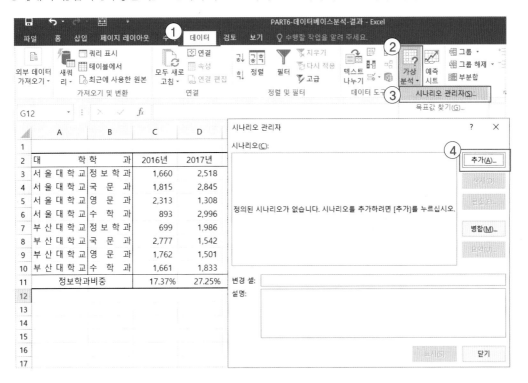

② [시나리오 편집]대화상자의 시나리오 이름에 예상1 입력 – 변경 셀에 E3:E6셀 입력 – [확인] 클릭

[시나리오 값]대화상자에 예상1에 해당하는 E3:E6셀의 각각의 값 입력 – [확인] 클릭

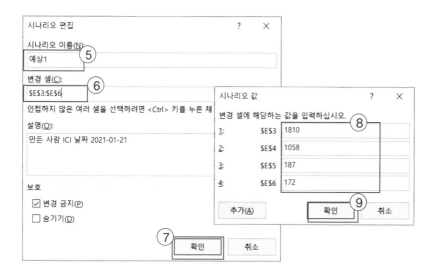

※참고

값을 입력할 때 TAB키로 입력란을 이동합니다.

예) 1810 입력 TAB – 1058 입력 TAB – 187 입력 TAB – 172 입력

③ 다시, [시나리오 관리자]대화상자의 [추가] 클릭 – [시나리오 추가]대화상자의 시나리오 이름에
   예상2 입력 – 변경 셀에 E3:E6 – [확인] 클릭

   [시나리오 값]대화상자에 예상2에 해당하는 E3:E6셀의 각각의 값 입력 – [확인] 클릭

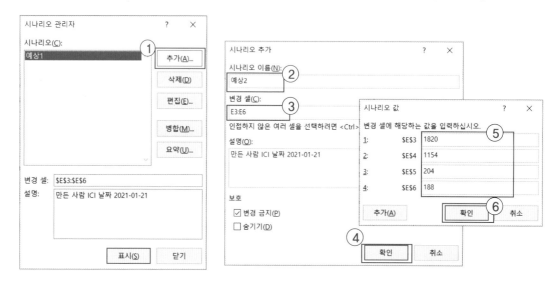

④ [시나리오 관리자]대화상자의 [요약] 클릭 – [시나리오 요약]대화상자의 '시나리오 요약' 선택 – 결과
셀에 E11 입력 – [확인] 클릭

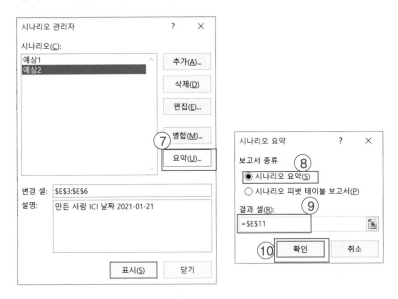

※참고

표시(표시(S))를 누르면 현재 선택되어 있는 시나리오(위 그림에서 예상2)의 값이 원본의 값으로 대치됩니다.
즉, 원본 데이터의 값이 없어지고 예상2 시나리오의 값으로 바뀌게 되므로 주의합니다.

⑤ 결과는 새로운 시나리오 요약 시트를 생성하여 표시합니다.

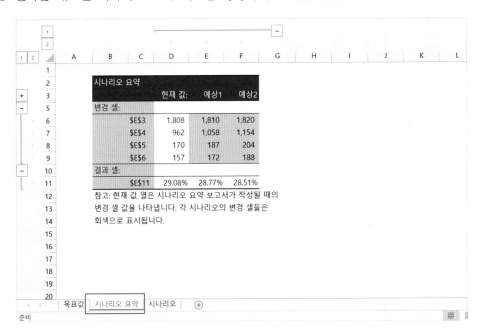

02 시나리오 수정

작성된 시나리오의 수정은 시나리오 요약 시트가 아닌 시나리오 시트(원본)에서 [시나리오] 명령어를 실행합니다.

① [시나리오 관리자]대화상자에서 수정할 시나리오 이름을 선택하고 [편집] 혹은 [삭제] 등의 버튼을 눌러 수정합니다.

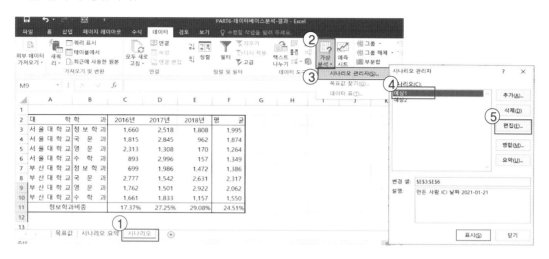

② 수정된 시나리오는 새로운 시트인 시나리오 요약 2에 표시됩니다.

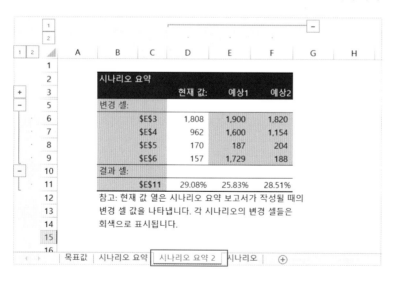

03 시나리오 삭제

생성된 시나리오를 삭제하려면 시나리오 명령어에 의해 생성된 시나리오 요약 시트를 삭제합니다.
시나리오 요약 시트 삭제는 원본 시트에 영향을 주지 않습니다.

시작파일 : 따라하기2016\6장-데이터분석-자료.xlsx   결과파일 : 따라하기2016\6장-데이터분석-결과.xlsx

※ 목표값과 시나리오 시트로 1번과 2번을 작성하시오.

1. 목표값 찾기를 이용하여 표(A1 ~ E6셀)의 항목평균의 평균이 122.5가 되도록 축산물의 2017년 값을 구하시오.

   1) 아래 조건으로 목표값 찾기를 구하시오.(③부분이 변경되어야 함)
    – 수식 셀 : E6(항목평균 평균)
    – 찾는 값 : 122.5
    – 값을 바꿀 셀 : D4(축산물 2017년)

1. 목표값과 시나리오 시트 – [데이터]탭의 [가상분석]의 [목표값 찾기] – [목표값 찾기]대화상자의
수식 셀에 E6(혹은 $E$6), 찾는 값에 122.5, 값을 바꿀 셀에서 D4($D$4) 입력 – [확인] 클릭

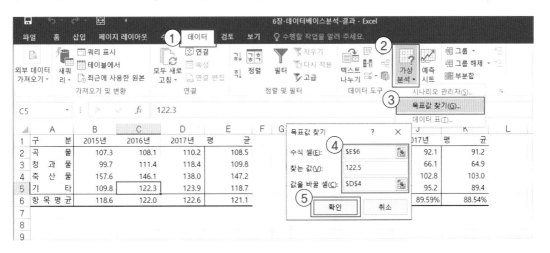

2. 바뀐 셀을 확인하고 [목표값 찾기]대화상자의 [확인] – 클릭

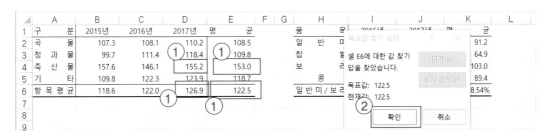

2. 표(H1 ~ K6셀)를 이용하여 일반미/보리의 평균(K6)을 위한 시나리오를 작성하시오.
  1) 시나리오 이름 : 유형1, 유형2
  2) 변경 셀 : J2, J3, J4, J5셀

변경셀	유형1 변경 값	유형2 변경 값
J2	93.0	94.0
J3	65.0	65.0
J4	103.0	104.0
J5	96.0	96.0

  3) 보고서 종류 : 시나리오 요약

1. 목표값과 시나리오 시트 – [데이터]탭의 [가상분석]의 [시나리오 관리자] – [시나리오 관리자]대화상자의 [추가] 클릭

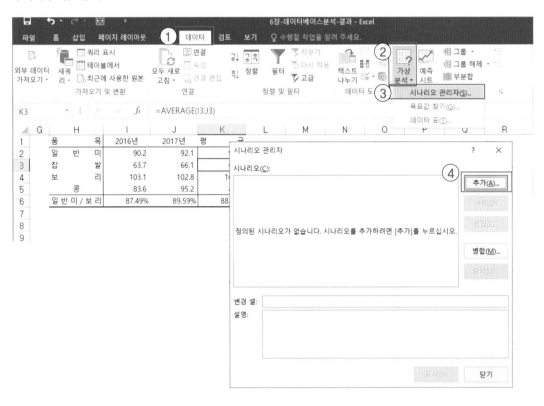

② [시나리오 편집]대화상자의 시나리오 이름에 유형1 입력 – 변경 셀에 J2:J5셀 입력 – [확인] 클릭
   [시나리오 값]대화상자의 유형1 변경 값을 J2:J5셀에 각각 입력 – [확인] 클릭

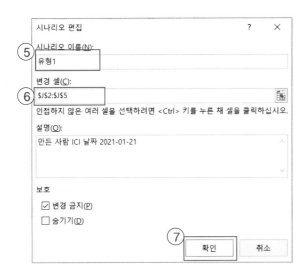

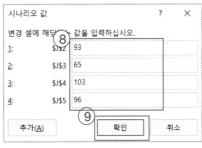

③ 다시, [시나리오 관리자]대화상자의 [추가] 클릭 – [시나리오 추가]대화상자의 시나리오 이름에
유형2 입력 – 변경 셀에 J2:J5셀 확인 – [확인] 클릭

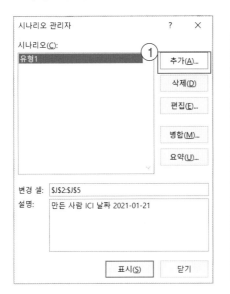

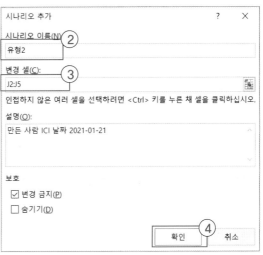

[시나리오 값]대화상자에 유형2의 변경 값을 J2:J5에 각각 입력 – [확인] 클릭

④ [시나리오 관리자]대화상자의 [요약] 클릭 – [시나리오 요약]대화상자의 시나리오 요약 선택 – 결과
　셀에 K6 입력 – [확인] 클릭

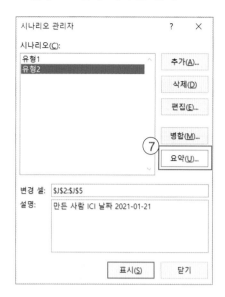

⑤ 결과를 확인합니다.

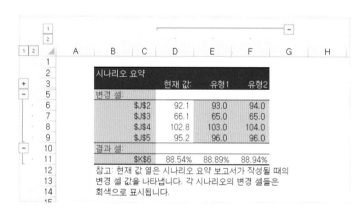

---

3. 시트의 순서는 반드시 아래와 같이 하시오.
　(반드시 지정된 시트만 있어야 함)
　○○○ → 농가판매 → 피벗 → 데이터 → 시나리오 요약 → 목표값과 시나리오

---

1. 시트의 순서를 확인합니다.

연습문제 1

시작파일 : 연습문제2016＼연습문제-6장1번-문제.xlsx, 결과파일 : 연습문제2016＼연습문제-6장1번-결과.xlsx

[보기]	[처리사항]

[목표값 형태]

	A	B	C	D	E
1	항　　　목	2017년	2018년	2019년	평균
2	고 속 국 도	3,368	3,447	3,776	3,530
3	일 반 국 도	13,832	13,905	13,820	13,852
4	특별／광역시도	18,109	18,517	18,749	18,458
5	지　방　도	18,175	18,192	③	③
6	시　　　도	25,396	26,202	26,820	26,139
7	군　　　도	24,139	23,972	23,681	23,931
8	지 방 도 비 중	17.64%	17.45%	③	③

[시나리오 형태]

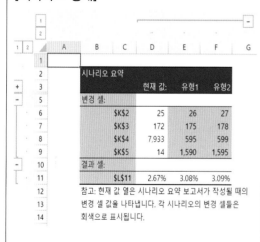

[처리사항]

〈데이터 분석 기능 사용하기〉
배점 1번(15), 2번(15), 3번(2)

※ 목표값과 시나리오 시트로 1번과 2번을 작성하시오.

1. 목표값 찾기를 이용하여 표(A1 ~ E8셀)의 지방도비중의 평균이 17.55가 되도록 지방도의 2019년 값을 구하시오.
   1) 아래 조건으로 목표값 찾기를 구하시오. (③부분이 변경되어야 함)
   - 수식 셀 : E8(지방도비중 평균)
   - 찾는 값 : 17.55
   - 값을 바꿀 셀 : D5(지방도 2019년)

2. 표(H1 ~ L11셀)를 이용하여 고속국도비중의 평균(L11)을 위한 시나리오를 작성하시오.
   1) 시나리오 이름 : 유형1, 유형2
   2) 변경 셀 : K2, K3, K4, K5셀

변경셀	유형1 변경 값	유형2 변경 값
K2	26	27
K3	175	178
K4	595	599
K5	1,590	1,595

   3) 보고서 종류 : 시나리오 요약

3. 시트의 순서는 반드시 아래와 같이 하시오.
   (반드시 지정된 시트만 있어야 함)
   ○○○ → 도로현황 → 피벗 → 데이터
   → 시나리오 요약 → 목표값과 시나리오

연습문제 2

시작파일 : 연습문제2016＼연습문제-6장2번-문제.xlsx, 결과파일 : 연습문제2016＼연습문제-6장2번-결과.xlsx

[보기]	[처리사항]
[목표값 형태]	**〈데이터 분석 기능 사용하기〉**

[보기]

[목표값 형태]

▲	A	B	C	D	E	F
1	부 처 (청)	2018 전반	2018 후반	2019 전반	2019 후반	평균
2	고 용 노 동 부	527.8	573.9	611.9	624.2	584.5
3	교 육 부	1,308.2	1,437.5	1,409.9	③	③
4	국 방 부	498.5	560.5	624.9	601.7	571.4
5	국 토 교 통 부	2,250.2	2,223.8	2,312.0	2,355.4	2,285.4
6	기 획 재 정 부	1,004.1	1,007.1	1,029.6	1,044.3	1,021.3
7	농 림 축 산 식 품 부	334.0	278.5	308.9	304.7	306.5
8	교 육 부 평 균	22.09%	23.64%	22.39%	③	③

[시나리오 형태]

| 1 | | | | | | - |
| 2 | | | | | | |

1 2	▲	A	B	C	D	E	F	G
	1							
	2		시나리오 요약					
+	3				현재 값:	가설1	가설2	
-	5		변경 셀:					
	6			$M$2	50.0	52.5	53.2	
	7			$M$3	36.4	40.5	33.1	
	8			$M$4	57.1	60.9	61.2	
	9			$M$5	42.3	45.0	41.5	
-	10		결과 셀:					
	11			$N$10	44.5375	44.946875	44.6375	
	12		참고: 현재 값 열은 시나리오 요약 보고서가 작성될 때의					
	13		변경 셀 값을 나타냅니다. 각 시나리오의 변경 셀들은					
	14		회색으로 표시됩니다.					
	15							

[처리사항]

〈데이터 분석 기능 사용하기〉

배점 1번(15), 2번(15), 3번(2)

※ 목표값과 시나리오 시트로 1번과 2번을 작성하시오.

1. 목표값 찾기를 이용하여 표(A1~F8셀)의 교육부평균
   의 평균이 23.01이 되도록 교육부의 2019 후반 값을
   구하시오.
   1) 아래 조건으로 목표값 찾기를 구하시오. (③부분이
      변경되어야 함)
      - 수식 셀 : F8(교육부평균 평균)
      - 찾는 값 : 23.01
      - 값을 바꿀 셀 : E3(교육부 2019 후반)

2. 표(H1 ~ N10셀)를 이용하여 여성참여율의 평균(N10)
   을 위한 시나리오를 작성하시오.
   1) 시나리오 이름 : 가설1, 가설2
   2) 변경 셀 : M2, M3, M4, M5셀

변경셀	가설1 변경 값	가설2 변경 값
M2	52.5	53.2
M3	40.5	33.1
M4	60.9	61.2
M5	45.0	41.5

   3) 보고서 종류 : 시나리오 요약

3. 시트의 순서는 반드시 아래와 같이 하시오.
   (반드시 지정된 시트만 있어야 함)
   ○○○ → 여성참여 → 피벗 → 데이터
   → 시나리오 요약 → 목표값과 시나리오

Part

III

Excel

실전 모의고사

파일 : 실전모의고사2016\실전모의고사-01회.xlsx

※ 답안 작성 시 주의사항
- 답안문서 파일명은 응시자의 이름으로 저장하십시오.
- 반드시 주어진 자료 및 엑셀의 기능들을 이용하여 [처리사항]대로 답안문서를 작성하십시오.
  ([보기]를 참고하고, 주어진 자료 외 다른 자료 이용시 감점 처리됩니다.)
- 답안 작성에 필요한 시트 이외에 다른 시트에 내용을 입력한 경우 감점 또는 부정행위의 대상이 됩니다.
- 답안은 반드시 문제에서 지정한 셀에 입력해야 하며, 임의로 셀의 위치를 변경한 경우 감점요인이 됩니다.
- 문제에서 제시된 내용이 중복 작성된 경우 감점요인이 됩니다.
  (예를 들어, 차트가 두 개 이상인 경우)
- 문제에서 지시하지 않은 사항은 프로그램의 기본 설정 값으로 지정하십시오.

[제공 데이터]
주어진 자료를 이용하여 답안문서를 작성하시오.
(첨부파일보기 클릭시 자료 페이지 열림)

[보기]	[처리사항]
[엑셀로 가공할 정보형태]	〈데이터 입력과 수식 작성하기〉 **배점 1번(5), 2번(7), 3번(45), 4번(45)**

[엑셀로 가공할 정보형태]

	A	B	C	D	E	F	G
1				지하수 이용 현황			
2							(단위: 천톤)
3	지 역	2015년	2016년	2017년	2018년	차지율(%)	비고
4	서 울 특 별 시	18,060	18,186	***17,359	***16,920	①	②
5	부 산 광 역 시	23,870	24,300	***21,973	***21,763	①	②
6	대 구 광 역 시	15,105	15,388	***13,514	***10,951	①	②
7	인 천 광 역 시	26,417	27,182	***24,793	***24,238	①	②
8	광 주 광 역 시	14,248	14,512	***13,211	****9,003	①	②
9	대 전 광 역 시	26,871	26,402	***18,523	***17,621	①	②
10	울 산 광 역 시	34,772	34,809	***25,280	***18,263	①	②
11	경 기 도	328,305	319,218	269,225	213,789	①	②
12	강 원 도	130,824	125,216	101,202	***97,390	①	②
13	충 청 북 도	191,177	172,513	114,052	***92,340	①	②
14	충 청 남 도	194,311	187,682	155,095	137,170	①	②
15	전 라 북 도	131,390	126,637	***93,741	***69,267	①	②
16	전 라 남 도	157,843	156,033	115,919	102,069	①	②
17	경 상 북 도	197,669	209,789	167,586	129,548	①	②
18	경 상 남 도	139,143	141,169	135,180	112,362	①	②
19	제 주 도	128,963	129,070	142,053	147,669	①	②

〈데이터 입력과 수식 작성하기〉

배점 1번(5), 2번(7), 3번(45), 4번(45)

※ 지하수이용 시트에 1번부터 4번까지 작성하시오.
1. F3셀에 '차지율(%)', G3셀에 '비고', G2셀에 '(단위: 천톤)'을 입력하시오.
   (G2셀은 가로 오른쪽 맞춤으로 지정)
2. A1셀에 제목을 '지하수 이용 현황'으로 입력하시오.
   1) A1 ~ G1셀을 병합하고 가로 가운데 맞춤으로 지정
   2) 글꼴은 돋움체, 글꼴 크기는 15, 글꼴 스타일은 굵게 지정
3. [엑셀로 가공할 정보형태]의 ①(F4 ~ F19셀)부분의 차지율(%)을 구하시오.
   1) 반드시 ROUNDUP, SUM 함수를 모두 이용하여 구하시오.

	A	B	C	D	E	F	G
1	지하수 이용 현황						
2							(단위: 천톤)
3	지　　　역	2015년	2016년	2017년	2018년	차지율(%)	비고
4	서 울 특 별 시	18,060	18,186	***17,359	***16,920	①	②
5	부 산 광 역 시	23,870	24,300	***21,973	***21,763	①	②
6	대 구 광 역 시	15,105	15,388	***13,514	***10,951	①	②
7	인 천 광 역 시	26,417	27,182	***24,793	***24,238	①	②
8	광 주 광 역 시	14,248	14,512	***13,211	***9,003	①	②
9	대 전 광 역 시	26,871	26,402	***18,523	***17,621	①	②
10	울 산 광 역 시	34,772	34,809	***25,280	***18,263	①	②
11	경　기　도	328,305	319,218	269,225	213,789	①	②
12	강　원　도	130,824	125,216	101,202	***97,390	①	②
13	충 청 북 도	191,177	172,513	114,052	***92,340	①	②
14	충 청 남 도	194,311	187,682	155,095	137,170	①	②
15	전 라 북 도	131,390	126,637	***93,741	***69,267	①	②
16	전 라 남 도	157,843	156,033	115,919	102,069	①	②
17	경 상 북 도	197,669	209,789	167,586	129,548	①	②
18	경 상 남 도	139,143	141,169	135,180	112,362	①	②
19	제　주　도	128,963	129,070	142,053	147,669	①	②

2) 반드시 아래 주어진 수식으로 구하고, 구한 값을 소수 둘째 자리에서 올림하여 소수 첫째 자리까지 나타내시오.

※ 차지율(%) = ('2018년'의 각 지역의 값 / '2018년'의 '서울특별시'부터 '제주도'까지의 합계 * 100)

4. [엑셀로 가공할 정보형태]의 ②(G4 ~ G19셀)부분의 비고를 구하시오.

1) 반드시 AND, IF, AVERAGE, RANK.EQ, RIGHT 함수를 모두 이용하여 구하시오.

2) 반드시 아래 주어진 조건에 따른 참과 거짓의 값으로 나타내시오.

- 조건 : 각 지역의 오른쪽 첫 글자가 '도'이고, 2017년의 값이 110,000 이상인 경우
- 참 : '2017년'을 기준으로 각 지역의 내림차순 순위
- 거짓 : 각 지역의 '2015년'부터 '2018년'까지의 평균

〈서식 지정하기〉
배점 1번(2), 2번(3), 3번(2), 4번(3), 5번(6), 6번(3), 7번(9)

※ 지하수이용 시트에 1번부터 7번까지 작성하시오.

1. 표(A3 ~ G19셀) 안의 글꼴은 돋움체, 글꼴 크기는 10으로 지정하시오.

2. A3 ~ A19셀은 가로 균등 분할 (들여쓰기) 맞춤으로 지정하고, B3 ~ G3셀, G4 ~ G19셀은 가로 가운데 맞춤으로 지정하시오.

3. A열의 열 너비는 12, B ~ E열의 열 너비는 11로 지정하시오.

4. A3 ~ G3셀의 글꼴 스타일은 굵게 지정하시오.

5. B4 ~ C19셀의 수치는 숫자 표시형식을 이용하여 세 자리마다 콤마가 나타나고, 음수인 경우 빨강색으로 (1,234)로 나타나도록 지정하고, D4 ~ E19셀의 수치는 사용자 지정 표시형식을 이용하여 세자리마다 콤마가 나타나고, 97,390 이하인 경우 수치 앞에 빈 열 폭 만큼 '*'이 나타나도록 지정하시오.

6. B4 ~ B19셀의 수치는 조건부 서식을 이용하여 34,772 미만인 경우 글꼴 스타일이 굵게 나타나도록 지정하시오. (단, 수식을 이용하여 입력시 감점)

[보기]	[처리사항]
	7. 표(A3 ~ G19셀) 윤곽선은 이중선, 표 안쪽 세로선은 실선, A3 ~ G3셀의 아래선은 이중선이 나타나도록 작성하시오.

[차트형태]

〈차트 작성과 데이터베이스 기능 사용하기〉
배점 1번(20), 2번 1)번(6), 2)번(3), 3)번(4), 4)번(4), 5)번(6), 6)번(7), 7)번(6), 8)번(6), 9)번(6), 10)번(6), 11)번(6), 3번(23), 4번(20), 5번(15)

※ 지하수이용 시트로 1번과 2번을 작성하시오.
1. 자동 필터를 이용하여 '2018년'의 값이 하위 30%인 자료를 추출하고, 추출한 상태를 복사하여 A21셀부터 붙여 넣으시오.
   (단, 추출 후 반드시 자동 필터 상태를 유지하시오.)
2. 차트를 작성하시오. (차트는 반드시 지정상태를 확인할 수 있어야 하고, 차트를 두 개 이상 작성하거나 그림, 외부개체로 입력되면 감점됨)
   1) 붙여 넣은(A21셀부터) 자료 중 '차지율(%)'과 '비고'를 제외한 자료를 이용하여 차트를 작성
   2) 차트 종류는 '3차원 누적 세로 막대형', 차트 스타일은 '스타일 5'로 지정
   3) 작성한 차트 이동 위치는 '새 시트(S)'에 삽입
   4) 작성한 차트가 있는 시트명은 '○○○(응시자 본인의 이름)'으로 입력
   5) 차트 제목은 [차트 도구] – [디자인]메뉴 [차트 레이아웃] 그룹의 '레이아웃 3'으로 '지하수 이용 현황'으로 입력하고, 테두리 색은 '실선', 그림자는 미리 설정의 '바깥쪽, 오프셋 대각선 오른쪽 아래'를 지정
   6) 기본 세로 축 옵션의 '값을 거꾸로'로 지정하고, 세로 축 주 눈금선은 '없음'으로 지정
   7) 3차원 회전 차트 배율의 깊이(%)는 '50'으로 지정
   8) 3차원 회전의 회전은 X 20°, Y 10° 로 지정
   9) '광주광역시' 계열의 데이터 레이블 값이 나타나도록 지정
   10) 차트 영역의 상단 오른쪽에 [차트형태]와 같이 텍스트 상자를 이용하여 '(단위:천톤)'을 입력
   11) [차트형태]와 같이 범례가 나타나도록 지정

[피벗 테이블 형태]

	A	B
1		
2		
3	행 레이블	▾
4	공업용	
5	평균 : 2016년	1858312.5
6	평균 : 2017년	1860674.625
7	평균 : 2018년	1781921.25
8	농업용	
9	평균 : 2016년	1858312.5
10	평균 : 2017년	18224951.13
11	평균 : 2018년	16805508.5
12	전체 평균 : 2016년	1858312.5
13	전체 평균 : 2017년	10042812.88
14	전체 평균 : 2018년	9293714.875
15		

[부분합 형태]

	A	B	C	D	E
19	지 역	항 목	2016년	2017년	2018년
20	충 북	생 활 용	172513	114052	92340
21	충 남	생 활 용	187682	155095	137170
22	전 북	생 활 용	126637	10458	265878
23	전 남	생 활 용	156033	11344	411422
24	제 주	생 활 용	129070	142053	147669
25	경 남	생 활 용	112362	17579	158047
26		생활용 평균	147382.8333	75096.83333	202087.6667
27	충 북	농 업 용	194821	151492	145218
28	충 남	농 업 용	267743	221951	206069
29	전 북	농 업 용	69267	9529	152859
30	전 남	농 업 용	102069	13255	258762
31	제 주	농 업 용	73888	97546	90763
32		농업용 평균	141557.6	98754.6	170734.2
33	충 북	공 업 용	19964	19356	19521
34	충 남	공 업 용	14876	16809	17108
35	전 북	공 업 용	93741	9310	199387
36	전 남	공 업 용	115919	13555	335560
37	제 주	공 업 용	2781	2631	2124
38		공업용 평균	49456.2	12332.2	114740
39		전체 평균	114960.375	62875.9375	164993.5625

[텍스트 나누기 형태]

	J	K	L	M
1	지역	생활용	공업용	농업용
2	서울	649	2018	20006
3	부산	1119	3935	28559
4	대구	3554	7240	22145
5	인천	840	15058	40608
6	광주	2473	5884	17361
7	대전	1385	6125	25223
8	울산	2112	3421	23805
9	경기	30948	153694	406171
10	강원	9227	79057	186144
11	충북	19521	145218	258601
12	충남	17108	206069	363663
13	전북	9529	152859	233635
14	전남	13255	258762	376400
15	경북	39139	186905	359677
16	경남	17579	158047	288426
17	제주	2124	90763	241577

※ 데이터 시트의 A1 ~ E17셀을 이용하여 3번을 작성하시오.

3. 표(A1~E17셀)를 이용하여 피벗 테이블을 작성하시오.

   1) 아래 조건으로 피벗 테이블을 작성하시오.
   – 피벗 테이블 보고서 작성 위치 : 새 워크시트
   – 피벗 테이블 레이아웃
     행 레이블 : 항목, ∑ 값
     ∑ 값 : 2016년, 2017년, 2018년 (함수:평균)
   – 시트명은 '피벗'으로 입력

※ 데이터 시트의 A19 ~ E35셀을 이용하여 4번을 작성하시오.

4. 표(A19 ~ E35셀)를 이용하여 부분합을 작성하시오.
   (부분합 결과는 열 너비를 조절하지 않아도 됨)

   1) 아래 조건으로 부분합을 구하시오.
   – 정렬 : 정렬 기준은 '항목', '내림차순'으로 지정
   – 그룹화할 항목 : 항목
   – 사용할 함수 : 평균
   – 부분합 계산 항목 : 2016년, 2017년, 2018년

※ 데이터 시트의 J1 ~ J17셀을 이용하여 5번을 작성하시오.

5. 표(J1 ~ J17셀)를 이용하여 텍스트 나누기를 작성하시오.

   1) 아래 조건으로 텍스트 나누기를 작성하시오.
   – 원본 데이터 형식 : 너비가 일정함
   – 열 구분선 : 4개를 지정하여 5열로 나눔
     (구분선 지정 위치 : 4, 11, 17, 23)
   – 열 데이터 서식 : 두 번째 열은 열 가져오지 않음
     (건너뜀) 지정

[보기]	[처리사항]

[처리사항]

〈데이터 분석 기능 사용하기〉
배점 1번(15), 2번(15), 3번(2)

※ **목표값과 시나리오 시트로 1번과 2번을 작성하시오.**

1. 목표값 찾기를 이용하여 표(A1 ~ E6셀)의 항목합계의
   평균이 27,500,000이 되도록 농업용의 2018년 값을
   구하시오.
   1) 아래 조건으로 목표값 찾기를 구하시오.(③부분이
      변경되어야 함)
   - 수식 셀 : E6(항목합계 평균)
   - 찾는 값 : 27,500,000
   - 값을 바꿀 셀 : D4(농업용 2018년)

[목표값 형태]

	A	B	C	D	E
1	항 목	2016년	2017년	2018년	평균
2	생 활 용	18,185,524	17,359,373	16,920,245	17,488,381
3	공 업 용	683,619	661,969	1,787,040	1,044,209
4	농 업 용	2,466,316	2,321,822	③	③
5	기 타	415,069	418,110	259,417	364,199
6	항 목 합 계	21,750,528	20,761,274	③	③

2. 표(H1 ~ M7셀)를 이용하여 관정 차지율의 평균(M7)
   을 위한 시나리오를 작성하시오.
   1) 시나리오 이름 : 유형1, 유형2
   2) 변경 셀 : L2, L3, L4, L5, L6셀

[시나리오 형태]

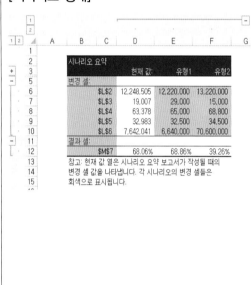

변경셀	유형1 변경 값	유형2 변경 값
L2	12,220,000	13,220,000
L3	29,000	15,000
L4	65,000	68,800
L5	32,500	34,500
L6	6,640,000	70,600,000

3) 보고서 종류 : 시나리오 요약

3. 시트의 순서는 반드시 아래와 같이 하시오.
   (반드시 지정된 시트만 있어야 함)
   ○○○ → 지하수이용 → 피벗 → 데이터
   → 시나리오 요약 → 목표값과 시나리오

실전 모의고사

파일 : 실전모의고사2016＼실전모의고사-02회.xlsx

※ 답안 작성 시 주의사항

• 답안문서 파일명은 응시자의 이름으로 저장하십시오.
• 반드시 주어진 자료 및 엑셀의 기능들을 이용하여 [처리사항]대로 답안문서를 작성하십시오.
  ([보기]를 참고하고, 주어진 자료 외 다른 자료 이용시 감점 처리됩니다.)
• 답안 작성에 필요한 시트 이외에 다른 시트에 내용을 입력한 경우 감점 또는 부정행위의 대상이 됩니다.
• 답안은 반드시 문제에서 지정한 셀에 입력해야 하며, 임의로 셀의 위치를 변경한 경우 감점요인이 됩니다.
• 문제에서 제시된 내용이 중복 작성된 경우 감점요인이 됩니다.
  (예를 들어, 차트가 두 개 이상인 경우)
• 문제에서 지시하지 않은 사항은 프로그램의 기본 설정 값으로 지정하십시오.

[제공 데이터]

주어진 자료를 이용하여 답안문서를 작성하시오.

(첨부파일보기 클릭시 자료 페이지 열림)

[보기]	[처리사항]
[엑셀로 가공할 정보형태]	**〈데이터 입력과 수식 작성하기〉**
	배점 1번(5), 2번(7), 3번(45), 4번(45)

[엑셀로 가공할 정보형태]

영농형태별 농가소득 현황

(기준:2019년)

구분	논	밭	과수	채소화	훼	평균과 차	비고
농 가 소 득	23,318	30,419	****24,164	****35,874	①		②
농 가 순 소 득	13,056	21,343	****14,705	****21,259	①		②
농 업 소 득	8,867	17,602	****11,561	****15,895	①		②
농 업 총 수 입	20,974	36,097	****31,084	****58,497	①		②
농 업 경 영 비	12,107	18,495	****19,523	****42,602	①		②
농 외 소 득	4,188	3,741	3,144	5,364	①		②
겸 업 수 입	1,285	1,146	953	572	①		②
겸 업 지 출	331	465	326	176	①		②
사 업 외 수 입	3,268	3,123	2,602	4,971	①		②
사 업 외 지 출	34	63	86	3	①		②
이 전 소 득	6,123	5,433	5,497	5,965	①		②
비 경 상 소 득	4,139	3,644	3,962	8,650	①		②
소 비 지 출	17,189	18,799	****18,643	****26,347	①		②
비 소 비 지 출	5,565	5,648	5,044	4,518	①		②
농가처분가능소득	17,753	24,772	****19,120	****31,356	①		②
농가경제잉여	564	5,972	477	5,009	①		②

※ 영농형태 시트에 1번부터 4번까지 작성하시오.

1. F3셀에 '평균과 차', G3셀에 '비고', G2셀에 '(기준: 2019년)'을 입력하시오.
   (G2셀은 가로 오른쪽 맞춤으로 지정)

2. A1셀에 제목을 '영농형태별 농가소득 현황'으로 입력하시오.
   1) A1 ～ G1셀을 병합하고 가로 가운데 맞춤으로 지정
   2) 글꼴은 굴림체, 글꼴 크기는 15, 글꼴 스타일은 굵게 지정

3. [엑셀로 가공할 정보형태]의 ① (F4 ～ F19셀)부분의 평균과 차를 구하시오.

| | [보기] | | [처리사항] |

[보기]

	A	B	C	D	E	F	G
1	영농형태별 농가소득 현황						
2							(기준:2019년)
3	구 분	논 벼	과 수	채 소	화 훼	평균과 차	비 고
4	농 가 소 득	23,318	30,419	****24,164	****35,874	①	②
5	농 가 순 소 득	13,056	21,343	****14,705	****21,259	①	②
6	농 업 소 득	8,867	17,602	****11,561	****15,895	①	②
7	농 업 총 수 입	20,974	36,097	****31,084	****58,497	①	②
8	농 업 경 영 비	12,107	18,495	****19,523	****42,602	①	②
9	농 외 소 득	4,188	3,741	3,144	5,364	①	②
10	겸 업 수 입	1,285	1,146	953	572	①	②
11	겸 업 지 출	331	465	326	176	①	②
12	사 업 외 수 입	3,268	3,123	2,602	4,971	①	②
13	사 업 외 지 출	34	63	86	3	①	②
14	이 전 소 득	6,123	5,433	5,497	5,965	①	②
15	비 경 상 소 득	4,139	3,644	3,962	8,650	①	②
16	소 비 지 출	17,189	18,799	****18,643	****26,347	①	②
17	비 소 비 지 출	5,565	5,648	5,044	4,518	①	②
18	농가처분가능소득	17,753	24,772	****19,120	****31,356	①	②
19	농 가 경 제 잉 여	564	5,972	477	5,009	①	②

[처리사항]

1) 반드시 AVERAGE, ROUNDUP 함수를 모두 이용하여 구하시오.

2) 반드시 아래 주어진 수식으로 구하고, 구한 값을 소수 셋째 자리에서 올림하여 소수 둘째 자리까지 나타내시오.

※ 평균과 차 = ('채소'의 '농가소득'부터 '농가경제잉여'까지의 평균 – '채소'의 각 구분의 값)

4. [엑셀로 가공할 정보형태]의 ② (G4 ~ G19셀)부분의 비고를 구하시오.

1) 반드시 IF, OR, RANK.EQ, RIGHT, SUM 함수를 모두 이용하여 구하시오.

2) 반드시 아래 주어진 조건에 따른 참과 거짓의 값으로 나타내시오.

- 조건 : 각 구분의 오른쪽부터 두 자리 문자가 '소득'이거나 '잉여'

- 참 : '과수'를 기준으로 각 구분의 내림차순 순위

- 거짓 : 각 구분의 '논벼'부터 '화훼'까지의 합계

〈서식 지정하기〉

배점 1번(2), 2번(3), 3번(2), 4번(3), 5번(6), 6번(3), 7번(9)

※ 영농형태 시트에 1번부터 7번까지 작성하시오.

1. 표(A3 ~ G19셀) 안의 글꼴은 굴림체, 글꼴 크기는 10으로 지정하시오.

2. A3 ~ A19셀, B3 ~ G3셀은 가로 균등 분할 (들여쓰기) 맞춤으로 지정하고, G4 ~ G19셀은 가로 가운데 맞춤으로 지정하시오.

3. A열의 열 너비는 15, B ~ G열의 열 너비는 9로 지정하시오.

4. A3 ~ G3셀의 글꼴 스타일은 굵게 지정하시오.

5. B4 ~ C19셀의 수치는 숫자 표시형식을 이용하여 세 자리마다 콤마가 나타나고, 음수인 경우 빨강색으로 (1,234)로 나타나도록 지정하고, D4 ~ E19셀의 수치는 사용자 지정 표시형식을 이용하여 세자리마다 콤마가 나타나고, 10,000 이상인 경우 세자리마다 콤마와 수치 앞에 빈 열 폭 만큼 '*'이 나타나도록 지정하시오.

[보기]	[처리사항]
	6. B4 ~ C19셀의 수치는 조건부 서식을 이용하여 1,285 이하인 경우 글꼴 스타일이 굵게 나타나도록 지정하시오. (단, 수식을 이용하여 입력시 감점) 7. 표(A3 ~ G19셀) 윤곽선은 이중선, 표 안쪽 세로선은 실선, A3 ~ G3셀의 아래선은 이중선이 나타나도록 작성하시오.

〈차트 작성과 데이터베이스 기능 사용하기〉
배점 1번(20), 2번 1)번(6), 2)번(3), 3)번(4), 4)번(4), 5)번(6), 6)번(7), 7)번(6), 8)번(6), 9)번(6), 10)번(6), 11)번(6), 3번(23), 4번(20), 5번(15)

[차트형태]

하위 소득 현황 (기준:2019년)

※ 영농형태 시트로 1번과 2번을 작성하시오.

1. 자동 필터를 이용하여 '과수'의 값이 하위 1 ~ 4위인 자료를 추출하고, 추출한 상태를 복사하여 A21셀부터 붙여 넣으시오.
   (단, 추출 후 반드시 자동 필터 상태를 유지하시오.)

2. 차트를 작성하시오. (차트는 반드시 지정상태를 확인할 수 있어야 하고, 차트를 두 개 이상 작성하거나 그림, 외부개체로 입력되면 감점됨)
   1) 붙여 넣은(A21셀부터) 자료 중 '평균과 차'와 '비고' 를 제외한 자료를 이용하여 차트를 작성
   2) 차트 종류는 '3차원 누적 세로 막대형', 차트 스타일은 '스타일 2'로 지정
   3) 작성한 차트 이동 위치는 '새 시트(S)'에 삽입
   4) 작성한 차트가 있는 시트명은 '○○○(응시자 본인의 이름)'으로 입력
   5) 차트 제목은 [차트 도구] – [디자인]메뉴 [차트 레이아웃] 그룹의 '레이아웃 1'로 '하위 소득 현황'으로 입력하고, 테두리 색은 '실선', 그림자는 미리 설정의 '바깥쪽, 오프셋 대각선 오른쪽 아래'를 지정
   6) 기본 세로 축 옵션의 '값을 거꾸로'로 지정하고, 세로 축 주 눈금선은'없음'으로 지정
   7) 3차원 회전 차트 배율의 깊이(%)는 '150'으로 지정
   8) 3차원 회전의 회전은 X 10°, Y 10°로 지정
   9) '사업외수입' 계열 중 '화훼'의 데이터 레이블 값이 나타나도록 지정

[보기]	[처리사항]

[처리사항]

10) 차트 영역의 상단 오른쪽에 [차트형태]와 같이 텍스트 상자를 이용하여 '(기준:2019년)'을 입력

11) [차트형태]와 같이 범례가 나타나도록 지정

※ 데이터 시트의 A1~E17셀을 이용하여 3번을 작성하시오.

3. 표(A1 ~ E17셀)를 이용하여 피벗 테이블을 작성하시오.

1) 아래 조건으로 피벗 테이블을 작성하시오.
 – 피벗 테이블 보고서 작성 위치 : 새 워크시트
 – 피벗 테이블 레이아웃
  열 레이블 : 대분류
  행 레이블 : ∑ 값
  ∑ 값 : 농작물수입, 축산수입, 농업잡수입
  (함수:평균)
 – 시트명은 '피벗'으로 입력

※ 데이터 시트의 A19 ~ E35셀을 이용하여 4번을 작성하시오.

4. 표(A19 ~ E35셀)를 이용하여 부분합을 작성하시오. (부분합 결과는 열 너비를 조절하지 않아도 됨)

1) 아래 조건으로 부분합을 구하시오.
 – 정렬 : 정렬 기준은 '대분류', '오름차순'으로 지정
 – 그룹화할 항목 : 대분류
 – 사용할 함수 : 최대값
 – 부분합 계산 항목 : 농가순소득, 농업소득, 농외소득

※ 데이터 시트의 J1 ~ J17셀을 이용하여 5번을 작성하시오.

5. 표(J1 ~ J17셀)를 이용하여 텍스트 나누기를 작성하시오.

1) 아래 조건으로 텍스트 나누기를 작성하시오.
 – 원본 데이터 형식 : 너비가 일정함
 – 열 구분선 : 3개를 지정하여 4열로 나눔
  (구분선 지정 위치 : 4, 12, 20)
 – 열 데이터 서식 : 세 번째 열은 열 가져오지 않음 (건너뜀) 지정

[보기]

[피벗 테이블 형태]

	A	B	C	D
1				
2				
3		열 레이블		
4	값	영농형태	지역	총합계
5	평균 : 농작물수입	31029.57143	21042.22222	25411.6875
6	평균 : 축산수입	16325.57143	5449.111111	10207.5625
7	평균 : 농업잡수입	1022.285714	498.7777778	727.8125

[부분합 형태]

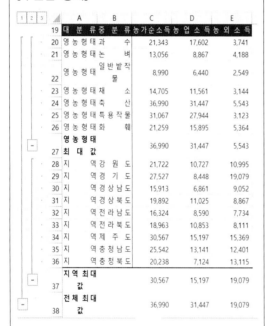

	A	B	C	D	E
19	대 분 류	중 분 류	농가순소득	농 업 소 득	농 외 소 득
20	영 농 형 태	과 수	21,343	17,602	3,741
21	영 농 형 태	논 벼	13,056	8,867	4,188
22	영 농 형 태	일반밭작물	8,990	6,440	2,549
23	영 농 형 태	채 소	14,705	11,561	3,144
24	영 농 형 태	축 산	36,990	31,447	5,543
25	영 농 형 태	특 용 작 물	31,067	27,944	3,123
26	영 농 형 태	화 훼	21,259	15,895	5,364
27	영 농 형 태 최 대 값		36,990	31,447	5,543
28	지 역	강 원 도	21,722	10,727	10,995
29	지 역	경 기 도	27,527	8,448	19,079
30	지 역	경 상 남 도	15,913	6,861	9,052
31	지 역	경 상 북 도	19,892	11,025	8,867
32	지 역	전 라 남 도	16,324	8,590	7,734
33	지 역	전 라 북 도	18,963	10,853	8,111
34	지 역	제 주 도	30,567	15,197	15,369
35	지 역	충 청 남 도	25,542	13,141	12,401
36	지 역	충 청 북 도	20,238	7,124	13,115
37	지 역 최 대 값		30,567	15,197	19,079
38	전 체 최 대 값		36,990	31,447	19,079

[텍스트 나누기 형태]

	J	K	L
1	지역	주업농가	일반농가
2	서울	997	475
3	부산	4340	2116
4	대구	6588	4501
5	인천	7373	5126
6	광주	5355	3817
7	대전	3210	2093
8	울산	6436	4987
9	경기	67524	41673
10	강원	44303	29614
11	충북	52005	36563
12	충남	103213	71263
13	전북	75671	51090
14	전남	125279	91334
15	경북	140333	87221
16	경남	87118	62183
17	제주	21133	11379

[보기]	[처리사항]
	〈데이터 분석 기능 사용하기〉 배점 1번(15), 2번(15), 3번(2) ※ 목표값과 시나리오 시트로 1번과 2번을 작성하시오.

[목표값 형태]

▲	A	B	C	D	E
1	연 도	전 업	1종 겸업	2종 겸업	순소득평균
2	2015년	16,901	28,283	28,861	24,682
3	2016년	17,333	26,331	30,305	24,656
4	2017년	15,188	26,897	30,986	24,357
5	2018년	③	25,200	29,848	③
6	평 균	③	26,678	30,000	③
7					

1. 목표값 찾기를 이용하여 표(A1~E6셀)의 순소득평균의 평균이 25,000이 되도록 2018년의 전업 값을 구하시오.
   1) 아래 조건으로 목표값 찾기를 구하시오.(③부분이 변경되어야 함)
   – 수식 셀 : E6(순소득평균 평균)
   – 찾는 값 : 25,000
   – 값을 바꿀 셀 : B5(2018년 전업)

[시나리오 형태]

	A	B	C	D	E	F	G
1							
2		시나리오 요약					
3				현재 값	유형1	유형2	
5		변경 셀:					
6			$J$2	63,313	63,500	63,600	
7			$J$3	14,086	14,500	14,600	
8			$J$4	10,199	10,200	10,300	
9			$J$5	2,367	2,400	2,500	
10		결과 셀:					
11			$K$6	421%	416%	415%	
12		참고: 현재 값 열은 시나리오 요약 보고서가 작성될 때의					
13		변경 셀 값을 나타냅니다. 각 시나리오의 변경 셀들은					
14		회색으로 표시됩니다.					

2. 표(H1 ~ K6셀)를 이용하여 전문/일반의 평균(K6)을 위한 시나리오를 작성하시오.
   1) 시나리오 이름 : 유형1, 유형2
   2) 변경 셀 : J2, J3, J4, J5셀

변경셀	유형1 변경 값	유형2 변경 값
J2	63,500	63,600
J3	14,500	14,600
J4	10,200	10,300
J5	2,400	2,500

   3) 보고서 종류 : 시나리오 요약

3. 시트의 순서는 반드시 아래와 같이 하시오.
   (반드시 지정된 시트만 있어야 함)
   ○○○ → 영농형태 → 피벗 → 데이터
   → 시나리오 요약 → 목표값과 시나리오

Part Ⅲ

실전 모의고사

실전 모의고사

Excel 2016

파일 : 실전모의고사2016＼실전모의고사-03회.xlsx

※ 답안 작성 시 주의사항

• 답안문서 파일명은 응시자의 이름으로 저장하십시오.

• 반드시 주어진 자료 및 엑셀의 기능들을 이용하여 [처리사항]대로 답안문서를 작성하십시오.

([보기]를 참고하고, 주어진 자료 외 다른 자료 이용시 감점 처리됩니다.)

• 답안 작성에 필요한 시트 이외에 다른 시트에 내용을 입력한 경우 감점 또는 부정행위의 대상이 됩니다.

• 답안은 반드시 문제에서 지정한 셀에 입력해야 하며, 임의로 셀의 위치를 변경한 경우 감점요인이 됩니다.

• 문제에서 제시된 내용이 중복 작성된 경우 감점요인이 됩니다.

(예를 들어, 차트가 두 개 이상인 경우)

• 문제에서 지시하지 않은 사항은 프로그램의 기본 설정 값으로 지정하십시오.

[제공 데이터]

주어진 자료를 이용하여 답안문서를 작성하시오.

(첨부파일보기 클릭시 자료 페이지 열림)

[보기]	[처리사항]
[엑셀로 가공할 정보형태]	**〈데이터 입력과 수식 작성하기〉**
	배점 1번(5), 2번(7), 3번(45), 4번(45)

[보기] — 엑셀로 가공할 정보형태

노선별 이용차량 구분

(기준:2019년12월31일)

노 선	2종대수	3종대수	4종대수	5종대수	차지율(%)	연산
경 부 선	35,384	***64,332.0	***42,612.0	***50,727.0	①	②
남 해 선	9,756	14,144.0	12,197.0	***27,912.0	①	②
서 해 안 선	9,936	15,135.0	12,296.0	20,660.0	①	②
호 남 선	7,467	20,143.0	14,630.0	17,798.0	①	②
중 부 선	14,248	18,050.0	16,884.0	14,724.0	①	②
중부내륙선	5,507	11,289.0	13,072.0	17,467.0	①	②
영 동 선	17,187	***23,253.0	17,666.0	16,271.0	①	②
제2영동선	565	1,511.0	498.0	552.0	①	②
중 앙 선	12,054	14,480.0	13,167.0	***24,623.0	①	②
서울양양선	532	1,103.0	394.0	458.0	①	②
동 해 선	3,648	6,347.0	4,947.0	18,120.0	①	②
남해1지선	1,532	3,045.0	1,105.0	1,771.0	①	②
남해2지선	2,378	4,211.0	2,847.0	7,987.0	①	②
제2경인선	1,663	2,108.0	885.0	1,592.0	①	②
경 인 선	3,653	2,357.0	2,165.0	4,078.0	①	②
호남선지선	9,262	***23,095.0	19,337.0	***22,811.0	①	②

[처리사항] — 데이터 입력과 수식 작성하기

※ 차량대수 시트에 1번부터 4번까지 작성하시오.

1. F3셀에 '차지율(%)', G3셀에 '연산', G2셀에 '(기준: 2019년12월31일)'을 입력하시오.

(G2셀은 가로 오른쪽 맞춤으로 지정)

2. A1셀에 제목을 '노선별 이용차량 구분'으로 입력하시오.

1) A1 ~ G1셀을 병합하고 가로 가운데 맞춤으로 지정

2) 글꼴은 굴림체, 글꼴 크기는 16, 글꼴 스타일은 굵게 지정

3. [엑셀로 가공할 정보형태]의 ① (F4 ~ F19셀)부분의 차지율(%)을 구하시오.

1) 반드시 ROUNDDOWN, SUM 함수를 모두 이용하여 구하시오.

[보기]	[처리사항]

[보기]

노선별 이용차량 구분

(기준:2019년12월31일)

노　선	2종대수	3종대수	4종대수	5종대수	차지율(%)	연산
경 부 선	35,384	***64,332.0	***42,612.0	***50,727.0	①	②
남 해 선	9,756	14,144.0	12,197.0	***27,912.0	①	②
서 해 안 선	9,936	15,135.0	12,296.0	20,660.0	①	②
호 남 선	7,467	20,143.0	14,630.0	17,798.0	①	②
중 부 선	14,248	18,050.0	16,884.0	14,724.0	①	②
중 부 내 륙 선	5,507	11,289.0	13,072.0	17,467.0	①	②
영 동 선	17,187	***23,253.0	17,666.0	16,271.0	①	②
제 2 영 동 선	565	1,511.0	498.0	552.0	①	②
중 앙 선	12,054	14,480.0	13,167.0	***24,623.0	①	②
서 울 양 양 선	532	1,103.0	394.0	458.0	①	②
동 해 선	3,648	6,347.0	4,947.0	18,120.0	①	②
남 해 1 지 선	1,532	3,045.0	1,105.0	1,771.0	①	②
남 해 2 지 선	2,378	4,211.0	2,847.0	7,987.0	①	②
제 2 경 인 선	1,663	2,108.0	885.0	1,592.0	①	②
경 인 선	3,653	2,357.0	2,165.0	4,078.0	①	②
호 남 선 지 선	9,262	***23,095.0	19,337.0	***22,811.0	①	②

[처리사항]

2) 반드시 아래 주어진 수식으로 구하고, 구한 값을 소수 셋째자리에서 내림하여 소수 둘째 자리까지 나타내시오.

※ 차지율(%) = ('3종대수'의 각 노선의 값 / '3종대수'의 '경부선'부터 '호남선지선'까지의 합계 * 100)

4. [엑셀로 가공할 정보형태]의 ② (G4 ~ G19셀)부분의 연산을 구하시오.

1) 반드시 AVERAGE, CHOOSE, LEN, MIN, SUM 함수를 모두 이용하여 구하시오.

2) 연산은 노선의 글자수에 따라 값을 구하시오.

3인 경우 각 노선의 '2종대수'부터 '5종대수'까지의 합계

4인 경우 각 노선의 '2종대수'부터 '5종대수'까지의 평균

5인 경우 각 노선의 '2종대수'부터 '5종대수'까지의 값 중 최소값

〈서식 지정하기〉
배점 1번(2), 2번(3), 3번(2), 4번(3), 5번(6), 6번(3), 7번(9)

※ 차량대수 시트에 1번부터 7번까지 작성하시오.

1. 표(A3 ~ G19셀) 안의 글꼴은 굴림체, 글꼴 크기는 10으로 지정하시오.

2. A3 ~ A19셀은 가로 균등 분할 (들여쓰기) 맞춤으로 지정하고, B3 ~ G3셀, G4 ~ G19셀은 가로 가운데 맞춤으로 지정하시오.

3. A열의 열 너비는 11, B ~ E열의 열 너비는 10으로 지정하시오.

4. A3 ~ G3셀의 글꼴 스타일은 굵게 지정하시오.

5. B4 ~ B19셀의 수치는 숫자 표시형식을 이용하여 세 자리마다 콤마가 나타나고, 음수인 경우 빨강색으로 (1,234)로 나타나도록 지정하고, C4 ~ E19셀의 수치는 사용자 지정 표시형식을 이용하여 세자리마다 콤마와 소수 첫째자리까지 나타나고, 20,660 초과인 경우 수치 앞에 빈 열 폭 만큼 '*'이 나타나도록 지정하시오.

[보기]	[처리사항]
	6. C4~D19셀의 수치는 조건부 서식을 이용하여 11,289미만인 경우 글꼴 스타일이 굵은 기울임꼴이 나타나도록 지정하시오. (단, 수식을 이용하여 입력 시 감점)
	7. 표(A3~G19셀) 윤곽선은 가장 굵은선, 표 안쪽 세로 선은 실선, A3~G3셀의 아래선은 가장 굵은선이 나 타나도록 작성하시오.

〈차트 작성과 데이터베이스 기능 사용하기〉
배점 1번(20), 2번 1)번(6), 2)번(3), 3)번(4), 4)번(4), 5)번(6), 6)번(7), 7)번(6), 8)번(6), 9)번(6), 10)번(6), 11)번(6), 3번(23), 4번(20), 5번(15)

[차트형태]

노선별 이용차량 현황 (기준:2019년12월31일)

※ 차량대수 시트로 1번과 2번을 작성하시오.

1. 자동 필터를 이용하여 '노선'의 값이 '지선'이나 '내륙'을 포함하는 자료를 추출하고, 추출한 상태를 복사하여 A21셀부터 붙여 넣으시오.
(단, 추출 후 반드시 자동 필터 상태를 유지하시오.)

2. 차트를 작성하시오. (차트는 반드시 지정상태를 확인할 수 있어야 하고, 차트를 두 개 이상 작성하거나 그림, 외부개체로 입력되면 감점됨)
   1) 붙여 넣은(A21셀부터) 자료 중 '차지율(%)'과 '연산'을 제외한 자료를 이용하여 차트를 작성
   2) 차트 종류는 '묶은 가로 막대형', 차트 스타일은 '스타일 1'로 지정
   3) 작성한 차트 이동 위치는 '새 시트(S)'에 삽입
   4) 작성한 차트가 있는 시트명은 '○○○(응시자 본인의 이름)'으로 입력
   5) 차트 제목은 [차트 도구] – [디자인]메뉴 [차트 레이아웃] 그룹의 '레이아웃 1'로 '노선별 이용차량 현황'으로 입력하고, 테두리 색은 '실선', 그림자는 미리 설정의 '바깥쪽, 오프셋 아래쪽'을 지정
   6) 기본 세로 축 옵션의 '항목을 거꾸로'로 지정하고, 가로(축) 주 눈금선은 '없음'으로 지정
   7) 데이터 계열 서식의 계열 옵션 – 간격 너비를 110%로 지정
   8) 그림영역의 채우기를 질감 – 재생지로 지정

| [보기] | [처리사항] |

[보기]

[피벗 테이블 형태]

	A	B	C
1			
2			
3	행 레이블 ▾	최대값 : 12월30일	최대값 : 12월31일
4	2종대수	39256	35384
5	3종대수	67693	64332
6	4종대수	43851	42612
7	5종대수	56211	50727
8	**총합계**	**67693**	**64332**

[부분합 형태]

	A	B	C	D
19	차	종 월 / 일	경 부 선	호 남 선
20	1	중 12월29일	976,129	293,563
21	2	중 12월29일	10,299	2,286
22	3	중 12월29일	36,306	14,192
23	4	중 12월29일	11,173	4,528
24	5	중 12월29일	10,454	4,261
25	6	중 12월29일	44,080	9,723
26		**12월29일 최소**	10,299	2,286
27	1	중 12월30일	1,069,418	261,738
28	2	중 12월30일	39,256	8,018
29	3	중 12월30일	67,693	20,554
30	4	중 12월30일	43,851	15,844
31	5	중 12월30일	56,211	21,217
32	6	중 12월30일	57,757	9,738
33		**12월30일 최소**	39,256	8,018
34	1	중 12월31일	1,108,297	279,125
35	2	중 12월31일	35,384	7,467
36	3	중 12월31일	64,332	20,143
37	4	중 12월31일	42,612	14,630
38		**12월31일 최소**	35,384	7,467
39		**전체 최소값**	10,299	2,286

[텍스트 나누기 형태]

	J	K	L	M
1	노선	1종	2종	3종
2	광주대구선	66332	617	1854
3	고창담양선	36793	468	1233
4	평택화성선	6950	76	581
5	논산천안선	293563	2286	14192
6	통영대전선	318344	4329	9347
7	당진영덕선	207360	1415	7197
8	옥산오창선	4388	50	288
9	평택제천선	163655	1899	5495
10	중부내륙선	171031	1479	6318
11	서울양주선	51559	192	842
12	서천공주선	28884	142	1096
13	평택시흥선	40567	364	2190
14	오산화성선	32689	217	306
15	상주영천선	42316	211	1659
16	무안광주선	36298	256	795
17	순천완주선	42513	266	1060

[처리사항]

9) '3종대수' 계열의 데이터 레이블 값이 나타나도록 지정, 레이블 위치는 '가운데'로 지정

10) 차트 영역의 상단 오른쪽에 [차트형태]와 같이 텍스트 상자를 이용하여 '(기준:2019년12월31일)'을 입력

11) [차트형태]와 같이 범례가 나타나도록 지정

※ 데이터 시트의 A1~D17셀을 이용하여 3번을 작성하시오.

3. 표(A1~D17셀)를 이용하여 피벗 테이블을 작성하시오.

1) 아래 조건으로 피벗 테이블을 작성하시오.
   - 피벗 테이블 보고서 작성 위치 : 새 워크시트
   - 피벗 테이블 레이아웃
     행 레이블 : 차량
     열 레이블 : ∑ 값
     ∑ 값 : 12월30일, 12월31일 (함수:최대값)
   - 시트명은 '피벗'으로 입력

※ 데이터 시트의 A19~D35셀을 이용하여 4번을 작성하시오.

4. 표(A19~D35셀)를 이용하여 부분합을 작성하시오. (부분합 결과는 열 너비를 조절하지 않아도 됨)

1) 아래 조건으로 부분합을 구하시오.
   - 정렬 : 정렬 기준은 '월/일', '오름차순'으로 지정
   - 그룹화할 항목 : 월/일
   - 사용할 함수 : 최소값
   - 부분합 계산 항목 : 경부선, 호남선

※ 데이터 시트의 J1~J17셀을 이용하여 5번을 작성하시오.

5. 표(J1~J17셀)를 이용하여 텍스트 나누기를 작성하시오.

1) 아래 조건으로 텍스트 나누기를 작성하시오.
   - 원본 데이터 형식 : 너비가 일정함
   - 열 구분선 : 4개를 지정하여 5열로 나눔 (구분선 지정 위치 : 10, 17, 22, 27)
   - 열 데이터 서식 : 다섯 번째 열은 열 가져오지 않음(건너뜀) 지정

[보기]	[처리사항]

[처리사항]

〈데이터 분석 기능 사용하기〉
배점 1번(15), 2번(15), 3번(2)

※ 목표값과 시나리오 시트로 1번과 2번을 작성하시오.

1. 목표값 찾기를 이용하여 표(A1 ~ E8셀)의 1종비중의
   평균이 83.0이 되도록 1종대수의 19/12/31 값을 구
   하시오.
   1) 아래 조건으로 목표값 찾기를 구하시오.(③부분이
      변경되어야 함)
   – 수식 셀 : E8(1종비중 평균)
   – 찾는 값 : 83.0
   – 값을 바꿀 셀 : D2(1종대수 19/12/31)

2. 표(H1 ~ L10셀)를 이용하여 1종비중의 평균(L10)을
   위한 시나리오를 작성하시오.
   1) 시나리오 이름 : 구분1, 구분2
   2) 변경 셀 : K6, K7, K8, K9셀

변경셀	구분1 변경 값	구분2 변경 값
K6	280,000	261,000
K7	10,000	8,010
K8	21,000	19,000
K9	17,000	15,500

   3) 보고서 종류 : 시나리오 요약

3. 시트의 순서는 반드시 아래와 같이 하시오.
   (반드시 지정된 시트만 있어야 함)
   ○○○ → 차량대수 → 피벗 → 데이터
   → 시나리오 요약 → 목표값과 시나리오

[목표값 형태]

	A	B	C	D	E
1	차 량	19/12/29	19/12/30	19/12/31	평균
2	1 종 대 수	976,129	1,069,418	③	③
3	2 종 대 수	10,299	39,256	35,384	28,313
4	3 종 대 수	36,306	67,693	64,332	56,110
5	4 종 대 수	11,173	43,851	42,612	32,545
6	5 종 대 수	10,454	56,211	50,727	39,131
7	6 종 대 수	44,080	57,757	58,857	53,565
8	1 종 비 중	89.68%	80.16%	③	③

[시나리오 형태]

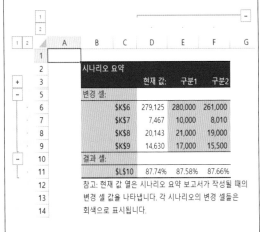

실전 모의고사

파일 : 실전모의고사2016\실전모의고사-04회.xlsx

※ 답안 작성 시 주의사항

- 답안문서 파일명은 응시자의 이름으로 저장하십시오.
- 반드시 주어진 자료 및 엑셀의 기능들을 이용하여 [처리사항]대로 답안문서를 작성하십시오.
  ([보기]를 참고하고, 주어진 자료 외 다른 자료 이용시 감점 처리됩니다.)
- 답안 작성에 필요한 시트 이외에 다른 시트에 내용을 입력한 경우 감점 또는 부정행위의 대상이 됩니다.
- 답안은 반드시 문제에서 지정한 셀에 입력해야 하며, 임의로 셀의 위치를 변경한 경우 감점요인이 됩니다.
- 문제에서 제시된 내용이 중복 작성된 경우 감점요인이 됩니다.
  (예를 들어, 차트가 두 개 이상인 경우)
- 문제에서 지시하지 않은 사항은 프로그램의 기본 설정 값으로 지정하십시오.

[제공 데이터]

주어진 자료를 이용하여 답안문서를 작성하시오.

(첨부파일보기 클릭시 자료 페이지 열림)

[보기]	[처리사항]

[보기]

[엑셀로 가공할 정보형태]

연 도	도봉구	노원구	은평구	서대문구	평균과 차	기 타
			지역별 세대수 현황			
						(단위 : 명)
2005년	134,308	215,166	178,816	****138,320	①	②
2006년	136,003	218,799	180,503	****141,869	①	②
2007년	138,156	222,109	181,551	****144,016	①	②
2008년	139,733	225,065	182,762	****138,295	①	②
2009년	139,010	225,000	185,701	****137,062	①	②
2010년	140,603	228,022	196,390	****138,473	①	②
2011년	139,348	225,104	197,582	134,730	①	②
2012년	138,036	222,959	200,502	135,104	①	②
2013년	137,714	222,132	202,487	135,272	①	②
2014년	136,977	221,107	202,187	134,780	①	②
2015년	136,903	219,768	203,410	135,770	①	②
2016년	136,898	219,736	201,891	136,766	①	②
2017년	137,378	217,619	202,839	****137,266	①	②
2018년	138,087	217,655	205,001	****138,549	①	②
2019년	138,508	216,966	207,681	****140,157	①	②
2020년	139,114	218,270	213,914	****144,838	①	②

[처리사항]

〈데이터 입력과 수식 작성하기〉

배점 1번(5), 2번(7), 3번(45), 4번(45)

※ 세대현황 시트에 1번부터 4번까지 작성하시오.

1. F3셀에 '평균과 차', G3셀에 '기타', G2셀에 '(단위:
   명)'을 입력하시오.
   (G2셀은 가로 오른쪽 맞춤으로 지정)

2. A1셀에 제목을 '지역별 세대수 현황'으로 입력하시오.
   1) A1 ~ G1셀을 병합하고 가로 가운데 맞춤으로 지정
   2) 글꼴은 바탕체, 글꼴 크기는 15, 글꼴 스타일은 굵
      게 지정

3. [엑셀로 가공할 정보형태]의 ① (F4 ~ F19셀)부분의
   평균과 차를 구하시오.
   1) 반드시 ROUND, AVERAGE 함수를 모두 이용하여
      구하시오.

[보기]

지역별 세대수 현황

(단위 : 명)

연도	도봉구	노원구	은평구	서대문구	평균과차	기타
2005 년	134,308	215,166	178,816	****138,320	①	②
2006 년	136,003	218,799	180,503	****141,869	①	⑧
2007 년	138,156	222,109	181,551	****144,016	①	⑤
2008 년	139,733	*225,065*	182,762	****138,295	①	②
2009 년	139,010	225,000	185,701	****137,062	①	⑤
2010 년	140,603	*228,022*	196,390	****138,473	①	②
2011 년	139,348	*225,104*	197,582	134,730	①	⑧
2012 년	138,036	222,959	200,502	135,104	①	②
2013 년	137,714	222,132	202,487	135,272	①	⑤
2014 년	136,977	221,107	202,187	134,780	①	⑤
2015 년	136,903	219,768	203,410	135,770	①	⑤
2016 년	136,898	219,736	201,891	136,766	①	⑤
2017 년	137,378	217,619	202,839	****137,266	①	⑤
2018 년	138,087	217,655	205,001	****138,549	①	⑤
2019 년	138,508	216,966	207,681	****140,157	①	⑤
2020 년	139,114	218,270	213,914	****144,838	①	⑧

[처리사항]

2) 반드시 아래 주어진 수식으로 구하고, 구한 값을 십의자리에서 반올림하여 백의 자리까지 나타내시오.

※ 평균과 차 = ('노원구'의 각 연도의 값 – '노원구'의 '2005년'부터 '2020년'까지의 평균)

4. [엑셀로 가공할 정보형태]의 ② (G4 ~ G19셀)부분의 기타를 구하시오.

1) 반드시 OR, IF, MOD, LEFT, RANK.EQ, MAX 함수를 모두 이용하여 구하시오.

2) 반드시 아래 주어진 조건에 따른 참과 거짓의 값으로 나타내시오.

- 조건 : 각 연도의 왼쪽부터 4자리 수치가 3의 배수이거나 5의 배수
- 참 : '은평구'를 기준으로 각 연도의 오름차순 순위
- 거짓 : 각 연도의 '도봉구'부터 '서대문구'까지의 값 중 최대값

〈서식 지정하기〉

배점 1번(2), 2번(3), 3번(2), 4번(3), 5번(6), 6번(3), 7번(9)

※ 세대현황 시트에 1번부터 7번까지 작성하시오.

1. 표(A3 ~ G19셀) 안의 글꼴은 바탕체, 글꼴 크기는 10으로 지정하시오.

2. A3 ~ A19, B3 ~ G3셀은 가로 균등 분할 (들여쓰기) 맞춤으로 지정하고, G4 ~ G19셀은 가로 가운데 맞춤으로 지정하시오.

3. A열의 열 너비는 9, B ~ G열의 열 너비는 10으로 지정하시오.

4. A3 ~ G3셀의 글꼴 스타일은 굵게 지정하시오.

5. B4 ~ D19셀의 수치는 숫자 표시형식을 이용하여 세 자리마다 콤마가 나타나고, 음수인 경우 빨강색으로 (1,234)로 나타나도록 지정하고, E4 ~ E19셀의 수치는 사용자 지정 표시형식을 이용하여 세자리마다 콤마가 나타나고, 137,062 이상인 경우 수치 앞에 빈 열 폭 만큼 '*'이 나타나도록 지정하시오.

6. C4 ~ C19셀의 수치는 조건부 서식을 이용하여 225,000 초과인 경우 글꼴 스타일이 굵은 기울임꼴이 나타나도록 지정하시오. (단, 수식을 이용하여 입력시 감점)

[보기]	[처리사항]
	7. 표(A3 ~ G19셀) 윤곽선은 가장 굵은선, 표 안쪽 세로선은 실선, A3 ~ G3셀의 아래선은 가장 굵은선이 나타나도록 작성하시오.

〈차트 작성과 데이터베이스 기능 사용하기〉
배점 1번(20), 2번 1)번(6), 2)번(3), 3)번(4), 4)번(4), 5)번(6), 6)번(7), 7)번(6), 8)번(6), 9)번(6), 10)번(6), 11)번(6), 3번(23), 4번(20), 5번(15)

※ 세대현황 시트로 1번과 2번을 작성하시오.
1. 자동 필터를 이용하여 '서대문구'의 값이 하위 1 ~ 5 위인 자료를 추출하고, 추출한 상태를 복사하여 A21 셀부터 붙여 넣으시오.
   (단, 추출 후 반드시 자동 필터 상태를 유지하시오.)
2. 차트를 작성하시오. (차트는 반드시 지정상태를 확인할 수 있어야 하고, 차트를 두 개 이상 작성하거나 그림, 외부개체로 입력되면 감점됨)
   1) 붙여 넣은(A21셀부터) 자료 중 '평균과 차'와 '기타'를 제외한 자료를 이용하여 차트를 작성
   2) 차트 종류는 '누적 세로 막대형', 차트 스타일은 '스타일 3'으로 지정
   3) 작성한 차트 이동 위치는 '새 시트(S)'에 삽입
   4) 작성한 차트가 있는 시트명은 '○○○(응시자 본인의 이름)'으로 입력
   5) 차트 제목은 [차트 도구] – [디자인]메뉴 [차트 레이아웃] 그룹의 '레이아웃 3'으로 '주민등록 세대수 현황'으로 입력하고, 테두리 색은 '실선', 그림자는 미리 설정의 '바깥쪽, 오프셋 오른쪽'을 지정
   6) 기본 세로 축 옵션의 '값을 거꾸로'로 지정하고, 세로 축 주 눈금선은 '없음'으로 지정
   7) 데이터 계열 서식의 계열 옵션 – 계열 겹치기를 90%, 간격 너비를 60%로 지정
   8) 차트영역의 채우기를 질감 – 신문용지로 지정
   9) '2015년' 계열의 데이터 레이블 값이 나타나도록 지정
   10) 차트 영역의 상단 오른쪽에 [**차트형태**]와 같이 텍스트 상자를 이용하여 '(기준:2020년)'을 입력
   11) [**차트형태**]와 같이 범례가 나타나도록 지정

[차트형태]

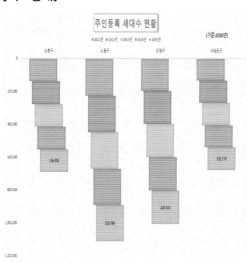

[보기]	[처리사항]

[피벗 테이블 형태]

	A	B
1		
2		
3	행 레이블	▾
4	대구광역시	
5	평균 : 2018년	167750.25
6	평균 : 2019년	170741.75
7	평균 : 2020년	175408
8	부산광역시	
9	평균 : 2018년	67924
10	평균 : 2019년	68465.4
11	평균 : 2020년	70373.8
12	서울특별시	
13	평균 : 2018년	108805.2
14	평균 : 2019년	109415.6
15	평균 : 2020년	111015.8
16	인천광역시	
17	평균 : 2018년	171356
18	평균 : 2019년	176275.5
19	평균 : 2020년	181785.5
20	전체 평균 : 2018년	118584.9375
21	전체 평균 : 2019년	120307.6875
22	전체 평균 : 2020년	123259.4375

※ 데이터 시트의 A1 ~ E17셀을 이용하여 3번을 작성하시오.

3. 표(A1 ~ E17셀)를 이용하여 피벗 테이블을 작성하시오.

　1) 아래 조건으로 피벗 테이블을 작성하시오.
　　– 피벗 테이블 보고서 작성 위치 : 새 워크시트
　　– 피벗 테이블 레이아웃
　　　행 레이블 : 지역, ∑ 값
　　　∑ 값 : 2018년, 2019년, 2020년 (함수:평균)
　　– 시트명은 '피벗'으로 입력

[부분합 형태]

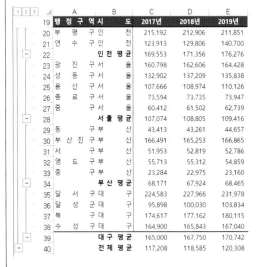

	A	B	C 2017년	D 2018년	E 2019년
19	행 정 구 역 시	도	2017년	2018년	2019년
20	부 평 구	인 천	215,192	212,906	211,851
21	연 수 구	인 천	123,913	129,806	140,700
22	인 천 평 균		169,553	171,356	176,276
23	광 진 구	서 울	160,798	162,606	164,428
24	성 동 구	서 울	132,902	137,209	135,838
25	용 산 구	서 울	107,666	108,974	110,126
26	종 로 구	서 울	73,594	73,735	73,947
27	중 구	서 울	60,412	61,502	62,739
28	서 울 평 균		107,074	108,805	109,416
29	동 구	부 산	43,413	43,261	44,657
30	부 산 진 구	부 산	166,491	165,253	166,865
31	서 구	부 산	51,953	52,819	52,786
32	영 도 구	부 산	55,713	55,312	54,859
33	중 구	부 산	23,284	22,975	23,160
34	부 산 평 균		68,171	67,924	68,465
35	달 서 구	대 구	224,583	227,966	231,978
36	달 성 군	대 구	95,898	100,030	103,834
37	북 구	대 구	174,617	177,162	180,115
38	수 성 구	대 구	164,900	165,843	167,040
39	대 구 평 균		165,000	167,750	170,742
40	전 체 평 균		117,208	118,585	120,308

※ 데이터 시트의 A19 ~ E35셀을 이용하여 4번을 작성하시오.

4. 표(A19 ~ E35셀)를 이용하여 부분합을 작성하시오. (부분합 결과는 열 너비를 조절하지 않아도 됨)

　1) 아래 조건으로 부분합을 구하시오.
　　– 정렬 : 정렬 기준은 '시도', '내림차순'으로 지정
　　– 그룹화 할 항목 : 시도
　　– 사용할 함수 : 평균
　　– 부분합 계산 항목 : 2017년, 2018년, 2019년

[텍스트 나누기 형태]

	J	K	L	M
1	연도	강남구	송파구	강동구
2	2005	211338	222169	167516
3	2006	222642	228770	170752
4	2007	226149	237517	174383
5	2008	227533	256104	178232
6	2009	229431	260681	184793
7	2010	234345	264364	190152
8	2011	231983	261963	190392
9	2012	230755	257852	187490
10	2013	230645	257441	186764
11	2014	237375	257207	185905
12	2015	237373	256611	180508
13	2016	234080	258382	177460
14	2017	231612	264628	177407
15	2018	228775	270866	177247
16	2019	232981	278711	183390
17	2020	234872	281959	196499

※ 데이터 시트의 J1 ~ J17셀을 이용하여 5번을 작성하시오.

5. 표(J1 ~ J17셀)를 이용하여 텍스트 나누기를 작성하시오.

　1) 아래 조건으로 텍스트 나누기를 작성하시오.
　　– 원본 데이터 형식 : 구분기호로 분리됨
　　– 구분 기호 : 콜론(:)
　　– 열 데이터 서식 : 다섯 번째 열은 열 가져오지 않음 (건너뜀) 지정

[보기]	[처리사항]

[처리사항]

〈데이터 분석 기능 사용하기〉
배점 1번(15), 2번(15), 3번(2)

※ 목표값과 시나리오 시트로 1번과 2번을 작성하시오.

1. 목표값 찾기를 이용하여 표(A1 ~ D6셀)의 합계의 평균세대수가 8,210,000이 되도록 대구의 2020년 값을 구하시오.

   1) 아래 조건으로 목표값 찾기를 구하시오.(③부분이 변경되어야 함)
      – 수식 셀 : D6(합계의 평균세대수)
      – 찾는 값 : 8,210,000
      – 값을 바꿀 셀 : C4(대의 2020년)

2. 표(H1 ~ L7셀)를 이용하여 행정구역평균의 평균세대수(L7)을 위한 시나리오를 작성하시오.

   1) 시나리오 이름 : 유형1, 유형2
   2) 변경 셀 : K2, K3, K4, K5, K6셀

변경셀	유형1 변경 값	유형2 변경 값
K2	74,000	75,000
K3	62,500	63,100
K4	115,000	120,000
K5	139,100	140,000
K6	169,000	171,425

   3) 보고서 종류 : 시나리오 요약

3. 시트의 순서는 반드시 아래와 같이 하시오.
   (반드시 지정된 시트만 있어야 함)
   ○○○ → 세대현황 → 피벗 → 데이터
   → 시나리오 요약 → 목표값과 시나리오

[보기]

[목표값 형태]

	A	B	C	D
1	지 역	2019년	2020년	평 균 세 대 수
2	서 울	4,327,605	4,417,954	4,372,780
3	인 천	1,238,641	1,267,956	1,253,299
4	대 구	1,031,251	③	③
5	부 산	1,497,908	1,530,431	1,514,170
6	합 계	8,095,405	③	③

[시나리오 형태]

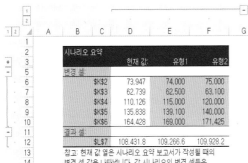

실전 모의고사

Excel 2016

파일 : 실전모의고사2016＼실전모의고사-05회.xlsx

※ 답안 작성 시 주의사항

- 답안문서 파일명은 응시자의 이름으로 저장하십시오.
- 반드시 주어진 자료 및 엑셀의 기능들을 이용하여 [처리사항]대로 답안문서를 작성하십시오.
  ([보기]를 참고하고, 주어진 자료 외 다른 자료 이용시 감점 처리됩니다.)
- 답안 작성에 필요한 시트 이외에 다른 시트에 내용을 입력한 경우 감점 또는 부정행위의 대상이 됩니다.
- 답안은 반드시 문제에서 지정한 셀에 입력해야 하며, 임의로 셀의 위치를 변경한 경우 감점요인이 됩니다.
- 문제에서 제시된 내용이 중복 작성된 경우 감점요인이 됩니다.
  (예를 들어, 차트가 두 개 이상인 경우)
- 문제에서 지시하지 않은 사항은 프로그램의 기본 설정 값으로 지정하십시오.

[제공 데이터]

주어진 자료를 이용하여 답안문서를 작성하시오.

(첨부파일보기 클릭시 자료 페이지 열림)

[보기]	[처리사항]
[엑셀로 가공할 정보형태]	**〈데이터 입력과 수식 작성하기〉**

[보기]

[엑셀로 가공할 정보형태]

	A	B	C	D	E	F	G
1			일반도서 신간 발행 현황				
2							(일반도서 기준)
3	구 분	2016년	2017년	2018년	2019년	평균과 차	연산
4	종 류	2,247,114.0	2,262,141.0	2,153,274.0	1,910,400.0	①	②
5	철 학	2,103,711.0	2,132,950.0	2,798,642.0	2,822,843.0	①	②
6	종 교	4,551,483.0	4,259,100.0	3,702,185.0	3,105,389.0	①	②
7	사 회 과 학	14,719,141.0	13,656,368.0	13,148,703.0	12,666,599.0	①	②
8	순 수 과 학	1,122,222.0	1,239,215.0	1,169,202.0	1,108,389.0	①	②
9	기 술 과 학	6,501,040.0	6,420,605.0	5,833,032.0	5,510,122.0	①	②
10	예 술	3,204,253.0	2,642,312.0	2,357,404.0	2,188,682.0	①	②
11	어 학	3,355,371.0	3,055,703.0	2,719,062.0	2,936,620.0	①	②
12	문 학	15,855,816.0	15,416,048.0	14,259,651.0	13,992,195.0	①	②
13	역 사	2,822,143.0	2,992,466.0	2,809,203.0	2,921,914.0	①	②
14	학 습 참 고	5,882,493.0	5,259,930.0	23,026,696.0	26,253,199.0	①	②
15	아 동 I	16,444,674.0	14,584,747.0	16,918,978.0	15,026,780.0	①	②
16	아 동 II	2,902,001.0	2,973,778.0	2,985,700.0	2,651,784.0	①	②
17	만 화 I	3,830,985.0	3,938,531.0	4,320,459.0	3,684,299.0	①	②
18	만 화 II	3,134,443.5	3,222,434.9	3,534,921.3	3,014,426.1	①	②
19	기 타	2,854,152.2	2,365,888.1	3,021,482.3	2,541,014.3	①	②
20							

[처리사항]

〈데이터 입력과 수식 작성하기〉

배점 1번(5), 2번(7), 3번(45), 4번(45)

※ 신간도서 시트에 1번부터 4번까지 작성하시오.

1. F3셀에 '평균과 차', G3셀에 '연산', G2셀에 '(일반도서 기준)'을 입력하시오.
   (G2셀은 가로 오른쪽 맞춤으로 지정)

2. A1셀에 제목을 '일반도서 신간 발행 현황'으로 입력하시오.
   1) A1 ~ G1셀을 병합하고 가로 가운데 맞춤으로 지정
   2) 글꼴은 궁서체, 글꼴 크기는 16, 글꼴 스타일은 굵게 지정

3. [엑셀로 가공할 정보형태]의 ①(F4 ~ F19셀)부분의 평균과 차를 구하시오.

	[보기]								[처리사항]

[보기]

일반도서 신간 발행 현황

(일반도서 기준)

구 분	2016년	2017년	2018년	2019년	평균과 차	연산
종 류	2,247,114.0	2,262,141.0	2,153,274.0	1,910,400.0	①	②
철 학	2,103,711.0	2,132,950.0	2,798,642.0	2,822,843.0	①	②
종 교	4,551,483.0	4,259,100.0	3,702,185.0	3,105,389.0	①	②
사 회 과 학	*14,719,141.0	*13,656,368.0	15,148,703.0	12,666,599.0	①	②
순 수 과 학	1,122,222.0	1,239,215.0	1,169,202.0	1,108,389.0	①	②
기 술 과 학	**6,501,040.0	**6,420,605.0	5,833,032.0	5,510,122.0	①	②
예 술	3,204,253.0	2,642,312.0	2,357,404.0	2,188,682.0	①	②
어 학	3,355,371.0	3,055,703.0	2,719,062.0	2,936,620.0	①	②
문 학	*15,855,816.0	*15,416,048.0	14,259,651.0	13,992,195.0	①	②
역 사	2,822,143.0	2,992,466.0	2,809,203.0	2,921,914.0	①	②
학 습 참 고	**5,882,493.0	**5,259,930.0	23,026,696.0	26,253,199.0	①	②
아 동 I	*16,444,674.0	*14,584,747.0	16,918,978.0	15,026,780.0	①	②
아 동 II	2,902,001.0	2,573,778.0	2,985,702.0	2,651,784.0	①	②
만 화 I	3,830,985.0	3,938,531.0	4,320,459.0	3,684,299.0	①	②
만 화 II	3,134,443.5	3,222,434.9	3,534,921.3	3,014,426.1	①	②
기 타	2,854,152.2	2,365,888.1	3,021,482.3	2,541,014.3	①	②

[처리사항]

1) 반드시 ROUNDUP, AVERAGE 함수를 모두 이용하여 구하시오.
2) 반드시 아래 주어진 수식으로 구하고, 구한 값을 백의 자리에서 올림하여 천의 자리까지 나타내시오.
※ 평균과 차 = ('2019년'의 각 구분의 값 − 각 구분의 '2016년'부터 '2019년'까지의 평균)

4. [엑셀로 가공할 정보형태]의 ②(G4 ~ G19셀)부분의 연산을 구하시오.
   1) 반드시 SUM, CHOOSE, LEN, MAX, MIN 함수를 모두 이용하여 구하시오.
   2) 연산은 구분의 글자 수에 따라 값을 구하시오.
      2인 경우 각 구분의 '2016년'부터 '2019년'까지의 합계
      3인 경우 각 구분의 '2016년'부터 '2019년'까지의 값 중 최소값
      4인 경우 각 구분의 '2016년'부터 '2019년'까지의 값 중 최대값

〈서식 지정하기〉
배점 1번(2), 2번(3), 3번(2), 4번(3), 5번(6), 6번(3), 7번(9)

※ 신간도서 시트에 1번부터 7번까지 작성하시오.
1. 표(A3 ~ G19셀) 안의 글꼴은 궁서체, 글꼴 크기는 10으로 지정하시오.
2. A3 ~ A19셀은 가로 균등 분할 (들여쓰기) 맞춤으로 지정하고, B3 ~ G3셀, G4 ~ G19셀은 가로 가운데 맞춤으로 지정하시오.
3. A열의 열 너비는 9, B ~ G열의 열 너비는 12로 지정하시오.
4. A3 ~ G3셀의 글꼴 스타일은 굵게 지정하시오.
5. B4 ~ C19셀의 수치는 사용자 지정 표시형식을 이용하여 세자리마다 콤마와 소수 1자리까지 나타나고, 5,100,000 이상인 경우 수치 앞에 빈 열 폭 만큼 '*'이 나타나도록 지정하고, D4 ~ E19셀의 수치는 숫자 표시형식을 이용하여 세자리마다 콤마와 소수1자리가 나타나고, 음수인 경우 빨강색으로 (1,234.0)로 나타나도록 지정하시오.

[보기]	[처리사항]
	6. D4 ~ D19셀의 수치는 조건부 서식을 이용하여 2,650,000 미만인 경우 글꼴 스타일이 굵게 나타나도록 지정하시오.(단, 수식을 이용하여 입력시 감점)
	7. 표(A3 ~ G19셀) 윤곽선은 이중선, 표 안쪽 세로선은 실선, A3 ~ G3셀의 아래선은 이중선이 나타나도록 작성하시오.

〈차트 작성과 데이터베이스 기능 사용하기〉
배점 1번(20), 2번 1)번(6), 2)번(3), 3)번(4), 4)번(4), 5)번(6), 6)번(7), 7)번(6), 8)번(6), 9)번(6), 10)번(6), 11)번(6), 3번(23), 4번(20), 5번(15)

[차트형태]

신간도서 발행 현황

※ 신간도서 시트로 1번과 2번을 작성하시오.

1. 자동 필터를 이용하여 '2018년'의 값이 하위 30%인 자료를 추출하고, 추출한 상태를 복사하여 A21셀부터 붙여 넣으시오.
   (단, 추출 후 반드시 자동 필터 상태를 유지하시오.)

2. 차트를 작성하시오. (차트는 반드시 지정상태를 확인할 수 있어야 하고, 차트를 두 개 이상 작성하거나 그림, 외부개체로 입력되면 감점됨)
   1) 붙여 넣은(A21셀부터) 자료 중 '평균과 차'와 '연산'을 제외한 자료를 이용하여 차트를 작성
   2) 차트 종류는 '표식이 있는 꺾은선형', 차트 스타일은 '스타일 4'로 지정
   3) 작성한 차트 이동 위치는 '새 시트(S)'에 삽입
   4) 작성한 차트가 있는 시트명은 '○○○(응시자 본인의 이름)'으로 입력
   5) 차트 제목은 [차트 도구] – [디자인]메뉴 [차트 레이아웃] 그룹의 '레이아웃 1'로 '신간도서 발행 현황'으로 입력하고, 테두리 색은 '실선', 그림자는 미리 설정의 '바깥쪽, 오프셋 대각선 오른쪽 아래'를 지정
   6) 기본 세로 축 옵션의 '값을 거꾸로'로 지정하고, 세로 축 주 눈금선은 '없음'으로 지정
   7) '총류'의 데이터 계열 서식의 계열 옵션 – 보조 축으로 지정
   8) '총류'의 선은 완만한 선으로 지정

| | [보기] | | [처리사항] |

[피벗 테이블 형태]

	A	B
1		
2		
3	행 레이블	▼
4	발행총수	
5	최대값 : 2018년	11881
6	최대값 : 2019년	12374
7	평균면수	
8	최대값 : 2018년	387.0217153
9	최대값 : 2019년	387.9923226
10	평균부수	
11	최대값 : 2018년	1518.528914
12	최대값 : 2019년	1376.368876
13	평균정가	
14	최대값 : 2018년	21906.31512
15	최대값 : 2019년	22261.96686
16	전체 최대값 : 2018년	21906.31512
17	전체 최대값 : 2019년	22261.96686

[부분합 형태]

1 2 3		A	B 세부구분	C 2016년	D 2017년	E 2018년
19		구 분	세부구분	2016년	2017년	2018년
20		예 술	발행종수	2,572	2,308	2,404
21		예 술	평균부수	1,246	1,145	981
22		예 술	평균정가	101	83	21,829
23		예 술	평균면수	226	222	232
24	−	예술 최소값		101	83	232
25		역 사	발행종수	1,985	2,131	2,288
26		역 사	평균부수	1,422	1,404	1,228
27		역 사	평균정가	11,738	12,003	22,463
28		역 사	평균면수	374	367	372
29	−	역사 최소값		374	367	372
30		어 학	발행종수	2,371	2,219	2,116
31		어 학	평균부수	1,415	1,377	1,285
32		어 학	평균정가	29,819	22,353	17,692
33		어 학	평균면수	305	303	304
34	−	어학 최소값		305	303	304
35		문 학	발행종수	12,901	12,904	13,346
36		문 학	평균부수	1,229	1,195	1,068
37		문 학	평균정가	16,566	16,581	12,419
38		문 학	평균면수	291	282	270
39	−	문학 최소값		291	282	270
40	−	전체 최소값		101	83	232

[텍스트 나누기 형태]

1 2 3		J	K	L	M
1		세부구분	2017년	2018년	2019년
2		기독교	1578	1561	1519
3		경학	23	30	46
4		도교	2	5	0
5		도서학	30	19	36
6		문헌정보학	69	58	67
7		백과사전	31	21	39
8		불교	277	253	275
9		비교종교학	22	16	11
10		서양철학	105	101	83
11		아시아철학	116	185	185
12		연속간행물	3	3	4
13		인식론	1	0	2
14		일반논문집	5	1	0
15		천도교	5	5	4
16		철학의체계	0	1	4
17		형이상학	5	6	6

9) '총류' 계열 '2017년'의 데이터 레이블 값이 나타나 도록 지정

10) 차트 영역의 상단 오른쪽에 [차트형태]와 같이 텍 스트 상자를 이용하여 '(일반도서기준)'을 입력

11) [차트형태]와 같이 범례가 나타나도록 지정

※ 데이터 시트의 A1 ~ D17셀을 이용하여 3번을 작성 하시오.

3. 표(A1 ~ D17셀)를 이용하여 피벗 테이블을 작성하시오.

1) 아래 조건으로 피벗 테이블을 작성하시오.

– 피벗 테이블 보고서 작성 위치 : 새 워크시트

– 피벗 테이블 레이아웃

행 레이블 : 세부구분, ∑ 값

∑ 값 : 2018년, 2019년 (함수:최대값)

– 시트명은 '피벗'으로 입력

※ 데이터 시트의 A19 ~ E35셀을 이용하여 4번을 작성 하시오.

4. 표(A19 ~ E35셀)를 이용하여 부분합을 작성하시오. (부분합 결과는 열 너비를 조절하지 않아도 됨)

1) 아래 조건으로 부분합을 구하시오.

– 정렬 : 정렬 기준은 '구분', '내림차순'으로 지정

– 그룹화할 항목 : 구분

– 사용할 함수 : 최소값

– 부분합 계산 항목 : 2016년, 2017년, 2018년

※ 데이터 시트의 J1 ~ J17셀을 이용하여 5번을 작성 하시오.

5. 표(J1 ~ J17셀)를 이용하여 텍스트 나누기를 작성하 시오.

1) 아래 조건으로 텍스트 나누기를 작성하시오.

– 원본 데이터 형식 : 너비가 일정함

– 열 구분선 : 4개를 지정하여 5열로 나눔

(구분선 지정 위치 : 10,14,20,26)

– 열 데이터 서식 : 두 번째 열은 열 가져오지 않음

(건너뜀) 지정

Part Ⅲ

실전 모의고사

[보기]	[처리사항]

[처리사항]

〈데이터 분석 기능 사용하기〉
배점 1번(15), 2번(15), 3번(2)

※ 목표값과 시나리오 시트로 1번과 2번을 작성하시오.

1. 목표값 찾기를 이용하여 표(A1 ~ E6셀)의 구분평균의 평균이 4,850이 되도록 철학의 2018년 값을 구하시오.

   1) 아래 조건으로 목표값 찾기를 구하시오.(③부분이 변경되어야 함)
      - 수식 셀 : E6(구분평균 평균)
      - 찾는 값 : 4,850
      - 값을 바꿀 셀 : C3(철학 2018년)

[보기]

[목표값 형태]

	A	B	C	D	E
1	구 분	2017년	2018년	2019년	평 균
2	총 류	1,509	1,418	1,388	1,438
3	철 학	1,880	③	2,291	③
4	종 교	3,374	3,110	2,958	3,147
5	사 회 과 학	11,674	11,881	12,374	11,976
6	구 분 평 균	4,609.3	③	4,752.8	③

2. 표(H1 ~ K6셀)를 이용하여 아동 / 문학의 평균(K6)을 위한 시나리오를 작성하시오.

   1) 시나리오 이름 : 구분1, 구분2
   2) 변경 셀 : J2, J3, J4, J5셀

[시나리오 형태]

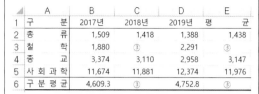

변경셀	구분1 변경 값	구분2 변경 값
J2	14,100	15,200
J3	2,400	2,600
J4	3,000	3,200
J5	8,400	9,000

   3) 보고서 종류 : 시나리오 요약

3. 시트의 순서는 반드시 아래와 같이 하시오.
   (반드시 지정된 시트만 있어야 함)
   ○○○ → 신간도서 → 피벗 → 데이터
   → 시나리오 요약 → 목표값과 시나리오

실전 모의고사

Excel 2016

파일 : 실전모의고사2016＼실전모의고사-06회.xlsx

※ **답안 작성 시 주의사항**
- 답안문서 파일명은 응시자의 이름으로 저장하십시오.
- 반드시 주어진 자료 및 엑셀의 기능들을 이용하여 [처리사항]대로 답안문서를 작성하십시오.
  ([보기]를 참고하고, 주어진 자료 외 다른 자료 이용시 감점 처리됩니다.)
- 답안 작성에 필요한 시트 이외에 다른 시트에 내용을 입력한 경우 감점 또는 부정행위의 대상이 됩니다.
- 답안은 반드시 문제에서 지정한 셀에 입력해야 하며, 임의로 셀의 위치를 변경한 경우 감점요인이 됩니다.
- 문제에서 제시된 내용이 중복 작성된 경우 감점요인이 됩니다.
  (예를 들어, 차트가 두 개 이상인 경우)
- 문제에서 지시하지 않은 사항은 프로그램의 기본 설정 값으로 지정하십시오.

[제공 데이터]

주어진 자료를 이용하여 답안문서를 작성하시오.

(첨부파일보기 클릭시 자료 페이지 열림)

[보기]

[엑셀로 가공할 정보형태]

	A	B	C	D	E	F	G
1			이륜차 신고 현황				
2							(단위:대)
3	연 도	50cc 미 만	50cc 이 상	100cc 초 과	260cc 초 과	평균과 차	비 고
4	2005년	0	1,043,609	651,793	******31,423	①	②
5	2006년	0	1,017,755	696,594	******33,576	①	②
6	2007년	0	993,914	754,014	******37,123	①	②
7	2008년	0	967,338	807,004	******40,057	①	②
8	2009년	0	944,462	834,541	******41,726	①	②
9	2010년	0	923,619	858,337	******43,518	①	②
10	2011년	0	903,579	878,805	******45,928	①	②
11	2012년	200,819	898,441	944,381	******49,825	①	②
12	2013년	201,239	885,423	975,299	******55,074	①	②
13	2014년	194,119	873,896	1,011,032	******57,038	①	②
14	2015년	184,822	867,174	1,043,814	******65,964	①	②
15	2016년	171,442	866,940	1,068,299	74,007	①	②
16	2017년	157,657	868,990	1,084,148	85,680	①	②
17	2018년	145,872	866,702	1,097,381	98,469	①	②
18	2019년	142,993	862,922	1,117,862	113,118	①	②
19	2020년	141,469	862,224	1,119,116	115,335	①	②

[처리사항]

〈데이터 입력과 수식 작성하기〉
배점 1번(5), 2번(7), 3번(45), 4번(45)

※ 이륜차등록 시트에 1번부터 4번까지 작성하시오.

1. F3셀에 '평균과 차', G3셀에 '비고', G2셀에 '(단위: 대)'을 입력하시오.
   (G2셀은 가로 오른쪽 맞춤으로 지정)

2. A1셀에 제목을 '이륜차 신고 현황'으로 입력하시오.
   1) A1 ~ G1셀을 병합하고 가로 가운데 맞춤으로 지정
   2) 글꼴은 굴림체, 글꼴 크기는 15, 글꼴 스타일은 굵게 지정

3. [엑셀로 가공할 정보형태]의 ①(F4 ~ F19셀)부분의 평균과 차를 구하시오.
   1) 반드시 ROUNDDOWN, AVERAGE 함수를 모두 이용하여 구하시오.

[보기]	[처리사항]

[보기]

	A	B	C	D	E	F	G
1	이륜차 신고 현황						
2							(단위:대)
3	연 도	50cc 미 만	50cc 이 상	100cc 초 과	260cc 초 과	평균과 차	비 고
4	2005년	0	1,043,609	651,793	******31,423	①	②
5	2006년	0	1,017,755	696,594	******33,576	①	②
6	2007년	0	993,914	754,014	******37,123	①	②
7	2008년	0	967,338	807,004	******40,057	①	②
8	2009년	0	944,462	834,541	******41,726	①	②
9	2010년	0	923,619	858,337	******43,518	①	②
10	2011년	0	903,579	878,805	******45,928	①	②
11	2012년	200,819	898,441	944,381	******49,825	①	②
12	2013년	201,239	885,423	975,299	******55,074	①	②
13	2014년	194,119	873,896	1,011,032	******57,038	①	②
14	2015년	184,822	867,174	1,043,814	******65,964	①	②
15	2016년	171,442	866,940	1,068,299	74,007	①	②
16	2017년	157,657	868,990	1,084,148	85,680	①	②
17	2018년	145,872	866,702	1,097,381	98,469	①	②
18	2019년	142,993	862,922	1,117,862	113,118	①	②
19	2020년	141,469	862,224	1,119,116	115,335	①	②

[처리사항]

2) 반드시 아래 주어진 수식으로 구하고, 구한 값을 소수 첫째 자리에서 내림하여 정수까지 나타내시오.

※ 평균과 차 = ('100cc초과'의 각 연도의 값 – '100cc 초과'의 '2005년'부터 '2020년'까지의 평균)

4. [엑셀로 가공할 정보형태]의 ② (G4 ~ G19셀)부분의 비고를 구하시오.

1) 반드시 OR, IF, SUM, RANK.EQ, MOD, LEFT 함수를 모두 이용하여 구하시오.

2) 반드시 아래 주어진 조건에 따른 참과 거짓의 값으로 나타내시오.

- 조건 : 각 연도의 왼쪽부터 4자리 수치가 3의 배수이거나 4의 배수

- 참 : '100cc초과'를 기준으로 각 연도의 내림차순 순위

- 거짓 : 각 연도의 '50cc미만'부터 '260cc초과'까지의 합계

〈서식 지정하기〉

배점 1번(2), 2번(3), 3번(2), 4번(3), 5번(6), 6번(3), 7번(9)

※ 이륜차등록 시트에 1번부터 7번까지 작성하시오.

1. 표(A3 ~ G19셀) 안의 글꼴은 굴림체, 글꼴 크기는 10으로 지정하시오.

2. A3 ~ G3셀은 가로 균등 분할 (들여쓰기) 맞춤으로 지정하고, A4 ~ A19셀, G4 ~ G19셀은 가로 가운데 맞춤으로 지정하시오.

3. A열의 열 너비는 9, B ~ E열의 열 너비는 11으로 지정하시오.

4. A3 ~ G3셀의 글꼴 스타일은 굵게 지정하시오.

5. B4 ~ C19셀의 수치는 숫자 표시형식을 이용하여 세 자리마다 콤마가 나타나고, 음수인 경우 빨강색으로 (1,234)로 나타나도록 지정하고, D4 ~ E19셀의 수치는 사용자 지정 표시형식을 이용하여 세자리마다 콤마가 나타나고, 66,550 미만인 경우 수치 앞에 빈 열 폭 만큼 '*'이 나타나도록 지정하시오.

6. C4 ~ C19셀의 수치는 조건부 서식을 이용하여 866,940 이하인 경우 글꼴 스타일이 굵게 나타나도록 지정하시오. (단, 수식을 이용하여 입력시 감점)

[보기]	[처리사항]

	7. 표(A3 ~ G19셀) 윤곽선은 이중선, 표 안쪽 세로선은 실선, A3 ~ G3셀의 아래선은 이중선이 나타나도록 작성하시오.
	
	〈차트 작성과 데이터베이스 기능 사용하기〉
	배점 1번(20), 2번 1)번(6), 2)번(3), 3)번(4), 4)번(4), 5)번(6), 6)번(7), 7)번(6), 8)번(6), 9)번(6), 10)번(6), 11)번(6), 3번(23), 4번(20), 5번(15)
	
	※ 이륜차등록 시트로 1번과 2번을 작성하시오.
	1. 자동 필터를 이용하여 '260cc초과'의 값이 상위 30% 인 자료를 추출하고, 추출한 상태를 복사하여 A21셀 부터 붙여 넣으시오.
	  (단, 추출 후 반드시 자동 필터 상태를 유지하시오.)
	2. 차트를 작성하시오. (차트는 반드시 지정상태를 확인 할 수 있어야 하고, 차트를 두 개 이상 작성하거나 그림, 외부개체로 입력되면 감점됨)
	  1) 붙여 넣은(A21셀부터) 자료 중 '평균과 차'와 '비고' 를 제외한 자료를 이용하여 차트를 작성
	  2) 차트 종류는 '3차원 누적 가로 막대형', 차트 스타 일은 '스타일 5'로 지정
	  3) 작성한 차트 이동 위치는 '새 시트(S)'에 삽입
	  4) 작성한 차트가 있는 시트명은 '○○○(응시자 본인 의 이름)'으로 입력
	  5) 차트 제목은 [차트 도구] − [디자인]메뉴 [차트 레 이아웃] 그룹의 '레이아웃 1'로 '이륜차 신고 현황' 으로 입력하고, 테두리 색은 '실선', 그림자는 미 리 설정의 '바깥쪽, 오프셋 아래쪽'을 지정
	  6) 기본 가로 축 옵션의 '값을 거꾸로'로 지정하고, 가로 축 주 눈금선은 '없음'으로 지정
	  7) 3차원 회전 차트의 깊이(%)는 '70'으로 지정
	  8) 3차원 회전의 회전은 X 15°, Y 15°로 지정
	  9) '2019년' 계열의 100cc초과 데이터 레이블 값이 나 타나도록 지정
	  10) 차트 영역의 상단 오른쪽에 [차트형태]와 같이 텍 스트 상자를 이용하여 '(기준:2020년)'을 입력
	  11) [차트형태]와 같이 범례가 나타나도록 지정

[차트형태]

이륜차 신고 현황

(기준:2020년)

260cc초과

100cc초과 — 1,117,062

50cc이상

50cc미만

4,500,000 4,000,000 3,500,000 3,000,000 2,500,000 2,000,000 1,500,000 1,000,000 500,000 0

■2017년 ■2018년 ■2019년 ■2020년

[보기]	[처리사항]

[피벗 테이블 형태]

	A	B	C	D
1				
2				
3	행 레이블 ▼	평균 : 50cc이상	평균 : 100cc초과	평균 : 260cc초과
4	관용	5328.375	18813.25	641.25
5	자가용	863955.5	1045805.625	82444.375
6	총합계	434641.9375	532309.4375	41542.8125
7				

[부분합 형태]

1 2 3		A	B	C	D
	19	년	도 항 목	100cc초과	260cc초과
	20	2005년	자가용	642,626	31,007
	21	2006년	자가용	685,148	33,154
	22	2007년	자가용	742,551	36,618
	23	2008년	자가용	795,896	39,525
	24	2009년	자가용	823,098	41,176
	25	2010년	자가용	846,507	42,956
	26	2011년	자가용	864,965	45,363
	27	2012년	자가용	928,737	49,232
	28		자가용 요약	6,329,528	319,031
	29	2005년	관용	9,167	416
	30	2006년	관용	11,446	422
	31	2007년	관용	11,463	505
	32	2008년	관용	11,108	532
	33	2009년	관용	11,443	550
	34	2010년	관용	11,830	562
	35	2011년	관용	13,840	565
	36	2012년	관용	15,644	593
	37		관용 요약	95,941	4,145
	38		총합계	6,425,469	323,176

[텍스트 나누기 형태]

1 2 3		J	K	L	M
	1	년	50cc이상	100cc초과	260cc초과
	2	2005	1043609	651793	31423
	3	2006	1017755	696594	33576
	4	2007	993914	754014	37123
	5	2008	967338	807004	40057
	6	2009	944462	834541	41726
	7	2010	923619	858337	43518
	8	2011	903579	878805	45928
	9	2012	898441	944381	49825
	10	2013	885423	975299	55074
	11	2014	873896	1011032	57038
	12	2015	867174	1043814	65964
	13	2016	866940	1068299	74007
	14	2017	868990	1084148	85680
	15	2018	866702	1097381	98469
	16	2019	862922	1117862	113118
	17	2020	862224	1119116	115335

[처리사항]

※ 데이터 시트의 A1~E17셀을 이용하여 3번을 작성하시오.

3. 표(A1 ~ E17셀)를 이용하여 피벗 테이블을 작성하시오.
   1) 아래 조건으로 피벗 테이블을 작성하시오.
      – 피벗 테이블 보고서 작성 위치 : 새 워크시트
      – 피벗 테이블 레이아웃
         행 레이블 : 항목
         열 레이블 : Σ 값
         Σ 값 : 50cc이상, 100cc초과, 260cc초과 (함수: 평균)
      – 시트명은 '피벗'으로 입력

※ 데이터 시트의 A19 ~ D35셀을 이용하여 4번을 작성하시오.

4. 표(A19 ~ D35셀)를 이용하여 부분합을 작성하시오. (부분합 결과는 열 너비를 조절하지 않아도 됨)
   1) 아래 조건으로 부분합을 구하시오.
      – 정렬 : 정렬 기준은 '항목', '내림차순'으로 지정
      – 그룹화할 항목 : 항목
      – 사용할 함수 : 합계
      – 부분합 계산 항목 : 100cc초과, 260cc초과

※ 데이터 시트의 J1 ~ J17셀을 이용하여 5번을 작성하시오.

5. 표(J1 ~ J17셀)를 이용하여 텍스트 나누기를 작성하시오.
   1) 아래 조건으로 텍스트 나누기를 작성하시오.
      – 원본 데이터 형식 : 너비가 일정함
      – 열 구분선 : 4개를 지정하여 5열로 나눔 (구분선 지정 위치 : 4, 14, 22, 31)
      – 열 데이터 서식 : 두 번째 열은 열 가져오지 않음 (건너뜀) 지정

[보기]	[처리사항]

[처리사항]

〈데이터 분석 기능 사용하기〉
배점 1번(15), 2번(15), 3번(2)

※ 목표값과 시나리오 시트로 1번과 2번을 작성하시오.

1. 목표값 찾기를 이용하여 표(A1 ~ E6셀)의 구분합계의 평균이 2,200,000이 되도록 100cc초과의 2020년 값을 구하시오.

   1) 아래 조건으로 목표값 찾기를 구하시오. (③부분이 변경되어야 함)
   - 수식 셀 : E6(구분합계 평균)
   - 찾는 값 : 2,200,000
   - 값을 바꿀 셀 : D4(100cc초과 2020년)

[목표값 형태]

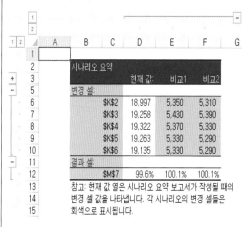

	A	B	C	D	E
1	구　　분	2018년	2019년	2020년	평　　균
2	50cc미만	144,276	141,180	139,634	141,697
3	50cc이상	861,353	857,613	856,918	858,628
4	100cc초과	1,078,059	1,098,599	③	③
5	260cc초과	97,822	112,420	114,641	108,294
6	구 분 합 계	2,181,510	2,209,812	③	③

[시나리오 형태]

	A	B	C	D	E	F	G
1							
2		시나리오 요약					
3				현재 값:	비교1	비교2	
5		변경 셀:					
6			$K$2	18,997	5,350	5,310	
7			$K$3	19,258	5,430	5,390	
8			$K$4	19,322	5,370	5,330	
9			$K$5	19,263	5,330	5,290	
10			$K$6	19,135	5,330	5,290	
11		결과 셀:					
12			$M$7	99.6%	100.1%	100.1%	
13		참고: 현재 값 열은 시나리오 요약 보고서가 작성될 때의					
14		변경 셀 값을 나타냅니다. 각 시나리오의 변경 셀들은					
15		회색으로 표시됩니다.					

2. 표(H1 ~ M7셀)를 이용하여 2020년 증가율의 합계(M7)을 위한 시나리오를 작성하시오.

   1) 시나리오 이름 : 비교1, 비교2
   2) 변경 셀 : K2, K3, K4, K5, K6셀

변경셀	비교1 변경 값	비교2 변경 값
K2	5,350	5,310
K3	5,430	5,390
K4	5,370	5,330
K5	5,330	5,290
K6	5,330	5,290

   3) 보고서 종류 : 시나리오 요약

3. 시트의 순서는 반드시 아래와 같이 하시오.
   (반드시 지정된 시트만 있어야 함)
   ○○○ → 이륜차등록 → 피벗 → 데이터
   → 시나리오 요약 → 목표값과 시나리오

실전 모의고사

Excel 2016

파일 :실전모의고사2016＼실전모의고사−07회.xlsx

※ 답안 작성 시 주의사항

- 답안문서 파일명은 응시자의 이름으로 저장하십시오.
- 반드시 주어진 자료 및 엑셀의 기능들을 이용하여 [처리사항]대로 답안문서를 작성하십시오.
  ([보기]를 참고하고, 주어진 자료 외 다른 자료 이용시 감점 처리됩니다.)
- 답안 작성에 필요한 시트 이외에 다른 시트에 내용을 입력한 경우 감점 또는 부정행위의 대상이 됩니다.
- 답안은 반드시 문제에서 지정한 셀에 입력해야 하며, 임의로 셀의 위치를 변경한 경우 감점요인이 됩니다.
- 문제에서 제시된 내용이 중복 작성된 경우 감점요인이 됩니다.
  (예를 들어, 차트가 두 개 이상인 경우)
- 문제에서 지시하지 않은 사항은 프로그램의 기본 설정 값으로 지정하십시오.

[제공 데이터]

주어진 자료를 이용하여 답안문서를 작성하시오.

(첨부파일보기 클릭시 자료 페이지 열림)

[보기]	[처리사항]
[엑셀로 가공할 정보형태]	〈데이터 입력과 수식 작성하기〉

[엑셀로 가공할 정보형태]

차종별 등록 현황

(단위:만대)

연 도	승 용 차	승 합 차	화 물 차	특 수 차	차량	비교지표	비 고
2005년	1,112	112	310	*******4.8	①	②
2006년	1,161	111	313	*******4.9	①	②
2007년	1,210	110	317	*******5.2	①	②
2008년	1,248	110	316	*******5.3	①	②
2009년	1,302	108	317	*******5.4	①	②
2010년	1,363	105	320	*******5.6	①	②
2011년	1,414	102	323	5.9	①	②
2012년	1,458	99	324	6.3	①	②
2013년	1,508	97	329	6.6	①	②
2014년	1,575	95	335	7.0	①	②
2015년	1,656	92	343	7.4	①	②
2016년	1,734	89	349	8.0	①	②
2017년	1,804	87	354	8.6	①	②
2018년	1,868	84	359	9.1	①	②
2019년	1,918	81	359	9.5	①	②
2020년	1,986	78	362	10.6	①	②

배점 1번(5), 2번(7), 3번(45), 4번(45)

※ 차량등록 시트에 1번부터 4번까지 작성하시오.

1. F3셀에 '비교지표', G3셀에 '비고', G2셀에 '(단위:만 대)'을 입력하시오.
   (G2셀은 가로 오른쪽 맞춤으로 지정)
2. A1셀에 제목을 '차종별 등록 현황'으로 입력하시오.
   1) A1 ~ G1셀을 병합하고 가로 가운데 맞춤으로 지정
   2) 글꼴은 궁서체, 글꼴 크기는 16, 글꼴 스타일은 굵게 지정
3. [엑셀로 가공할 정보형태]의 ① (F4 ~ F19셀)부분의 비교지표를 구하시오.
   1) 반드시 AVERAGE, CONCATENATE 함수를 모두 이용하여 구하시오.

차종별 등록 현황

(단위:만대)

연　　도	승　용　차	승　합　차	화　물　차	특수차량	비교지표	비　　고
2005년	1,112	112	310	*******4.8	①	②
2006년	1,161	111	313	*******4.9	①	②
2007년	1,210	110	317	*******5.2	①	②
2008년	1,248	110	316	*******5.3	①	②
2009년	1,302	108	317	*******5.4	①	②
2010년	1,363	105	320	*******5.6	①	②
2011년	1,414	102	323	5.9	①	②
2012년	1,458	99	324	6.3	①	②
2013년	1,508	97	329	6.6	①	②
2014년	1,575	95	335	7.0	①	②
2015년	1,656	92	343	7.4	①	②
2016년	1,734	89	349	8.0	①	②
2017년	1,804	87	354	8.6	①	②
2018년	1,868	84	359	9.1	①	②
2019년	1,918	81	359	9.5	①	②
2020년	1,986	78	362	10.6	①	②

[처리사항]

2) 반드시 아래 주어진 수식으로 구하고, 구한 값 뒤에 '만대'를 붙이시오

※ 비교지표 = (각 연도의 '승용차'의 값 – 각 연도의 '승용차'부터 '특수차량'까지의 평균)

4. [엑셀로 가공할 정보형태]의 ② (G4 ~ G19셀)부분의 비고를 구하시오.

1) 반드시 OR, IF, AVERAGE, RANK.EQ, MOD, LEFT 함수를 모두 이용하여 구하시오.

2) 반드시 아래 주어진 조건에 따른 참과 거짓의 값으로 나타내시오.

－ 조건 : 각 연도의 왼쪽부터 4자리 수치가 3의 배수이거나 5의 배수

－ 참 : '승용차'를 기준으로 각 연도의 오름차순 순위

－ 거짓 : 각 연도의 '승용차'부터 '특수차량'까지의 평균

〈서식 지정하기〉

배점 1번(2), 2번(3), 3번(2), 4번(3), 5번(6), 6번(3), 7번(9)

※ 차량등록 시트에 1번부터 7번까지 작성하시오.

1. 표(A3 ~ G19셀) 안의 글꼴은 궁서체, 글꼴 크기는 10으로 지정하시오.

2. A3 ~ G3셀은 가로 균등 분할 (들여쓰기) 맞춤으로 지정하고, A4 ~ A19셀, G4 ~ G19셀은 가로 가운데 맞춤으로 지정하시오.

3. A열의 열 너비는 8, B ~ E열의 열 너비는 10으로 지정하시오.

4. A3 ~ G3셀의 글꼴 스타일은 굵게 지정하시오.

5. B4 ~ D19셀의 수치는 숫자 표시형식을 이용하여 세 자리마다 콤마가 나타나고, 음수인 경우 빨강색으로 (1,234)로 나타나도록 지정하고, E4 ~ E19셀의 수치는 사용자 지정 표시형식을 이용하여 소수점 1자리까지 나타나고, 5.9 미만인 경우 수치 앞에 빈 열 폭 만큼 '*'이 나타나도록 지정하시오.

6. C4 ~ C19셀의 수치는 조건부 서식을 이용하여 100미만인 경우 글꼴 스타일이 굵은 기울임꼴이 나타나도록 지정하시오. (단, 수식을 이용하여 입력시 감점)

Part Ⅲ

실전 모의고사

[보기]	[처리사항]
	7. 표(A3 ~ G19셀) 윤곽선은 가장 굵은선, 표 안쪽 세로 선은 실선, A3 ~ G3셀의 아래선은 가장 굵은선이 나타나도록 작성하시오.

〈차트 작성과 데이터베이스 기능 사용하기〉
배점 1번(20), 2번 1)번(6), 2)번(3), 3)번(4), 4)번(4), 5)번(6), 6)번(7), 7)번(6), 8)번(6), 9)번(6), 10)번(6), 11)번(6), 3번(23), 4번(20), 5번(15)

[차트형태]

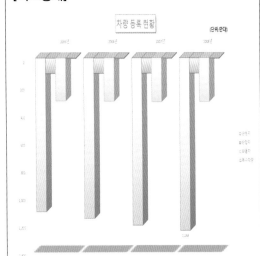

※ **차량등록 시트로 1번과 2번을 작성하시오.**
1. 자동 필터를 이용하여 '승용차'의 값이 하위 30%인 자료를 추출하고, 추출한 상태를 복사하여 A21셀부터 붙여 넣으시오.
   (단, 추출 후 반드시 자동 필터 상태를 유지하시오.)
2. 차트를 작성하시오. (차트는 반드시 지정상태를 확인할 수 있어야 하고, 차트를 두 개 이상 작성하거나 그림, 외부개체로 입력되면 감점됨)
   1) 붙여 넣은(A21셀부터) 자료 중 '비교지표'와 '비고'를 제외한 자료를 이용하여 차트를 작성
   2) 차트 종류는 '3차원 묶은 세로 막대형', 차트 스타일은 '스타일 4' 지정
   3) 작성한 차트 이동 위치는 '새 시트(S)'에 삽입
   4) 작성한 차트가 있는 시트명은 '○○○(응시자 본인의 이름)'으로 입력
   5) 차트 제목은 [차트 도구] – [디자인]메뉴 [차트 레이아웃] 그룹의 '레이아웃 3'으로 '차량 등록 현황'으로 입력하고, 테두리 색은 '실선', 그림자는 미리 설정의 '바깥쪽, 오프셋 대각선 오른쪽 아래'를 지정
   6) 기본 세로 축 옵션의 '값을 거꾸로'로 지정하고, 세로 축 주 눈금선은 '없음'으로 지정
   7) 3차원 회전 차트의 깊이(%)는 '200'으로 지정
   8) 3차원 회전의 회전은 X 15°, Y 10°로 지정
   9) '2008년' 계열의 승용차 데이터 레이블 값이 나타나도록 지정
   10) 차트 영역의 상단 오른쪽에 [차트형태]와 같이 텍스트 상자를 이용하여 '(단위:만대)'을 입력
   11) [차트형태]와 같이 범례가 나타나도록 지정

| [보기] | [처리사항] |

[피벗 테이블 형태]

	A	B	C	D	E	F
1						
2						
3		열 레이블 ▾				
4	값	시내버스1	시내버스2	시내버스3	시내버스4	총합계
5	최대값 : 종사자수	1977	4849	10102	31472	31472
6	최대값 : 차량대수	818	2279	4707	12880	12880

[부분합 형태]

	A	B	C	D	E
19	연	도 형 태	기업체수	종사자수	차량대수
20	2016년	50~99대	1,549	145,374	106,082
21	2017년	50~99대	1,501	138,414	105,708
22	2018년	50~99대	1,614	157,962	110,906
23	2019년	50~99대	1,599	148,253	112,078
24		50~99대 평	1,566		108,694
25	2016년	5~9대	1,584	14,320	10,589
26	2017년	5~9대	1,402	16,215	8,855
27	2018년	5~9대	1,675	18,153	11,550
28	2019년	5~9대	1,519	18,271	10,246
29		5~9대 평균	1,545		10,310
30	2016년	20~49대	2,624	103,509	85,146
31	2017년	20~49대	2,482	93,896	78,899
32	2018년	20~49대	2,817	106,959	90,951
33	2019년	20~49대	3,246	119,465	100,711
34		20~49대 평	2,792		88,927
35	2016년	10~19대	2,121	36,367	29,321
36	2017년	10~19대	1,646	30,397	22,884
37	2018년	10~19대	1,888	32,742	26,331
38	2019년	10~19대	2,212	37,204	29,764
39		10~19대 평	1,967		27,075
40		전체 평균	1,967		58,751

[텍스트 나누기 형태]

	J	K	L
1	년	등록대수	전년대비
2	2005	1540	46.3
3	2006	1590	49.9
4	2007	1643	53.3
5	2008	1679	36.6
6	2009	1733	53.1
7	2010	1794	61.6
8	2011	1844	49.6
9	2012	1887	43.4
10	2013	1940	53
11	2014	2012	71
12	2015	2099	87
13	2016	2180	81
14	2017	2253	73
15	2018	2320	67
16	2019	2368	47.5
17	2020	2437	68.9

※ 데이터 시트의 A1~E17셀을 이용하여 3번을 작성하시오.

3. 표(A1 ~ E17셀)를 이용하여 피벗 테이블을 작성하시오.

　1) 아래 조건으로 피벗 테이블을 작성하시오.

　　– 피벗 테이블 보고서 작성 위치 : 새 워크시트

　　– 피벗 테이블 레이아웃

　　　행 레이블 : ∑ 값

　　　열 레이블 : 규모

　　　∑ 값 : 종사자수, 차량대수 (함수: 최대값)

　　– 시트명은 '피벗'으로 입력

※ 데이터 시트의 A19 ~ E35셀을 이용하여 4번을 작성하시오.

4. 표(A19 ~ E35셀)를 이용하여 부분합을 작성하시오. (부분합 결과는 열 너비를 조절하지 않아도 됨)

　1) 아래 조건으로 부분합을 구하시오.

　　– 정렬 : 정렬 기준은 '형태', '내림차순'으로 지정

　　– 그룹화할 항목 : 형태

　　– 사용할 함수 : 평균

　　– 부분합 계산 항목 : 기업체수, 차량대수

※ 데이터 시트의 J1 ~ J17셀을 이용하여 5번을 작성하시오.

5. 표(J1 ~J17셀)를 이용하여 텍스트 나누기를 작성하시오.

　1) 아래 조건으로 텍스트 나누기를 작성하시오.

　　– 원본 데이터 형식 : 너비가 일정함

　　– 열 구분선 : 4개를 지정하여 5열로 나눔 (구분선 지정 위치 : 4, 6, 13, 21)

　　– 열 데이터 서식 : 두 번째와 세 번째 열은 열 가져오지 않음(건너뜀) 지정

Part Ⅲ

실전 모의고사

[보기]	[처리사항]

[처리사항]

〈데이터 분석 기능 사용하기〉
배점 1번(15), 2번(15), 3번(2)

※ 목표값과 시나리오 시트로 1번과 2번을 작성하시오.

1. 목표값 찾기를 이용하여 표(A1 ~ E6셀)의 차량합계의
   평균이 2,390이 되도록 승합의 2020년 값을 구하시오.
   1) 아래 조건으로 목표값 찾기를 구하시오.(③부분이
      변경되어야 함)
      – 수식 셀 : E6(차량합계 평균)
      – 찾는 값 : 2,390
      – 값을 바꿀 셀 : D3(승합 2020년)

[목표값 형태]

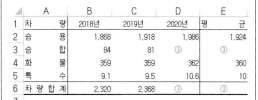

	A	B	C	D	E
1	차 량	2018년	2019년	2020년	평 균
2	승 용	1,868	1,918	1,986	1,924
3	승 합	84	81	③	③
4	화 물	359	359	362	360
5	특 수	9.1	9.5	10.6	10
6	차 량 합 계	2,320	2,368	③	③

2. 표(H1 ~ L7셀)를 이용하여 2020년 증가율의 승합차
   와 평균(J7과 L7)을 위한 시나리오를 작성하시오.
   1) 시나리오 이름 : 유형1, 유형2
   2) 변경 셀 : J2, J3, J4, J5, J6셀

[시나리오 형태]

변경셀	유형1 변경 값	유형2 변경 값
J2	92	91
J3	90	89
J4	87	88
J5	83	80
J6	85	82

시나리오 요약

	현재 값:	유형1	유형2
변경 셀:			
$J$2	89	92	91
$J$3	87	90	89
$J$4	84	87	88
$J$5	81	83	80
$J$6	78	85	82
결과 셀:			
$J$7	96.3%	102.4%	102.5%
$L$7	102.9%	103.1%	103.1%

참고: 현재 값 열은 시나리오 요약 보고서가 작성될 때의
변경 셀 값을 나타냅니다. 각 시나리오의 변경 셀들은
회색으로 표시됩니다.

3) 보고서 종류 : 시나리오 요약

3. 시트의 순서는 반드시 아래와 같이 하시오.
   (반드시 지정된 시트만 있어야 함)
   ○○○ → 차량등록 → 피벗 → 데이터
   → 시나리오 요약 → 목표값과 시나리오

실전 모의고사

Excel 2016

파일 : 실전모의고사2016＼실전모의고사-08회.xlsx

※ 답안 작성 시 주의사항

• 답안문서 파일명은 응시자의 이름으로 저장하십시오.

• 반드시 주어진 자료 및 엑셀의 기능들을 이용하여 [처리사항]대로 답안문서를 작성하십시오.

([보기]를 참고하고, 주어진 자료 외 다른 자료 이용시 감점 처리됩니다.)

• 답안 작성에 필요한 시트 이외에 다른 시트에 내용을 입력한 경우 감점 또는 부정행위의 대상이 됩니다.

• 답안은 반드시 문제에서 지정한 셀에 입력해야 하며, 임의로 셀의 위치를 변경한 경우 감점요인이 됩니다.

• 문제에서 제시된 내용이 중복 작성된 경우 감점요인이 됩니다.

(예를 들어, 차트가 두 개 이상인 경우)

• 문제에서 지시하지 않은 사항은 프로그램의 기본 설정 값으로 지정하십시오.

[제공 데이터]

주어진 자료를 이용하여 답안문서를 작성하시오.

(첨부파일보기 클릭시 자료 페이지 열림)

[보기]	[처리사항]
[엑셀로 가공할 정보형태]	〈데이터 입력과 수식 작성하기〉
	배점 1번(5), 2번(7), 3번(45), 4번(45)

	A	B	C	D	E	F	G
1			시도별 교통사고 현황				
2							(기준:2019년)
3	지 역	2016년	2017년	2018년	2019년	평균과 차	비고
4	서 울 특 별 시	40,039	38,625	**38,795**	**39,258**	①	②
5	부 산 광 역 시	12,192	11,753	**11,937**	**12,992**	①	②
6	대 구 광 역 시	13,098	12,970	**13,199**	**14,536**	①	②
7	인 천 광 역 시	8,535	****7,719	7,632	8,698	①	②
8	광 주 광 역 시	****7,354	****7,499	7,459	8,169	①	②
9	대 전 광 역 시	****7,535	****7,767	7,554	8,337	①	②
10	울 산 광 역 시	****4,496	****4,265	3,992	4,347	①	②
11	세종특별자치시	******521	******746	795	922	①	②
12	경 기 도	51,013	50,627	**53,448**	**55,463**	①	②
13	강 원 도	8,841	8,316	7,498	7,554	①	②
14	충 청 북 도	9,392	9,273	9,618	9,538	①	②
15	충 청 남 도	8,962	9,241	8,807	9,404	①	②
16	전 라 북 도	****7,850	****7,748	6,929	7,615	①	②
17	전 라 남 도	9,504	9,770	9,787	10,877	①	②
18	경 상 북 도	14,629	13,896	**13,966**	**14,648**	①	②
19	경 상 남 도	12,522	11,742	**11,493**	**12,830**	①	②

〈데이터 입력과 수식 작성하기〉

배점 1번(5), 2번(7), 3번(45), 4번(45)

※ 교통사고 시트에 1번부터 4번까지 작성하시오.

1. F3셀에 '평균과 차', G3셀에 '비고', G2셀에 '(기준:
   2019년)'을 입력하시오.

   (G2셀은 가로 오른쪽 맞춤으로 지정)

2. A1셀에 제목을 '시도별 교통사고 현황'으로 입력하시오.

   1) A1~G1셀을 병합하고 가로 가운데 맞춤으로 지정

   2) 글꼴은 굴림체, 글꼴 크기는 15, 글꼴 스타일은 굵게
      지정

3. [엑셀로 가공할 정보형태]의 ①(F4 ~ F19셀)부분의
   평균과 차를 구하시오.

   1) 반드시 ROUNDUP, AVERAGE 함수를 모두 이용
      하여 구하시오.

[보기]	[처리사항]

[보기]

시도별 교통사고 현황

(기준:2019년)

지　　　역	2016년	2017년	2018년	2019년	평균과 차	비고
서 울 특 별 시	40,039	38,625	38,795	39,258	①	②
부 산 광 역 시	12,192	11,753	11,937	12,992	①	②
대 구 광 역 시	13,098	12,970	13,199	14,536	①	②
인 천 광 역 시	8,535	****7,719	7,632	8,698	①	②
광 주 광 역 시	****7,354	****7,499	7,459	8,169	①	②
대 전 광 역 시	****7,535	****7,767	7,554	8,337	①	②
울 산 광 역 시	****4,496	****4,265	3,992	4,347	①	②
세 종 특 별 자 치 시	******521	******746	795	922	①	②
경 　 기 　 도	51,013	50,627	53,448	55,463	①	②
강 　 원 　 도	8,841	8,316	7,498	7,554	①	②
충 　 청 　 북 　 도	9,392	9,273	9,618	9,538	①	②
충 　 청 　 남 　 도	8,962	9,241	8,807	9,404	①	②
전 　 라 　 북 　 도	****7,850	****7,748	6,929	7,615	①	②
전 　 라 　 남 　 도	9,504	9,770	9,787	10,877	①	②
경 　 상 　 북 　 도	14,629	13,896	13,966	14,648	①	②
경 　 상 　 남 　 도	12,522	11,742	11,493	12,830	①	②

[처리사항]

2) 반드시 아래 주어진 수식으로 구하고, 구한 값을 소수 셋째 자리에서 올림하여 소수 둘째자리까지 나타내시오.

※ 평균과 차 = ('2018년'의 각 지역의 값 – '2018년'의 '서울특별시'부터 '경상남도'까지의 평균)

4. [엑셀로 가공할 정보형태]의 ② (G4 ~ G19셀)부분의 비고를 구하시오.

1) 반드시 AVERAGE, FIND, IF, ISERR, AND, RANK.EQ 함수를 모두 이용하여 구하시오.

2) 반드시 아래 주어진 조건에 따른 참과 거짓의 값으로 나타내시오.

– 조건 : 각 지역의 문자열에 '도'를 포함하지 않고, 각 2018년의 값이 8,000 이하인 경우

– 참 : '2018년'을 기준으로 각 지역의 내림차순 순위

– 거짓 : 각 지역의 '2016년'부터 '2019년'까지의 평균

〈서식 지정하기〉

배점 1번(2), 2번(3), 3번(2), 4번(3), 5번(6), 6번(3), 7번(9)

※ 교통사고 시트에 1번부터 7번까지 작성하시오.

1. 표(A3 ~ G19셀) 안의 글꼴은 돋움체, 글꼴 크기는 10으로 지정하시오.

2. A3 ~ A19셀은 가로 균등 분할 (들여쓰기) 맞춤으로 지정하고, B3 ~ G3셀, G4 ~ G19셀은 가로 가운데 맞춤으로 지정하시오.

3. A열의 열 너비는 14, B ~ E열의 열 너비는 10으로 지정하시오.

4. A3 ~ G3셀의 글꼴 스타일은 굵게 지정하시오.

5. B4 ~ C19셀의 수치는 사용자 지정 표시형식을 이용하여 세자리마다 콤마가 나타나고, 8,316 미만인 경우 수치 앞에 빈 열 폭 만큼 '*'이 나타나도록 지정하고, D4 ~ E19셀의 수치는 숫자 표시형식을 이용하여 세자리마다 콤마가 나타나고, 음수인 경우 빨강색으로 (1,234)로 나타나도록 지정하시오.

6. D4 ~ E19셀의 수치는 조건부 서식을 이용하여 11,493이상인 경우 글꼴 스타일이 굵게 나타나도록 지정하시오. (단, 수식을 이용하여 입력시 감점)

[보기]	[처리사항]
	7. 표(A3 ~ G19셀) 윤곽선은 가장 굵은선, 표 안쪽 세로선은 실선, A3 ~ G3셀의 아래선은 가장 굵은선이 나타나도록 작성하시오. 〈차트 작성과 데이터베이스 기능 사용하기〉 배점 1번(20), 2번 1)번(6), 2)번(3), 3)번(4), 4)번(4), 5)번(6), 6)번(7), 7)번(6), 8)번(6), 9)번(6), 10)번(6), 11)번(6), 3번(23), 4번(20), 5번(15) ※ 교통사고 시트로 1번과 2번을 작성하시오. 1. 자동 필터를 이용하여 '2019년'의 값이 상위 1위~5위인 자료를 추출하고, 추출한 상태를 복사하여 A21셀부터 붙여 넣으시오. (단, 추출 후 반드시 자동 필터 상태를 유지하시오.) 2. 차트를 작성하시오. (차트는 반드시 지정상태를 확인할 수 있어야 하고, 차트를 두 개 이상 작성하거나 그림, 외부개체로 입력되면 감점됨) 1) 붙여 넣은(A21셀부터) 자료 중 '평균과 차'와 '비고'를 제외한 자료를 이용하여 차트를 작성 2) 차트 종류는 '3차원 묶은 가로 막대형', 차트 스타일은 '스타일 2'로 지정 3) 작성한 차트 이동 위치는 '새 시트(S)'에 삽입 4) 작성한 차트가 있는 시트명은 '○○○(응시자 본인의 이름)'으로 입력 5) 차트 제목은 [차트 도구] – [디자인]메뉴 [차트 레이아웃] 그룹의 '레이아웃 1'로 '교통사고 현황'으로 입력하고, 테두리 색은 '실선', 그림자는 미리 설정의 '바깥쪽, 오프셋 대각선 오른쪽 아래'를 지정 6) 기본 가로 축 옵션의 '값을 거꾸로'로 지정하고, 가로 축 주 눈금선은 '없음'으로 지정 7) 3차원 회전 차트의 깊이(%)는 '200'으로 지정 8) 3차원 회전의 회전은 X 15°, Y 15°로 지정 9) '경기도' 계열의 데이터 레이블 값이 나타나도록 지정 10) 차트 영역의 상단 오른쪽에 [차트형태]와 같이 텍스트 상자를 이용하여 '(기준:2019년)'을 입력 11) [차트형태]와 같이 범례가 나타나도록 지정

[차트형태]

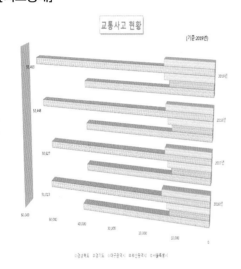

[보기]	[처리사항]

[보기]

[피벗 테이블 형태]

	A	B	C	D	E	F
1						
2						
3		열 레이블				
4	값	군도	시도	지방도	특별/광역시도	총합계
5	평균 : 2018년	3074.166667	3859.4	2706	5294	3528
6	평균 : 2019년	3078	3986.4	2695.333333	5307	3568.75

[부분합 형태]

1 2 3		A	B	C	D
	19	지 역 연 도		시도	군도
	20	강 원 도	2019년	2,766	3,002
	21	충 청 북 도	2019년	1,521	2,421
	22	충 청 남 도	2019년	1,811	2,420
	23	전 라 북 도	2019년	1,992	2,227
	24	전 라 남 도	2019년	2,309	3,384
	25	경 상 북 도	2019년	2,767	3,807
	26	경 상 남 도	2019년	4,850	3,434
	27	제 주 도	2019년	1,565	888
	28		2019년 평균	2,448	2,698
	29	강 원 도	2018년	2,720	3,004
	30	충 청 북 도	2018년	1,596	2,420
	31	충 청 남 도	2018년	1,751	2,406
	32	전 라 북 도	2018년	1,992	2,223
	33	전 라 남 도	2018년	2,216	3,376
	34	경 상 북 도	2018년	2,708	3,804
	35	경 상 남 도	2018년	4,820	3,435
	36	제 주 도	2018년	1,566	888
	37		2018년 평균	2,421	2,695
	38		전체 평균	2,434	2,696

[텍스트 나누기 형태]

1 2 3		J	K	L
	1	지역	연도	일반국도
	2	서울	2008년	172
	3	서울	2009년	172
	4	부산	2008년	111
	5	부산	2009년	100
	6	대구	2008년	108
	7	대구	2009년	108
	8	인천	2008년	77
	9	인천	2009년	77
	10	광주	2008년	90
	11	광주	2009년	87
	12	대전	2008년	84
	13	대전	2009년	84
	14	울산	2008년	175
	15	울산	2009년	175
	16	경기	2008년	1627
	17	경기	2009년	1584

[처리사항]

※ 데이터 시트의 A1 ~ D17셀을 이용하여 3번을 작성하시오.

3. 표(A1 ~ D17셀)를 이용하여 피벗 테이블을 작성하시오.
   1) 아래 조건으로 피벗 테이블을 작성하시오.
      – 피벗 테이블 보고서 작성 위치 : 새 워크시트
      – 피벗 테이블 레이아웃
         행 레이블 : Σ 값
         열 레이블 : 시/군/도
         Σ 값 : 2018년, 2019년 (함수:평균)
      – 시트명은 '피벗'으로 입력

※ 데이터 시트의 A19 ~ D35셀을 이용하여 4번을 작성하시오.

4. 표(A19 ~ D35셀)를 이용하여 부분합을 작성하시오. (부분합 결과는 열 너비를 조절하지 않아도 됨)
   1) 아래 조건으로 부분합을 구하시오.
      – 정렬 : 정렬 기준은 '연도', '내림차순'으로 지정
      – 그룹화할 항목 : 연도
      – 사용할 함수 : 평균
      – 부분합 계산 항목 : 시도, 군도

※ 데이터 시트의 J1 ~ J17셀을 이용하여 5번을 작성하시오.

5. 표(J1 ~ J17셀)를 이용하여 텍스트 나누기를 작성하시오.
   1) 아래 조건으로 텍스트 나누기를 작성하시오.
      – 원본 데이터 형식 : 너비가 일정함
      – 열 구분선 : 4개를 지정하여 5열로 나눔
        (구분선 지정 위치 : 4, 10, 16, 24)
      – 열 데이터 서식 : 두 번째와 네 번째 열은 열 가져오지 않음(건너뜀) 지정

[보기]	[처리사항]

[처리사항]

〈데이터 분석 기능 사용하기〉
배점 1번(15), 2번(15), 3번(2)

[목표값 형태]

	A	B	C	D	E
1	행 정 구 역	2017년	2018년	2019년	평균
2	충 청 북 도	9.7	9.2	7.1	8.7
3	충 청 남 도	14.8	14.9	③	③
4	전 라 북 도	10.0	9.9	7.6	9.2
5	전 라 남 도	9.3	9.3	7.3	8.6
6	경 상 북 도	8.7	8.5	7.2	8.1
7	경 상 남 도	7.9	8.3	6.8	7.7
8	음 주 비 율	15.40%	15.47%	③	③

[시나리오 형태]

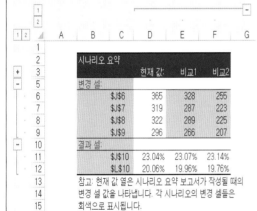

※ 목표값과 시나리오 시트로 1번과 2번을 작성하시오.

1. 목표값 찾기를 이용하여 표(A1 ~ E6셀)의 음주비율의 평균이 15.0%가 되도록 충청남도의 2019년 값을 구하시오.

   1) 아래 조건으로 목표값 찾기를 구하시오. (③부분이 변경되어야 함)
   – 수식 셀 : E6(음주비율의 평균)
   – 찾는 값 : 15.0
   – 값을 바꿀 셀 : D3(충청남도 2019년)

2. 표(H1 ~ L10셀)를 이용하여 2019년도 비중의 음주 교통사고와 비율(J10과 L10)을 위한 시나리오를 작성하시오.

   1) 시나리오 이름 : 비교1, 비교2
   2) 변경 셀 : J6, J7, J8, J9셀

변경셀	비교1 변경 값	비교2 변경 값
J6	328	255
J7	287	223
J8	289	225
J9	266	207

   3) 보고서 종류 : 시나리오 요약

3. 시트의 순서는 반드시 아래와 같이 하시오.
   (반드시 지정된 시트만 있어야 함)
   ○○○ → 교통사고 → 피벗 → 데이터
   → 시나리오 요약 → 목표값과 시나리오

9회

실전 모의고사

Excel 2016

파일 : 실전모의고사2016\실전모의고사-09회.xlsx

※ 답안 작성 시 주의사항

- 답안문서 파일명은 응시자의 이름으로 저장하십시오.
- 반드시 주어진 자료 및 엑셀의 기능들을 이용하여 [처리사항]대로 답안문서를 작성하십시오.
  ([보기]를 참고하고, 주어진 자료 외 다른 자료 이용시 감점 처리됩니다.)
- 답안 작성에 필요한 시트 이외에 다른 시트에 내용을 입력한 경우 감점 또는 부정행위의 대상이 됩니다.
- 답안은 반드시 문제에서 지정한 셀에 입력해야 하며, 임의로 셀의 위치를 변경한 경우 감점요인이 됩니다.
- 문제에서 제시된 내용이 중복 작성된 경우 감점요인이 됩니다.
  (예를 들어, 차트가 두 개 이상인 경우)
- 문제에서 지시하지 않은 사항은 프로그램의 기본 설정 값으로 지정하십시오.

[제공 데이터]

주어진 자료를 이용하여 답안문서를 작성하시오.

(첨부파일보기 클릭시 자료 페이지 열림)

[보기]	[처리사항]
[엑셀로 가공할 정보형태] 보건소 인력현황 (자료제공:통계청) *시 도 / 2016년 / 2017년 / 2018년 / 2019년 / 차지율(1) / 정보* 서울특별시 2,805 2,947 *****3,047 *****3,333 ① ② 부산광역시 728 822 *******959 *****1,024 ① ② 대구광역시 401 411 477 514 ① ② 인천광역시 458 458 507 686 ① ② 광주광역시 303 313 286 309 ① ② 대전광역시 225 225 248 274 ① ② 울산광역시 198 210 277 284 ① ② 경 기 도 2,034 2,173 *****2,647 *****2,815 ① ② 강 원 도 796 847 836 849 ① ② 충 청 북 도 571 572 642 707 ① ② 충 청 남 도 848 863 *******985 *****1,063 ① ② 전 라 북 도 735 752 764 861 ① ② 전 라 남 도 909 930 *******966 *****1,011 ① ② 경 상 북 도 1,149 1,162 *****1,271 *****1,388 ① ② 경 상 남 도 1,043 1,070 *****1,073 *****1,281 ① ② 제 주 도 184 190 190 189 ① ②	〈데이터 입력과 수식 작성하기〉 배점 1번(5), 2번(7), 3번(45), 4번(45) ※ 보건소인력 시트에 1번부터 4번까지 작성하시오. 1. F3셀에 '차지율(%)', G3셀에 '정보', G2셀에 '(자료제 공:통계청)'을 입력하시오. (G2셀은 가로 오른쪽 맞춤으로 지정) 2. A1셀에 제목을 '보건소 인력현황'으로 입력하시오. 1) A1 ~ G1셀을 병합하고 가로 가운데 맞춤으로 지정 2) 글꼴은 굴림체, 글꼴 크기는 15, 글꼴 스타일은 굵 게 지정 3. [엑셀로 가공할 정보형태]의 ① (F4 ~ F19셀)부분의 차지율(%)를 구하시오. 1) 반드시 ROUND, SUM 함수를 모두 이용하여 구하 시오.

	[보기]						

▲	A	B	C	D	E	F	G
1				보건소 인력현황			
2						(자료제공·통계청)	
3	시 도	2016년	2017년	2018년	2019년	차지율(%)	정보
4	서울특별시	2,805	2,947	*****3,047	*****3,333	①	②
5	부산광역시	728	822	******959	*****1,024	①	②
6	대구광역시	401	411	477	514	①	②
7	인천광역시	458	458	507	686	①	②
8	광주광역시	303	313	286	309	①	②
9	대전광역시	225	225	248	274	①	②
10	울산광역시	198	210	277	284	①	②
11	경 기 도	2,034	2,173	*****2,647	*****2,815	①	②
12	강 원 도	796	847	836	849	①	②
13	충 청 북 도	571	572	642	707	①	②
14	충 청 남 도	848	863	******985	*****1,063	①	②
15	전 라 북 도	735	752	764	861	①	②
16	전 라 남 도	909	930	******966	*****1,011	①	②
17	경 상 북 도	1,149	1,162	*****1,271	*****1,388	①	②
18	경 상 남 도	1,043	1,070	*****1,073	*****1,281	①	②
19	제 주 도	184	190	190	189	①	②

[처리사항]

2) 반드시 아래 주어진 수식으로 구하고, 구한 값을 소수 둘째 자리에서 반올림하여 소수 첫째 자리까지 나타내시오.

※ 차지율(%) = ('2019년'의 각 시도의 값 / '2019년'의 '서울특별시'부터 '제주도'까지의 합계 * 100)

4. [엑셀로 가공할 정보형태]의 ② (G4 ~ G19셀)부분의 정보를 구하시오.

1) 반드시 AND, IF, AVERAGE, RANK.EQ, RIGHT 함수를 모두 이용하여 구하시오.

2) 반드시 아래 주어진 조건에 따른 참과 거짓의 값으로 나타내시오.

 – 조건 : 각 시도의 끝자리가 '도'이고 각 시도의 2019년 값이 999 이하인 경우

 – 참 : '2019년'을 기준으로 각 시도의 내림차순 순위

 – 거짓 : 각 시도의 '2016년'부터 '2019년'까지의 평균

〈서식 지정하기〉

배점 1번(2), 2번(3), 3번(2), 4번(3), 5번(6), 6번(3), 7번(9)

※ 보건소인력 시트에 1번부터 7번까지 작성하시오.

1. 표(A3 ~ G19셀) 안의 글꼴은 돋움체, 글꼴 크기는 10으로 지정하시오.

2. A3 ~ A19셀은 가로 균등 분할 (들여쓰기) 맞춤으로 지정하고, B3 ~ G3셀, G4 ~ G19셀은 가로 가운데 맞춤으로 지정하시오.

3. A열의 열 너비는 10, B ~ G열의 열 너비는 9로 지정하시오.

4. A3 ~ G3셀의 글꼴 스타일은 굵은 기울임을 지정하시오.

5. B4 ~ C19셀의 수치는 숫자 표시형식을 이용하여 세 자리마다 콤마가 나타나고, 음수인 경우 빨강색으로 (1,234)로 나타나도록 지정하고, D4 ~ E19셀의 수치는 사용자 지정 표시형식을 이용하여 세자리마다 콤마가 나타나고, 959 이상인 경우 수치 앞에 빈 열 폭 만큼 '*'이 나타나도록 지정하시오.

6. B4 ~ C19셀의 수치는 조건부 서식을 이용하여 1,100 초과인 경우 글꼴 스타일이 굵게 나타나도록 지정하시오. (단, 수식을 이용하여 입력시 감점)

[보기]	[처리사항]
	7. 표(A3 ~ G19셀) 윤곽선은 이중선, 표 안쪽 세로선은 점선, A3 ~ G3셀의 아래선은 이중선이 나타나도록 작성하시오.

〈차트 작성과 데이터베이스 기능 사용하기〉
배점 1번(20), 2번 1)번(6), 2)번(3), 3)번(4), 4)번(4), 5)번(6), 6)번(7), 7)번(6), 8)번(6), 9)번(6), 10)번(6), 11)번(6), 3번(23), 4번(20), 5번(15)

※ 보건소인력 시트로 1번과 2번을 작성하시오.
1. 자동 필터를 이용하여 '시도'의 값이 '시'를 포함하고, '특'은 포함하지 않은 자료를 추출하고, 추출한 상태를 복사하여 A21셀부터 붙여 넣으시오.
   (단, 추출 후 반드시 자동 필터 상태를 유지하시오.)
2. 차트를 작성하시오. (차트는 반드시 지정상태를 확인할 수 있어야 하고, 차트를 두 개 이상 작성하거나 그림, 외부개체로 입력되면 감점됨)
   1) 붙여 넣은(A21셀부터) 자료 중 '차지율(%)'와 '정보'를 제외한 자료를 이용하여 차트를 작성
   2) 차트 종류는 '3차원 누적 가로 막대형', 차트 스타일은 '스타일 2'로 지정
   3) 작성한 차트 이동 위치는 '새 시트(S)'에 삽입
   4) 작성한 차트가 있는 시트명은 '○○○(응시자 본인의 이름)'으로 입력
   5) 차트 제목은 [차트 도구] – [디자인]메뉴 [차트 레이아웃] 그룹의 '레이아웃 1'로 '보건소 인원 현황'으로 입력하고, 테두리 색은 '실선', 그림자는 미리 설정의 '바깥쪽, 오프셋 위쪽'을 지정
   6) 기본 세로 축 옵션의 '항목을 거꾸로'로 지정하고, 가로 축 주 눈금선은 '없음'으로 지정
   7) 3차원 회전 차트의 깊이(%)는 '120'으로 지정
   8) 3차원 회전의 회전은 X 10°, Y 10°로 지정
   9) '2019년' 계열의 데이터 레이블 값이 나타나도록 지정
   10) 차트 영역의 상단 오른쪽에 [**차트형태**]와 같이 텍스트 상자를 이용하여 '(시도별 현황)'을 입력
   11) [**차트형태**]와 같이 범례가 나타나도록 지정

[차트형태]

| [보기] | [처리사항] |

[보기]

[피벗 테이블 형태]

	A	B
1		
2		
3	행 레이블 ▼	
4	물리치료사	
5	평균 : 2018년	41.5
6	평균 : 2019년	47.75
7	방사선사	
8	평균 : 2018년	42.5
9	평균 : 2019년	44.25
10	임상병리사	
11	평균 : 2018년	60
12	평균 : 2019년	59.75
13	치과위생사	
14	평균 : 2018년	93
15	평균 : 2019년	94
16	전체 평균 : 2018년	59.25
17	전체 평균 : 2019년	61.4375

[부분합 형태]

	A	B	C	D
19	행정구역 년	도	의사일반직	의사임기제
20	서 울 2019	년	23	126
21	부 산 2019	년	13	16
22	대 전 2019	년	6	1
23	울 산 2019	년	5	4
24	광 주 2019	년	3	7
25	경 기 2019	년	2	54
26	대 구 2019	년	2	15
27	인 천 2019	년	2	13
28	**2019 년 평 균**		7	29.5
29	서 울 2018	년	24	136
30	부 산 2018	년	15	14
31	대 전 2018	년	8	1
32	울 산 2018	년	4	5
33	경 기 2018	년	3	52
34	인 천 2018	년	3	12
35	광 주 2018	년	2	7
36	대 구 2018	년	2	12
37	**2018 년 평 균**		7.625	29.875
38	**전 체 평 균**		7.3125	29.6875

[텍스트 나누기 형태]

	J	K	L	M
1	시/도	치과의사	한의사	의료기사
2	서울	24	22	105
3	부산	4	3	33
4	대구	1	6	19
5	인천	8	9	27
6	광주	5	5	16
7	대전	0	1	11
8	울산	1	0	15
9	경기	11	10	122
10	강원	0	1	34
11	충북	0	0	34
12	충남	0	0	39
13	전북	0	1	39
14	전남	0	0	49
15	경북	0	1	66
16	경남	1	0	55
17	제주	1	0	9

[처리사항]

※ 데이터 시트의 A1 ~ E17셀을 이용하여 3번을 작성하시오.

3. 표(A1 ~ E17셀)를 이용하여 피벗 테이블을 작성하시오.

1) 아래 조건으로 피벗 테이블을 작성하시오.
- 피벗 테이블 보고서 작성 위치 : 새 워크시트
- 피벗 테이블 레이아웃
  행 레이블 : 행정구역, ∑ 값
  ∑ 값 : 2018년, 2019년 (함수:평균)
- 시트명은 '피벗'으로 입력

※ 데이터 시트의 A19 ~ D35셀을 이용하여 4번을 작성하시오.

4. 표(A19 ~ D35셀)를 이용하여 부분합을 작성하시오. (부분합 결과는 열 너비를 조절하지 않아도 됨)

1) 아래 조건으로 부분합을 구하시오.
- 정렬 : 정렬 기준은 '년도', '내림차순'으로 지정
- 그룹화할 항목 : 년도
- 사용할 함수 : 평균
- 부분합 계산 항목 : 의사일반직, 의사임기제

※ 데이터 시트의 J1 ~ J17셀을 이용하여 5번을 작성하시오.

5. 표(J1 ~ J17셀)를 이용하여 텍스트 나누기를 작성하시오.

1) 아래 조건으로 텍스트 나누기를 작성하시오.
- 원본 데이터 형식 : 구분기호로 분리됨
- 구분 기호 : 세미콜론(;)
- 열 데이터 서식 : 두 번째 열은 열 가져오지 않음 (건너뜀) 지정

Part Ⅲ

실전 모의고사

[보기]	[처리사항]

[처리사항]

〈데이터 분석 기능 사용하기〉
배점 1번(15), 2번(15), 3번(2)

※ 목표값과 시나리오 시트로 1번과 2번을 작성하시오.

1. 목표값 찾기를 이용하여 표(A1 ~ D6셀)의 의사합계의
   평균이 180이 되도록 일반의사의 2019년 값을 구하
   시오.
   1) 아래 조건으로 목표값 찾기를 구하시오.(③부분이
      변경되어야 함)
      – 수식 셀 : D6(의사합계 평균)
      – 찾는 값 : 180
      – 값을 바꿀 셀 : C2(일반의사 2019년)

[목표값 형태]

	A	B	C	D
1	의　　　사	2016 년	2019 년	평　　균
2	일 반 의 사	17	③	③
3	치 과 의 사	24	24	24
4	한　의　사	23	22	22.5
5	의 료 기 사	104	105	104.5
6	의 사 합 계	168	③	③

2. 표(H1 ~ L7셀)를 이용하여 지역평균의 증가율 (L7)을
   위한 시나리오를 작성하시오.
   1) 시나리오 이름 : 비교1, 비교2
   2) 변경 셀 : K2, K3, K4, K5, K6셀

[시나리오 형태]

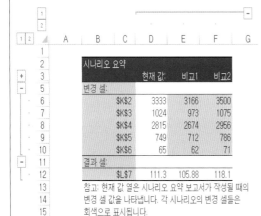

변경셀	비교1 변경 값	비교2 변경 값
K2	3,166	3,500
K3	973	1,075
K4	2,674	2,956
K5	712	786
K6	62	71

   3) 보고서 종류 : 시나리오 요약

3. 시트의 순서는 반드시 아래와 같이 하시오.
   (반드시 지정된 시트만 있어야 함)
      ○○○ → 보건소인력 → 피벗 → 데이터
      → 시나리오 요약 → 목표값과 시나리오

실전 모의고사

Excel 2016

파일 : 실전모의고사2016＼실전모의고사-10회.xlsx

※ 답안 작성 시 주의사항

• 답안문서 파일명은 응시자의 이름으로 저장하십시오.

• 반드시 주어진 자료 및 엑셀의 기능들을 이용하여 [처리사항]대로 답안문서를 작성하십시오.

  ([보기]를 참고하고, 주어진 자료 외 다른 자료 이용시 감점 처리됩니다.)

• 답안 작성에 필요한 시트 이외에 다른 시트에 내용을 입력한 경우 감점 또는 부정행위의 대상이 됩니다.

• 답안은 반드시 문제에서 지정한 셀에 입력해야 하며, 임의로 셀의 위치를 변경한 경우 감점요인이 됩니다.

• 문제에서 제시된 내용이 중복 작성된 경우 감점요인이 됩니다.

  (예를 들어, 차트가 두 개 이상인 경우)

• 문제에서 지시하지 않은 사항은 프로그램의 기본 설정 값으로 지정하십시오.

[제공 데이터]

주어진 자료를 이용하여 답안문서를 작성하시오.

(첨부파일보기 클릭시 자료 페이지 열림)

[보기]	[처리사항]
[엑셀로 가공할 정보형태]	**〈데이터 입력과 수식 작성하기〉**
	배점 1번(5), 2번(7), 3번(45), 4번(45)
	※ 아파트 시트에 1번부터 4번까지 작성하시오.
	1. F3셀에 '평균과 차', G3셀에 '비고', G2셀에 '(기준: 2019년)'을 입력하시오.
	(G2셀은 가로 오른쪽 맞춤으로 지정)
	2. A1셀에 제목을 '아파트 거래가격 지수 현황'으로 입력하시오.
	1) A1 ~ G1셀을 병합하고 가로 가운데 맞춤으로 지정
	2) 글꼴은 돋움체, 글꼴 크기는 16, 글꼴 스타일은 굵게 지정
	3. [엑셀로 가공할 정보형태]의 ①(F4 ~ F19셀)부분의 평균과 차를 구하시오.

[엑셀로 가공할 정보형태]

행정구역	1 분 기	2 분 기	3 분 기	4 분 기	평균과 차	비고
				(기준:2019년)		
강 남 구	113.3	119.3	127.5	***** 136.2	①	②
강 동 구	114.9	113.6	119.6	126.7	①	②
강 북 구	115.2	115.5	118.5	120.9	①	②
강 서 구	116.7	115.4	119.6	124.2	①	②
노 원 구	117.0	117.6	122.3	127.5	①	②
도 봉 구	116.5	116.5	119.2	122.6	①	②
동 대 문 구	123.2	124.6	128.3	***** 133.0	①	②
동 작 구	119.6	122.9	128.2	***** 134.8	①	②
마 포 구	119.6	122.7	130.1	***** 136.4	①	②
서 대 문 구	119.1	120.4	125.2	131.4	①	②
영 등 포 구	126.0	127.2	***** 134.1	***** 141.8	①	②
용 산 구	124.0	124.8	131.0	***** 137.8	①	②
은 평 구	113.5	116.2	118.8	121.9	①	②
종 로 구	117.7	115.7	120.0	124.4	①	②
중 구	120.9	123.4	128.1	***** 133.3	①	②
중 랑 구	118.6	119.3	122.2	126.6	①	②

[보기]	[처리사항]

[보기]

아파트 거래가격 지수 현황

(기준:2019년)

행정구역	1분기	2분기	3분기	4분기	평균과 차	비고
강 남 구	113.3	119.3	127.5	***** 136.2	①	②
강 동 구	114.9	113.6	119.6	126.7	①	②
강 북 구	115.2	115.5	118.5	120.9	①	②
강 서 구	116.7	115.4	119.6	124.2	①	②
노 원 구	117.0	117.6	122.3	127.5	①	②
도 봉 구	116.5	116.5	119.2	122.6	①	②
동대문구	123.2	124.6	128.3	***** 133.0	①	②
동 작 구	119.6	122.9	128.2	***** 134.8	①	②
마 포 구	119.6	122.7	130.1	***** 136.4	①	②
서대문구	119.1	120.4	125.2	131.4	①	②
영등포구	126.0	127.2	***** 134.1	***** 141.8	①	②
용 산 구	124.0	124.8	131.0	***** 137.8	①	②
은 평 구	113.5	116.2	118.8	121.9	①	②
종 로 구	117.7	115.7	120.0	124.4	①	②
중 구	120.9	123.4	128.1	***** 133.3	①	②
중 랑 구	118.6	119.3	122.2	126.6	①	②

[처리사항]

1) 반드시 AVERAGE, ROUNDDOWN 함수를 모두 이용하여 구하시오.

2) 반드시 아래 주어진 수식으로 구하고, 구한 값을 소수 첫째자리에서 내림하여 정수로 나타내시오.

※ 평균과 차 = ('4분기'의 행정구역의 값 – '4분기'의 '강남구'부터 '중랑구'까지의 평균)

4. [엑셀로 가공할 정보형태]의 ②(G4 ~ G19셀)부분의 비고를 구하시오.

1) 반드시 OR, IF, AVERAGE, REPLACE, MID 함수를 모두 이용하여 구하시오.

2) 반드시 아래 주어진 조건에 따른 참과 거짓의 값으로 나타내시오.

　– 조건 : 각 행정구역의 세 번째 글자가 '문'이거나 첫 번째 글자가 '강'인 경우

　– 참 : 각 행정구역의 두 번째 글자를 '*'로 바꾸어 표시

　– 거짓 : 각 행정구역의 '1분기'부터 '4분기'까지의 평균

〈서식 지정하기〉

배점 1번(2), 2번(3), 3번(2), 4번(3), 5번(6), 6번(3), 7번(9)

※ 아파트 시트에 1번부터 7번까지 작성하시오.

1. 표(A3 ~ G19셀) 안의 글꼴은 돋움체, 글꼴 크기는 10으로 지정하시오.

2. A3 ~ A19셀, B3 ~ G3셀은 가로 균등 분할(들여쓰기) 맞춤으로 지정하고, G4 ~ G19셀은 가로 가운데 맞춤으로 지정하시오.

3. A열의 열 너비는 9, B ~ G열의 열 너비는 10으로 지정하시오.

4. A3 ~ G3셀의 글꼴 스타일은 굵게 지정하시오.

5. B4 ~ C19셀의 수치는 숫자 표시형식을 이용하여 소수 1자리가 나타나고, 음수인 경우 빨강색으로 (1,234.0)로 나타나도록 지정하고, D4 ~ E19셀의 수치는 사용자 지정 표시형식을 이용하여 세자리마다 콤마와 소수점 1자리까지 나타나고, 133 이상인 경우 수치 앞에 빈 열 폭 만큼 '*'이 나타나도록 지정하시오.

244 ‹‹‹ 도전 엑셀 2016

[보기]	[처리사항]
	6. C4 ~ C19셀의 수치는 조건부 서식을 이용하여 118미만인 경우 글꼴 스타일이 굵게 나타나도록 지정하시오. (단, 수식을 이용하여 입력시 감점)
	7. 표(A3 ~ G19셀) 윤곽선은 가장 굵은선, 표 안쪽 세로선은 점선, A3 ~ G3셀의 아래선은 가장 굵은선이 나타나도록 작성하시오.

<차트 작성과 데이터베이스 기능 사용하기>
배점 1번(20), 2번 1)번(6), 2)번(3), 3)번(4), 4)번(4), 5)번(6), 6)번(7), 7)번(6), 8)번(6), 9)번(6), 10)번(6), 11)번(6), 3번(23), 4번(20), 5번(15)

[차트형태]

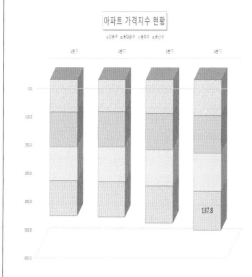

※ **아파트 시트로 1번과 2번을 작성하시오.**

1. 자동 필터를 이용하여 '행정구역'의 값이 '동'이나 '산'을 포함하는 자료를 추출하고, 추출한 상태를 복사하여 A21셀부터 붙여 넣으시오.
   (단, 추출 후 반드시 자동 필터 상태를 유지하시오.)

2. 차트를 작성하시오. (차트는 반드시 지정상태를 확인할 수 있어야 하고, 차트를 두 개 이상 작성하거나 그림, 외부개체로 입력되면 감점됨)
   1) 붙여 넣은(A21셀부터) 자료 중 '평균과 차'와 '비고'를 제외한 자료를 이용하여 차트를 작성
   2) 차트 종류는 '3차원 누적 세로 막대형', 차트 스타일은 '스타일 2'로 지정
   3) 작성한 차트 이동 위치는 '새 시트(S)'에 삽입
   4) 작성한 차트가 있는 시트명은 '○○○(응시자 본인의 이름)'으로 입력
   5) 차트 제목은 [차트 도구] – [디자인]메뉴 [차트 레이아웃] 그룹의 '레이아웃 3'으로 '아파트 가격지수 현황'으로 입력하고, 테두리 색은 '실선', 그림자는 미리 설정의 '바깥쪽, 오프셋 대각선 오른쪽 아래'를 지정
   6) 기본 세로 축 옵션의 '값을 거꾸로'로 지정하고, 세로 축 주 눈금선은 '없음'으로 지정
   7) 3차원 회전 차트의 깊이(%)는 '80'으로 지정
   8) 3차원 회전의 회전은 X 15°, Y 20°으로 지정
   9) '용산구' 계열의 4분기 데이터 레이블 값이 나타나도록 지정

[보기]	[처리사항]

[처리사항] 우측

10) 데이터 레이블의 글꼴 크기는 15로 지정

11) [차트형태]와 같이 범례가 나타나도록 지정

[피벗 테이블 형태]

	A	B	C	D	E	F
1						
2						
3		열 레이블 ▾				
4	값	대구	대전	부산	서울	총합계
5	최대값 : 1분기	109.6	100	114.9	116.7	116.7
6	최대값 : 2분기	106.4	99.2	117.1	117.5	117.5
7	최대값 : 3분기	111.1	99.3	123.4	122.4	123.4
8	최대값 : 4분기	118.5	100.1	127.3	129.8	129.8

※ 데이터 시트의 A1 ~ F17셀을 이용하여 3번을 작성하시오.

3. 표(A1 ~ F17셀)를 이용하여 피벗 테이블을 작성하시오.

 1) 아래 조건으로 피벗 테이블을 작성하시오.

 – 피벗 테이블 보고서 작성 위치 : 새 워크시트

 – 피벗 테이블 레이아웃

   행 레이블 : Σ 값

   열 레이블 : 시도

   Σ 값 : 1분기, 2분기, 3분기, 4분기(함수:최대값)

 – 시트명은 '피벗'으로 입력

[부분합 형태]

	A	B	C	D	E	F
19	행정구역 시	도	1분기	2분기	3분기	4분기
20	강 남 구 서	울	109.5	111.2	113.2	115.3
21	강 동 구 서	울	113	112.5	114.3	115.2
22	강 서 구 서	울	137.3	135.8	135.6	138.4
23	강 북 구 서	울	150.2	151.2	151.7	153.3
24	서울 평균		127.5	127.675	128.7	130.55
25	동 구 부	산	152.5	151.7	151.4	152.8
26	금 정 구 부	산	156.5	157.6	160	163.1
27	남 구 부	산	161.3	164.4	167.8	170.4
28	기 장 군 부	산	170.4	172.6	173	175.6
29	부산 평균		160.175	161.575	163.05	165.475
30	유 성 구 대	전	121.2	120.8	119.4	119.3
31	서 구 대	전	136.2	134.9	134.9	135
32	동 구 대	전	137.1	137.2	137.7	138.9
33	대 덕 구 대	전	143.4	144.5	145.2	145.9
34	대전 평균		134.475	134.35	134.3	134.775
35	남 구 대	구	132.8	136.2	141.6	146.9
36	달 서 구 대	구	138	139.9	142.4	145.8
37	동 구 대	구	140.1	143.7	149.2	157.6
38	달 성 군 대	구	156.2	158	161.4	164.5
39	대구 평균		141.775	144.45	148.65	153.7
40	전체 평균		140.98125	142.0125	143.675	146.125

※ 데이터 시트의 A19 ~ F35셀을 이용하여 4번을 작성하시오.

4. 표(A19 ~ F35셀)를 이용하여 부분합을 작성하시오.
(부분합 결과는 열 너비를 조절하지 않아도 됨)

 1) 아래 조건으로 부분합을 구하시오.

 – 정렬 : 정렬 기준은 '시도', '내림차순'으로 지정

 – 그룹화할 항목 : 시도

 – 사용할 함수 : 평균

 – 부분합 계산 항목 : 1분기, 2분기, 3분기, 4분기

[텍스트 나누기 형태]

	J	K	L
1	지역	1분기	4분기
2	서울시	109.5	115.3
3	서울시	113	115.2
4	서울시	150.2	153.3
5	서울시	137.3	138.4
6	서울시	138.8	140.7
7	서울시	133.9	138.3
8	서울시	141.4	143.6
9	서울시	143.6	146.5
10	서울시	158.4	164.3
11	서울시	152.8	155.6
12	서울시	136	138.8
13	서울시	129.1	131.9
14	서울시	137.3	141.2
15	서울시	141.3	144.3
16	서울시	116.4	123.2
17	서울시	123.3	126
18	서울시	135.4	138.3

※ 데이터 시트의 J1 ~ J17셀을 이용하여 5번을 작성하시오.

5. 표(J1 ~ J17셀)를 이용하여 텍스트 나누기를 작성하시오.

 1) 아래 조건으로 텍스트 나누기를 작성하시오.

 – 원본 데이터 형식 : 너비가 일정함

 – 열 구분선 : 3개를 지정하여 4열로 나눔
  (구분선 지정 위치 : 6, 14, 21)

 – 열 데이터 서식 : 두 번째 열은 열 가져오지 않음
  (건너뜀) 지정

[보기]	[처리사항]
	〈데이터 분석 기능 사용하기〉 **배점 1번(15), 2번(15), 3번(2)**

[처리사항]

〈데이터 분석 기능 사용하기〉
배점 1번(15), 2번(15), 3번(2)

※ 목표값과 시나리오 시트로 1번과 2번을 작성하시오.

1. 목표값 찾기를 이용하여 표(A1 ~ D6셀)의 시/도평균
   의 평균지수가 575.1이 되도록 부산의 4분기지수 값
   을 구하시오.
   1) 아래 조건으로 목표값 찾기를 구하시오.(③부분이
      변경되어야 함)
      – 수식 셀 : D6(시/도평균 평균지수)
      – 찾는 값 : 575.1
      – 값을 바꿀 셀 : C5(부산 4분기지수)

[목표값 형태]

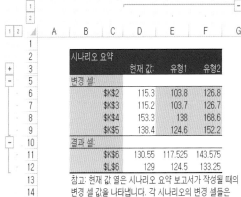

	A	B	C	D
1	시 / 도	3분기지수	4분기지수	평균지수
2	서 울	128.7	130.55	129.625
3	대 전	134.3	134.775	134.5375
4	대 구	148.65	153.7	151.175
5	부 산	163.05	③	③
6	시/도평균	574.7	③	③

2. 표(H1 ~ L6셀)를 이용하여 행정구역평균의 4분기지
   수와 평균가격지수(K6과 L6)을 위한 시나리오를 작
   성하시오.
   1) 시나리오 이름 : 유형1, 유형2
   2) 변경 셀 : K2, K3, K4, K5셀

[시나리오 형태]

변경셀	유형1 변경 값	유형2 변경 값
K2	103.8	126.8
K3	103.7	126.7
K4	138.0	168.6
K5	124.6	152.2

시나리오 요약

	현재 값	유형1	유형2
변경 셀:			
$K$2	115.3	103.8	126.8
$K$3	115.2	103.7	126.7
$K$4	153.3	138	168.6
$K$5	138.4	124.6	152.2
결과 셀:			
$K$6	130.55	117.525	143.575
$L$6	129	124.5	133.25

참고: 현재 값 열은 시나리오 요약 보고서가 작성될 때의
변경 셀 값을 나타냅니다. 각 시나리오의 변경 셀들은
회색으로 표시됩니다.

3) 보고서 종류 : 시나리오 요약

3. 시트의 순서는 반드시 아래와 같이 하시오.
   (반드시 지정된 시트만 있어야 함)
   ○○○ → 아파트 → 피벗 → 데이터
   → 시나리오 요약 → 목표값과 시나리오

| 약력

임창인
- 대덕대학교 컴퓨터정보학과 겸임교수
- e-Test Professionals 자격시험 전문위원(전)
- (주)지토 교육팀 팀장
- e-Test Professionals 파워포인트/엑셀/한글 2010 집필
- 한솔아카데미 e-Test 책임교수

조은경
- 대덕대학교 컴퓨터정보학과 교수
- 충남대학교 이학박사
- 전자계산조직응용 기술사

성대근
- 한국교육평가진흥원 대표이사
- (사)한국창의인성교육연구원 대구/경북 센터장
- NCS consultant 전문가 2기 평가위원
- 한솔아카데미 e-Test 책임교수

강현권
- 동강대학교 교수
- 세종사이버대 외래교수
- 한국교육문화진흥원 원장
- 한국창의인성교육원 군사업 본부장
- 한솔아카데미 e-Test 책임교수

e-Test
엑셀 ver.2016

초 판 1쇄 발행 2021년 3월 25일
제1판 1쇄 발행 2023년 8월 3일

발행처 (주)한솔아카데미
지은이 임창인, 조은경, 성대근, 강현권
발행인 이종권

홈페이지 www.bestbook.co.kr
대표전화 02)575-6144
등록 1998년 2월 19일(제16-1608호)

ISBN 979-11-6654-363-0 13000
정 가 17,000원